番禺文化丛书

番禺人杰
Panyu Renjie

陈泽泓 著

中山大学出版社
·广州·

版权所有　翻印必究

图书在版编目（CIP）数据

番禺人杰 / 陈泽泓著. —广州：中山大学出版社，2017.6
（番禺文化丛书 / 陈春声，徐柳主编；刘志伟副主编）
ISBN 978-7-306-05922-2

Ⅰ. ①番… Ⅱ. ①陈… Ⅲ. ①名人—列传—番禺区 Ⅳ. ①K820.865.4

中国版本图书馆CIP数据核字（2016）第297064号

出 版 人：徐　劲
策划编辑：陈俊婵
责任编辑：易建鹏
责任校对：廉　锋
封面设计：林绵华
装帧设计：林绵华
责任技编：黄少伟
出版发行：中山大学出版社
电　　话：编辑部 020-84111946，84110779
　　　　　发行部 020-84111998，84111981，84111160
地　　址：广州市新港西路135号
邮　　编：510275　　传　　真：020-84036565
网　　址：http://www.zsup.com.cn　　E-mail:zdcbs@mail.sysu.edu.cn
印　刷　者：佛山市浩文彩色印刷有限公司
规　　格：787mm×1092mm　1/16　19印张　291千字
版次印次：2017年6月第1版　2017年6月第1次印刷
定　　价：65.00元

如发现本书因印装质量影响阅读，请与出版社发行部联系调换

番禺文化丛书编委会

主　编：陈春声　徐　柳

副主编：刘志伟

编　委：（按姓氏拼音为序）

　　　　边叶兵　陈　琨　陈　滢　陈泽泓　何穗鸿　梁　谋

　　　　刘晓春　齐晓光　汤耀智　杨元红　朱光文

总　序

　　番禺，在广州及其周边地区，是一个有确凿证据可稽的历史最古老的地理名称。这个地理名称所涵盖的行政区域范围，在过去两千多年的历史中，一直在逐步缩小，到 20 世纪初，甚至退出了自己原来的核心——省城广州。尽管如此，番禺这个名字，两千多年从来没有被改变、被取代，更从未消失。由此看来，番禺这个名字，是一个有特殊生命力的不可替代的符号，是一种在长期的历史中凝聚而成的文化象征。

　　所谓的"番禺文化"，不会因一时一事的时势变化而消失，也不可能由一两个能工巧匠去打造。抱持着这一理念，番禺区和我们开始策划编写这套"番禺文化丛书"的时候，就形成了一个共识，要将番禺地域文化的呈现，置于历史的视野之中，尤其优先着力于那些在历史过程中持续累积，形成厚实的历史基础的题材。我们相信，首先在这些题材落笔，更能表达"番禺文化"的轮廓与本相。

　　所谓的"地域文化"，是由世世代代生活在这个特定地域空间中的人的活动创造的社会制度、行为习惯、物质及艺术等方面的内容构成的。因此，当地人的活动，是我们理解地域文化的基本出发点。而一个地方的人的活动，是他们与自然环境共处，适应并利用自然环境，同时也改变其存在空间的过程。这个过程，创造了所谓文化存在的物质和非物质形态。这套丛书除以人物、建筑、音乐、书画、非物质文化遗产为主题外，特别在概论中，从番禺历史与社会文化的乡土基础着眼，期望能够以较简略的方式和篇幅，呈现番禺文化的基本面貌、特性和底蕴。

在遥远的古代，番禺的地域范围，包括今天狭义的珠江三角洲的全部。不过，彼时这个名称主要指今天的广州及其周边地区，其中大部分还是在珠江口的海湾中星罗棋布的海岛及其周回的陆地。其后，随着珠江三角洲的发育，岛屿逐渐连缀起来，陆地面积不断扩大，域内陆续析置新县，作为行政区域单位的番禺的地理范围不断收缩。到明清时，番禺作为广州府的附郭县，定格在一个大致在北、东、南三面环绕着省城的县域。这个县域，便是近代"番禺"的文化认同形成的基本地理范畴。进入20世纪，先是广州市区从番禺县分离出来，番禺治所移出广州市区，继而，上番禺地区划入广州市郊区，番禺的县域只剩下广州南部的大小箍围加上其东南部的新涨沙田区。前些年，下番禺东南的沙田区的大部分又再析出，新置南沙区。今天广州市辖下的番禺区，不仅失去了古代岭南地中"亦其一都会"的广州城，也失去了两千多年来构成番禺地理疆域主体的相当大一部分，甚至近百年来在珠江口海上新生的冲积土地，也随着南沙区的崛起，渐渐离"番禺"而去。

这个现实，向我们编撰"番禺文化丛书"直接提出的问题是，这套书的叙事在时间、空间上如何界定其场域？我们觉得，所谓"番禺文化"，应该是历史上生活在番禺这块土地上的人们所创造的，要全面、整体地阐述番禺文化，就不能只限于今天的番禺一隅。但是，从另一个角度考虑，作为一套由番禺区组织编撰的丛书，其基本的视域，又需要大致限定在今天番禺区的行政辖地之内，以发生在这个区域内的历史文化事象为丛书叙事的基本内容。这样一来，我们无可避免地陷入一个两难的处境。拘泥于作为行政区的番禺的地界，难免破坏"番禺文化"的整体性；超越这个边界，又离开了作为今天行政辖地的文化表述这个本分。经过反复的斟酌讨论，我们选择了不去硬性地采取统一的原则和体例的做法。现在呈现在读者面前的六个专题分卷，有的严格以今天番禺的行政区域为界，有的则不以这个地界为限，扩展至以清代番禺籍人士组成的文化圈。大体上，扎根本地乡土社会的主题，我们主要采用前一种方式，叙事基本上以今天番禺行政区域空间为范围；而更多以城市为主要舞台的精英文化题材，则不局限在今天的行政区域，内容覆盖了历史上更为广大的番禺地区。

这样处理，并不是一开始就有意识地、清晰地定下的原则，而是在写作过程中自然形成的结果。这说明了要表现番禺文化的不同主题，的确需要有不同的视域才能比较完整地表达的客观要求。在这点上，《番禺人杰》一卷最为典型。该卷撰稿人说："两千年中，以番禺冠称的行政境域变化频繁，范围不定，而以番禺地望自称的传人，体现出对精神家园的守望与执着，对乡梓文化的认可与传承，这是中华民族的优良传统。因此，从文化的剖析及宣扬出发，本书所说的番禺名人，是对历史上以番禺为籍贯的番禺人的记述。"我们认为，这是从历史人物的生平业绩展示番禺文化所必须采取的做法。这些历史上在不同领域对番禺文化的塑造做出贡献的人物，他们的活动舞台一定超出乡土社会的范围；很多人士，虽然其家乡已经不在今天的番禺区辖内，但在他们的时代，他们都以番禺为自己的乡土认同，他们的社会活动，也都以番禺籍人士的身份出现。这些番禺籍人士作为一个群体在宏大历史场景中扮演的角色，从来不局限在各自的乡村社区范围，他们活动的舞台，遍及全国乃至世界各地。这个事实，显示出"番禺文化"具有超越地方一隅的意义和价值，不是我们可以拘泥于今天的行政区边界而去将其割裂开来的。

有一些地域文化的题材，除了不能割裂传统的地域整体性外，还不能离开城乡关系格局的视角。番禺在历史上作为同时是省会所在地的附郭县，有一些文化领域的发展及其特色是在这个地区的城乡连续体中形成的，这套丛书中《番禺丹青翰墨》和《禺山乐韵》两卷，即突出体现了这个视角。书画和音乐，一般都被视为精英文化的领域，而城市则是这类精致高雅文化生长的主要舞台。番禺在书画和音乐创作领域之所以能够达到一般地方文化罕有的成就和高度，涌现许多传世的不朽作品，形成具有全国性影响的流派，离不开其依托于广州这个多元文化交融的大都市这个条件；同时，番禺人士在书画和音乐领域创造的独特品位，有其深厚的乡土根基，许多独具一格、意味隽永的作品，浸润着乡村生活的情趣。本土乡村孕育了本地书画和音乐的灵气与风味；而连接世界的都市，则提升了这些作品的品格，打开了作品的天地，使番禺的书画和音乐在民族艺术之林中占有重要的一席之地。这套丛书的《番禺丹青翰墨》和《禺山乐韵》两卷所展现出来的艺术创造和传播空间，大大超越番禺一地的局限，自然是必不可免的。

我们最能够将内容划定在今天番禺辖区范围内的，是《番禺建筑》一卷。这不仅是由于建筑坐落的位置是固定的，可以在地理空间上将境内境外的界线清楚划分开来，更因为在整个珠江三角洲地区，建筑的类型及其形制具有高度的相似性，而在今天的番禺区地域之内，珠江三角洲地区的主要建筑形式大致上均已齐备，只选区内现存的代表建筑来讨论，已经足以涵盖不同时期番禺区域范围内的建筑类型和建筑风格。作为一种地域文化的物质载体，建筑是地方文化的一种非常直接的表达，我们从番禺区境内建筑形式的丰富多样性，可以见到番禺区虽然今天的辖区范围大大缩小了，但仍然保存着具有整体性的地方文化特色，而这种特色也容纳了很多原来在广州城市发展出来的文化性格，这也是番禺文化是在一种城乡连续体格局下形成和延续的表征。番禺区域内传统建筑具有的典型性和代表性，让我们有可能立足于今日的番禺区去呈现番禺的文化传统。

如果说建筑是以物质形态保存和呈现一个地区历史文化传统的典型形态的话，那么，地方文化传统在更深层次的存续与变迁则体现在日常生活方式以及各类仪式上面，这些民俗事象，今天也被称为非物质文化遗产。在这个领域，番禺区辖内城乡人群与周边更广大地区人群中生活习俗具有相当高的相似性，而由于生态、环境和人群的多样性而存在的各种差异，在今日的番禺辖区内也都曾经共存，甚至在如今急剧的社会变迁过程中，许多地方的民俗文化正在发生变异，而在番禺辖区里，相对还保存得更为完整，更为原汁原味。更重要的是，虽然民俗的内容在相当大的地域空间里广泛存在，有某种普遍性，但具体的民俗事象，又是独特而乡土的，总是依存于特定的社区、人群、场所和情景之中；对民俗的观察和记录，也总是细微而具体的，只要不企图去确认某种民俗是某个行政区域所专有的，微观的观察也不必有坏其完整性之虞。

一个地方的民俗，隐藏着地域文化的内在和本质的结构。这个持续稳定的结构，是塑造地域文化认同的基础，而地方社会的民俗文化，是在本地乡土社会的土壤中生长的，这个土壤本身是一种历史的积淀和层累的产物。当我们要努力尝试立足于今天的番禺地域去发掘"番禺文化"的内涵时，自然把寻找其历史根基的目光，重点投到本土的乡村社会的历史上。这是我们撰写《番禺历史文化概论》的一个心思。我们很清楚，要真正概览"番禺文化"的全貌，在历史的观点上，本应以广州的城市文化为主导，从都市与乡村的互动、上下番禺乡村之间的协调、民田区和沙田区的关系着力，甚至应该把"海外番禺"也纳入视野，作一番眼界更开阔的宏大观察和叙事。然而，作为概论，前面我们提到的"大番禺"还是"小番禺"的问题更难处理。我们明白，要在概论里把已经不在今天番禺版图里的广州城厢、乡郊和大沙田区纳入一起论述，作为地方政府主持编写的这套丛书，无疑是过度越界了。我们选择了把概论聚焦在今天属于番禺区的大小箍围地区，期待能够从乡土社会的历史中，发掘番禺文化的根柢所在。我们从乡土社会历史入手探寻地方文化，并不是以为"番禺文化"只从乡村社会孕育。我们很清楚，要探究番禺地域文化的孕育，必须把以省港澳为核心的城市发展，甚至还要加上上海等近代中国的都市以及番禺人在海外的活动空间都纳入视野，从城乡互动、地方史与全球史结合的角度，才能够得到较为全面的理解。现在只能聚焦在今日的番禺辖区，也许可以基于这样一个假设，就是发生在这个地区的社会变迁，以及在这个社会变迁过程形成的地域文化认同，是一个在更广大的空间的历史过程的缩影，这个历史过程形成的文化元素，积聚在今日番禺区的城乡社会，尤其是通过番禺乡土社会中一直保存下来的生活习俗、民间信仰、乡村组织和集体机制，凝结成保存番禺文化的内核或基因的制度化因素。这个基本假设，是我们相信立足于今日番禺土地上，仍然可以在一个宏观的视野里纵览番禺文化的依据。

我在这里以编写这套丛书时如何处理番禺作为一个地理空间范畴的变化对于认识番禺文化的种种考虑为话题，真正的目的并不是要从技术层面讨论丛书编写的体例问题，也不是要为丛书各卷处理叙述的地理空间范围不能采取一个统一的标准作解释或辩解。我希望能够通过这样的交代，表达对这套丛书的其中一个主旨的理解，这个主旨就是，我们今天可以如何去认识和定义"番禺文化"？编写这套丛书是一种尝试，一种从小小的番禺区去阐发宏大的"番禺文化"的尝试。我不能说我们做得成功，但我以为需要这样去做。因为这既是一个历史的问题，更是一个现实的问题。番禺由一个广大的地区的统称，变到今日只是广州市下属的一个行政区，是否意味着"番禺文化"的消失？今日的番禺，文化建设方向何在，是逐渐成为一种狭隘的社区文化，还是一个有其深远传统和独特价值的地域文化的栖息地？这些问题，虽然要由番禺人民来回答，但我们既然承担了这套丛书的编写，也应该看成自己的一个使命。我们期待这套书能够对番禺的政府和民众有一点帮助，令他们在未来的番禺文化建设中，有更多的文化自觉和理性选择，把握本土社会的内在肌理，辨识番禺文化的遗传基因，在张开怀抱迎接现代化和都市化的时候，坚持住番禺的文化本位，守护好乡土的精神家园。番禺文化的永久存续，生生不息，发扬光大，有赖大家的努力！

刘志伟

2017 年 1 月

目 录

上编 番禺代有人才出——总述

绪 论   3
第一节 释名   3
第二节 总体分析   5

第一章 文明开启中的人物   9
第一节 先秦至汉代人物   9
第二节 三国至南北朝人物   12
第三节 唐五代人物   14
第四节 宋代人物   15
第五节 元代人物   19

第二章 走向昌盛中的人物   21
第一节 诗坛雅风   21
第二节 陈湛学风   23

第三节 政坛良才	26
第四节 刚正言官	32
第五节 捍境之士	34
第六节 美德楷模	36

第三章 由动荡进入安定的人物　40

第一节 烽火烈魂	41
第二节 善治循吏	46
第三节 才艺俊彦	50
第四节 孝子仁人	53

第四章 激变中觉醒的人物　56

第一节 济世良才	56
第二节 佐幕之才	62
第三节 勇将英烈	64
第四节 孝义典范	70
第五节 学府兰桂	72
第六节 硕学达人	76
第七节 艺坛英华	79
第八节 侨务翘楚	81
第九节 反清志士	82

第五章 风云变幻中的人物　84

| 第一节 革命先驱 | 84 |

第二节　抗日志士　　　　　　　　　　91
第三节　中共英烈　　　　　　　　　　93
第四节　民主人士　　　　　　　　　　99
第五节　文教俊彦　　　　　　　　　　103
第六节　杏林名医　　　　　　　　　　109

第六章　看今朝风流人物　　　　　　　111

第一节　军政英才　　　　　　　　　　111
第二节　学界名师　　　　　　　　　　113
第三节　文体明星　　　　　　　　　　121
第四节　杏林宿耆　　　　　　　　　　129
第五节　其他人物　　　　　　　　　　131

下　编　各领风骚数百年——传略

第七章　岭表开化赖先驱　　　　　　　135

第一节　首撰异物志的议郎杨孚　　　　135
第二节　南人无党的探花李昴英　　　　138
第三节　魂归庾岭的状元张镇孙　　　　140

第八章　南国诗坛倡雄风　　　　　　　144

第一节　南园五子之黄哲、李德、赵介　　144
第二节　"牡丹状元"黎遂球　　　　　　147
第三节　"天然和尚"函昰　　　　　　　149

第四节　岭南三大家之首屈大均　152
第五节　谱就诗史的张维屏　155

第九章　武略爱国呈英姿　158
第一节　有勇有谋的平藩将领林桂　158
第二节　集众御侮的爱国士绅何玉成　160
第三节　足壮海军威的名将邓世昌　163
第四节　志行纯洁的海军名将潘文治　166

第十章　兴文重教振风气　169
第一节　博学多才的学者陈澧　169
第二节　广雅书院山长梁鼎芬　172
第三节　一心造就良才的教育家吴道镕　175
第四节　志坛名家邬庆时　177
第五节　末科探花商衍鎏与古文字学家商承祚　180
第六节　坐拥万卷书的藏书家徐信符　183
第七节　中国社会经济史学奠基者梁方仲　186
第八节　矢志整理地方文献的汪兆镛　189
第九节　中国铁路名宿凌鸿勋　192
第十节　中国现代高等农林教育先驱沈鹏飞　195
第十一节　海陆空专家罗明燏　197

第十一章　名臣贤宦留青史　201
第一节　智斗权奸的大声秀才陈谔　201
第二节　冷面寒铁公周新　203

第三节　修成三大志书的郭棐	206
第四节　兴修水利的状元庄有恭	209
第五节　担任三国公使的侨领胡璇泽	212
第六节　泽被许地的许祥光、许应锵、许应骙	214
第七节　北美华侨教育开山祖梁庆桂	217

第十二章　岭南文化多才艺　　220

第一节　岭南画派先驱居廉、居巢	220
第二节　岭南画派创始人高剑父、高奇峰、陈树人	223
第三节　从三稔厅走出的何博众及何氏三杰	226
第四节　中国戏剧人物画开山鼻祖关良	229
第五节　人民音乐家冼星海	232
第六节　战地摄影家石少华	235
第七节　新兴木刻运动先驱李桦	237
第八节　蜚声中外的一代文史大师叶恭绰	240
第九节　粤剧表演家"广东梅兰芳"千里驹	242
第十节　岭南琴派一代宗师杨新伦	245

第十三章　民主革命先驱　　248

第一节　为共和殉难的史坚如	248
第二节　撰小说唤醒民众的黄世仲	250
第三节　能文能武朱执信	253
第四节　黄花岗葬义士的潘达微	255
第五节　书生革命家胡汉民	258
第六节　民国开国元勋徐绍桢	261

第十四章　巾帼先驱数岭南　　264

第一节　中国第一位南丁格尔张竹君　　264
第二节　圣洁典型许广平　　267
第三节　"送子观音"梁毅文　　269

第十五章　斯人实迹留青史　　273

第一节　天文学家、地图学家道士李明澈　　273
第二节　一生大转折的汪精卫　　275
第三节　南华寺住持惟因　　278
第四节　中华医学新体系先行者黄省三　　281
第五节　热心公益的"澳门王"何贤　　284

附　录　番禺十大历史名人　　287

上编　番禺代有人才出——总述

山客龍鍾不解耕
開軒危坐看陰晴
前江後嶺通雲氣
萬壑千林送雨聲
海壓竹枝低復舉
火山角晦還明

绪 论

第一节 释 名

番禺,是岭南最古老的历史地名之一。"番禺"一词,作为地名,最早出现于《淮南子》。据《淮南子·人间训》载,秦平南越,分兵五路,其中"一军处番禺之都"。这"番禺之都",是否就是处于岭南腹地的番禺城,学术界未取得共识。作为行政区域名的番禺,《史记》中有载:秦平南越之后,在岭南置郡县,其中即有番禺县。这是岭南历史上最早建立的为数不多的县份之一。番禺县城既是南海郡治,也是西汉初成立的南越国都城所在地。广州地区的秦汉考古,多次发现"番禺"字样,只是"番"字写作"蕃"。番禺作为行政区域名称,从秦始皇三十三年(前214年)至1992年,

南越国建国初期疆域图

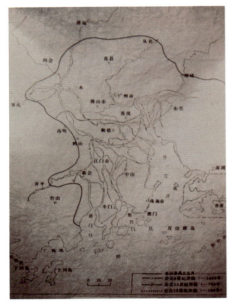

古今番禺地图

其间除隋代、宋代两度共110年归并或改名南海县之外，存在了两千年以上。直至1921年，番禺县才结束其作为广州城附廓的历史；1992年撤县建市、2000年撤市建区，仍沿用番禺之冠称。

在过去的两千多年中，"番禺"一词所涵盖的行政境域变化不定，总的趋势是由大变小。秦时的南海郡番禺县，大致相当于清代广州府范围，包括清代广州府的番禺、南海、增城、花县、从化、顺德、东莞、新安、三水、龙门、新宁、香山、新会、清远、宝安等县境地，涵盖今珠江三角洲的广州、深圳、佛山、东莞、中山、珠海六市，清远市部分地区，以及香港、澳门两特别行政区地域，面积共三万多平方公里。几经变迁，番禺县境不断缩小。康熙二十四年(1685)，番禺析置花都县。至此，番禺县境范围囊括今广州市的越秀、海珠、天河、白云、黄埔、番禺、南沙等七个区的全部或部分区域。1958年12月至1959年6月，番禺、顺德曾一度合并为番顺县(县治设大良镇)，之后又恢复两县建制。1992年，番禺撤县设市(县级)，仍由广州市管辖，从此结束了番禺称县的历史。2000年，番禺撤市设区。2005年，南沙区设立，番禺区的部分区域，划归南沙区管辖。2012年，番禺区的东涌、大岗、榄核三镇划归南沙区管辖。至此，番禺区辖10个街道办事处和6个镇。截至2013年，番禺区辖海珠区以南、沙河湾以北及南部的一部分，面积为530平方公里。

尽管行政区划在历史上变化如此之大，但番禺这一历史地名，在其后裔的心目中不可磨灭，被视为祖地乡望之标志，正如陈姓、黄姓后代分别以颍川、江夏为堂号之理。今广州市白云区之地在历史上长期辖属于番禺县，白云区海外华侨社团的会所，至今仍多冠以"番禺""禺山"之名。在美国旧金山、加拿大多伦多、秘鲁、新加坡，以及马来西亚的吉隆坡、槟城、马六甲等地的华侨会所，"番禺"字样也极为常见。因此，番禺文化是深刻烙印着历史地名影响的地域文化，体现出以番禺地望自称的传人对精神家园的守望与执着，对乡梓文化的认可与传承，这是中华民族的优良传统。

因此，从文化的剖析及宣扬出发，本书所说的番禺名人，是对历史上以番禺为籍贯的番禺人的记述。时过境迁，对其中因行政区域变化其地今已不属番禺区所辖者，括注今属区域名；对于籍贯地域有不同说法者，予以说明。历史是由人的行为写就的，"江山代有才人出，各领风骚数百年"。两千余年间，番禺涌现出对社会进步有重大贡献和对社会发展有重大影响的无数风流人物。他们在番禺绚丽多彩的历史画卷上绘下了浓重的一笔。本书主旨就在于宣传这些本籍人物的事迹，勾勒他们在历史进程中的贡献和影响，以期弘扬番禺文化，推动社会进步。

何谓"名人"，难得明确的界定。自古以来，有成就有影响者无数，对历史人物成就与影响大小的评价，又因时代的变迁及人物社会活动的复杂性，见仁见智。不胜枚举的人物群体中，如何裁选入书是个很大的问题，即使成立一个评审委员会来审决，也未必能评选出人皆满意的结果。仅以县（市）志入载人物为例，迄今为止，番禺新、旧志中的立传人物数目近600人。本书仅以入载地方志列传为范围，从中挑选人物予以评述介绍。编修地方志是中华民族的优良传统，接续不断的修志，存真求实、述而不论、生不立传等体例，使地方志书得以积淀丰富的较为客观的历史人物资料。而新编地方志的范围，已经扩展到21世纪之初，这使得在本书的人物长廊展现古今人物，系统反映番禺文化脉络成了可能。明确这一范围使本书对番禺名人的选择具有有所依据的可操作性。在此基础上，对那些重点介绍的人物，遵循历史学的严肃性，本书从尽可能广泛的范围（如史籍、笔记、采访及研究文章）中吸取人物资料并予以考证使用，以丰富人物形象。

第二节　总体分析

对于番禺历史人物的认识，可从纵横两个方面进行分析。纵向分析，是对不同时期的人物群体状况进行分析；横向分析，是对同时期历史人物的组成结构进行分析。鉴于各类志书收载人物列传多有重复而又大同小异,为减少重复,保持定量的可比性,本书以具有连续性的旧志中的同治《番禺县志》①、民国《番禺县续志》②,以及新方志的《番禺县志》③、《番禺市志(1992—2000)》④ 中的人物传为基本范围,进行引述分析。

同治《番禺县志》设人物列传共21卷。其中,宦绩、寓贤收载外地籍在本地任官或活动人物;方技、释老指三教九流的化外之人,不拘籍贯;耆寿、义行、列女,专门罗列合乎当时道德标准的人物,共计6卷。这三类人物不在本书评述的历史文化人物之列。因此,评述范围限于列传15卷。

民国《番禺县续志》是同治《番禺县志》的续志,据该志序言所述,其人物部分是对前志的"搜遗补逸"。此志人物共10卷,其中孝友、义行、方技、寿耆、列女、寓贤、释道占了4卷,则列入评述范围的有6卷。

新方志1995年版《番禺县志》所收入的"人物",据该志"凡例"所称,"主要为鸦片战争以来已故的有一定社会影响的各界人士",其中部分已收入旧志人物传的,统计数字不再重复。《番禺市志(1992—2000)》"凡例"说明,该志"立传人物,包括上届修志断限前已故人物补遗和设市期间故去、有一定社会影响的各界人士",则不存在重复统计的问题。

此外,对附于各传中传主之外的人物不作评述。对跨朝代人物,归列于其生平主要活动所处朝代。如屈大均生于明代,卒于清代,其主要活动在清初,列为清前期人物,统计数字计在清代。

据以上范围及原则,四部志书共为650人列传,其中:战国1人,西汉6人,东汉8人,三国1人,晋代7人,南北朝5人,唐代3人,南汉3人,两宋23人,元代20人,明代174人,清代269人,民国59人,新中国71人。尽管各个时期对人物入志的标准未尽相同,但从模糊数学的概率角度上看,还是大致可以勾勒出历代番禺县志中列传人物数量变化的过程,

---

① 番禺市地方志编纂委员会编:《(清同治十年)番禺县志》(点注本),广东人民出版社1998年版。
② 番禺市地方志编纂委员会编:《(民国版)番禺县续志》(点注本),广东人民出版社2000年版。
③ 番禺市地方志编纂委员会编:《番禺县志》,广东人民出版社1995年版。
④ 番禺市地方志编纂委员会编:《番禺市志(1992—2000)》,方志出版社1998年版。

反映出番禺历史名人由少至多的阶段性变化趋势。这两千余年大致分为五个时期：南汉以前一千多年间共 34 人，宋元 43 人，明代 174 人，清代 269 人，民国 59 人，新中国 71 人。其中值得注意的有以下三点。一是自秦汉至明清几个时期人数是以加速度迭增，明清时期共 443 人，是总数的 67%；而民国、新中国加起来为 129 人，其记述人物的时间段为 88 年，只及清朝时间的三分之一，是历史上收载人物密度最高的时期。二是两宋与元代人数基本相同。元代收载人物多，一个原因是元代人才的基础其实出自宋代，许多人物是由宋入元的；同时，元代番禺社会文化仍在不断发展，也不能简单地说成是社会文化凋零的时期。三是就绝对人数而言，明清是番禺人才迭出的鼎盛时期，特别是清代至于极盛，也从一个角度反映了番禺这一时期在岭南乃至中国地位之突出。

为了比较中原文化传入的态势及文化演变的情况，不妨将处于粤中中心位置的番禺县与位于粤北中心位置的曲江县的人物情况做一对比。表1 分别列出光绪《曲江县志》与同治《番禺县志》所载各个时期的人物数量。为使两地统计下限更为接近，以增强可比性，清代番禺人数增补了下限至光绪年间的民国《番禺县续志》的 105 人。

表1　番禺、曲江县志本籍列传人数分朝代对比

朝　代	同治《番禺县志》立传人数	光绪《曲江县志》立传人数
战国	1	-
两汉、三国	15	-
晋	6	1
南北朝	4	3
隋	-	1
唐	3	8
五代十国	3	2
宋	18	10
元	13	-
明	155	25
清	260	51
合　计	478	101

据上表分析，南北朝以前番禺在人才数量上领先，主要原因是此一时期中原文化进入岭南的主要途径是西江走廊。尤其是两汉时期，在朝廷开化粤地中，番禺是教化集中之地，乃至出现议郎杨孚这样的拔尖人才。而从南北朝起，粤北人才已崭露头角，至唐代更是稍领风骚。这一时间段曲江人物优势超过番禺，反映了中原文化南下入粤通道渐而向粤北倾斜，其背景是大庾岭的开通，粤北为南北要冲，在吸收中原文化方面更尽得地利，但也说明南下途径本已有由西江走廊转为更直接的北江流域的趋势。曲江县人才不仅在数量上超过番禺县，而且其中包括张九龄家族三人（其中张九龄为同中书门下平章事、张九皋摄御史中丞、张九章任岭南经略节度使）。同中书门下平章事相当于丞相，御史中丞是中央最高监察长官，节度使是封疆大吏，可见唐代曲江张氏已是势力极盛之大族。岭南人最先入朝为相的是粤北曲江的刘轲、张九龄二人，而唐代番禺人所达到的最高职务是尚书左仆射（郑愚），其影响稍逊张九龄一筹。入宋以后，两地的地位发生了变化，番禺人才数量超前，且与曲江拉开了距离，至明、清更远在曲江之上，这一对比可以反衬出岭南文化开发及番禺人才发展的趋势。

　　横向分析而言，历史人物身份的分类，很难截然划分清楚。古代讲究学而优则仕，出仕者往往既有经世致用之才，又有文学史学之长；有亦商亦儒，也有致仕后退而授学者。因此，不可能将一个人绝对清楚地只划到一类中去。旧志按传统道德观念将人物划分为儒行、文苑、武功、隐逸、忠烈、名臣、循吏、孝友、义行等，反映出官修史书到了明清时期更注重人物在教化方面的功能，却不能科学地反映人物所从事之行业。这种复杂性使人物分类成为难题。新方志在入传人物分类方面曾有过尝试：1996年出版的《番禺县志》，将列传人物分为军政人物、科教文人物、农工商人物、华侨港澳人物等四类。这种分法同样不科学，如将梁鼎芬归于军政人物，其实梁鼎芬在文化教育等方面的建树和影响，并不逊于从政。不过按此分类，也可得到一种粗略分析。1995年版《番禺县志》为近现代人物120人立传，其中军政人物46人，科教文人物57人，农工商人物10人，华侨港澳人物7人。考虑到军政人物中有一些本身就兼而为文化界人士，可见载入县志的番禺人才中，科教文人物占了最大比例，其次是军政人物，此两类占了全部人物的86%。当然，这与志书收集人物的标准以及历代对人物记述的积淀影响有很大关系。不过，番禺的近现代历史人物的影响，在文化方面占主要则是可以肯定的。本书在反映这些历史人物的作用和影响时，也正是着重于文化方面。

第一章　文明开启中的人物

第一节　先秦至汉代人物

岭南开化始于秦汉，因此，岭南历史人物的长卷，也是自秦汉时期展开的。番禺作为岭南初开的政治中心，人物活动随之展现。

番禺县志记述的人物，其实始于先秦。同治《番禺县志》人物传第一人，是战国时期的高固。道光《广东通志》人物传，战国时期的人物，除了高固，还有一位公师隅。关于这两位先秦人物的籍贯，据志书记载，高固是"南海人"，公师隅是"粤人"。此处说的"南海"，似只能理解为后来之南海郡，郡治即番禺。据记载，高固在周显王时因才能归附楚威王，被封为相。据说他对《春秋》极有研究，为相时"文教日兴"。传说"五羊衔穗，萃于楚庭"的故事就发生在高固为相之时。公师隅的事迹，是说越王被楚王打败时，公师隅为越王南迁做准备，在粤地"依山筑南武城"。南武城因为归附于越而"称雄南交"，"南交"是古代对岭南的指称。他受越王所命"往复南海求犀角、象齿"，作为越魏通好之礼品。在粤地开化之前，何以能产生像高固、公师隅这样高层次的人才，何以有源自北方姓氏的传承，这都是难以解释的。阮元主持编纂的道光《广东通志》在此二人的传末均附以考证，指出高固当属齐人，被后人附会为南海人，"实无确据也"。涉及此二人籍贯、活动地名，其关键词是"南海"。其实在先秦乃至秦汉时期，今东海是称为南海的，《史记·秦始皇本纪》记载秦始皇"上会稽，祭大禹，望于南海，而立石刻颂秦德"。那么，此二人涉及"南海"之事，就

有可能是在华东了。阮志指出,公师隅的事迹"无籍可稽,然旧志必有所本,未可遽删,今破例录之,亦存古阙疑之意也"。阮志的考证结论,体现了严肃的学术态度,对此只能录以存疑了。

番禺被定为南海郡治,成为秦代在岭南的政治中心,这于番禺文化的发展是一个里程碑。其后不久,赵佗创立南越国,番禺城成为国都,更是当地文化发展新的转折点。南越国时期的番禺人物,未见于志籍,这可能与史家持以中原为正统的立场,将南越视为化外之地的历史背景有关。但入粤的秦军统帅任嚣在主政南粤之后,采取了"和辑粤众"的政策;赵佗建立的南越国更将"和辑百越"作为国策,其政权因此能够得到上层越人的承认与合作。在这种情况下,许多越人被吸收入南越政权。如被赵佗任为相的吕嘉,史称"越人之雄",吕嘉之弟为将军,吕氏家族中60多人都得以担任官职。这应当是番禺籍人进入政治舞台的初始。由此可推断,当时的上层越人中,当有一些番禺本籍人,只是未入载史志而已。与此同时,在汉帝国创立与拓疆的战火中,有越人将领的身影,他们成为志籍上可信度较高的较早列传的番禺历史人物。同治《番禺县志》上有张买、何遗、郑严、田申、毕取、邓宓等人的传,均与汉初统一中国的战事有关。这说明,这些人入传的资格,是基于汉朝的立场。毕取原为南越国将领,汉平南越时受降。其余五人都是参加了汉武帝伐南越的队伍,立了军功者。特别是邓宓"以谋略权勇称",军功卓著,举茂才为属国都尉,转南海郡丞、日南太守,成为汉朝统治岭南的地方大员。张买事迹最为突出,其父已是汉高祖刘邦手下之骑将,参加平三秦有功,未及封而死。张买"善射知书,官中大夫"。汉惠帝时侍游苑池,他"鼓棹为越讴以讽",是说他敲击着划船的长桨为节拍,唱着越讴,借此对惠帝有所进谏。由此说明他具有政治智慧,还能利用越地的民间文艺作为进谏工具。"越讴"之词,最早见于此处。陈永正主编的《岭南文学史》称"岭南诗人,见于载籍最早的是汉初番禺人张买"。按此说法,张买就是上了志书的岭南第一位诗人了。当时的越讴是什么样子,已无从得知,但这也反映了越讴久远的历史。在两千多年前,越讴就已见载于史籍,足证番禺民间文学之源远流长。

入传人物，西汉初主要是军事人物，而东汉则主要是文人选官，在这个角度反映了粤地在汉代被军事征服到文明开发的历史进程。汉朝使用察举选官制度，大致可归纳为三类方式：以廉能而被征的有贤良方正科和孝廉科，由郡国荐举的有茂材异等，由选举进身的有博士、明经等。东汉时期在粤地施行的主要是前两种方式，一批杰出人物就是在这一荐举制度中脱颖而出的。同时，汉代是传统礼制形成的历史时期，在这一时代背景下，朝廷在粤地大力推行礼制，立儒学，倡孝友，正风俗。一批正人君子为粤地开风气做出典范，也成为入传人物。这一主题也成为此后方志人物入传的一个重要标准。番禺县志列传的东汉本籍人物有杨孚、招猛、陈临、董正、疏源、罗威、唐颂、黄豪等。招猛举茂才，官至大鸿胪寺卿，为九卿之一，掌管少数民族君长、诸侯王、列侯的迎送、接待、封授、袭爵及夺爵削土之典礼，这是礼仪之邦一个重要的职位。黄豪也是举茂才，授外黄（今河南民权县）县令，是出任中原地方长官的第一位岭南人。陈临举孝廉，官苍梧太守，为镇守岭南要地之大员。董正有用世之才，精通《诗》《春秋》《礼记》，他对汉灵帝年间的天下大势有着清醒的认识，有感于天下大乱，"数被辟命皆不就"；另一方面，他又致力于正风俗，甚至有中原人士南阳车遂慕名不远千里来投奔。他待车遂如兄弟，车遂病重，他倾家恤病；车遂去世，他停柩行礼如仪，亲自送归南阳。粤地开化初，董正的行为，是当局倡导的表率。罗威、唐颂以奉母至孝扬名千古，传中未点明其出身，就其事迹及入志情况看，极可能察举孝廉。疏源是郡吏出身，后为尚书郎，人品高洁，敢忤权贵。

汉代人物中，最为突出的是杨孚。他是唯一以举贤良对策入朝，官拜议郎，成为御前咨询政事的近臣。他主张对匈奴不要轻率动武，力议丧制守孝三年及选举吏治必务廉平，反映出其良好的政治素养。他著撰的《南裔异物志》，为历史上第一部异物志，开此类体裁之先河，在中国方志发展史上具有重要地位。此书将岭南物产及风情向中原做了较为全面的推介，促进了中原对岭南的了解，是一种积极的文化交流；书中对海外国家及南海航道上景物的介绍，对当代研究海上丝绸之路有重要历史价值，其中对扶南国（今柬埔寨）等海外国家的记载，是古籍中最早的。此书被称为岭南人的第一部学术著述，书中的四言体"赞"，被屈大均称为"广东之诗，其始于孚乎"，那是岭南诗歌开山之祖了。其现实主义的主题和手法，对后代影响深远。

总之，这一时期的番禺人物，从政治、军事、文化等方面对粤地初开做出了重大的贡献。

第二节　三国至南北朝人物

三国至两晋南北朝，粤地仍处于文明开发早期，同治《番禺县志》中，入志列传的人物不多。

三国时期列传者只黄盖一人，此人不是《三国演义》中的那位东吴老将，他是番禺人，举茂才，先为日南太守，后改任始安（今广西桂林）太守。他以强硬手段建立日南郡[①]人遵法的秩序，与魏军作战勇敢，疾恶如仇，不与归降的叛人相见，看来是个鹰派人物。

晋代人物，有王范、陶延、黄恭、杨平、姚成甫、冼劲六人。王范、黄恭事迹相近。王范"好读书，有鉴识"，东吴末年，他避乱世闭户不出。入晋之后，朝廷推行九品中正选官制，州设大中正、郡设小中正，其职责是将辖区内的人才经过品评分为"上上"至"下下"九等，上报中央政府，由中央政府按品评等级安排到各级政府任官。作为伯乐，中正的人品、学识自不待言。王范被广州刺史指认为担任广州大中正最合适不过的人选，履职之后，果然得到舆论赞扬。王范认为当时盛行于世的《九州春秋》一书对岭南的记述过略，于是亲自搜罗典故，于公元287年著成《交广春秋》（交广，交州、广州之合称）。这是岭南第一部地方志书。此后，岭南陆续出现的几本志书，都是沿袭《交广春秋》的体例。后来任广州大中正的黄恭，补《交广春秋》之遗漏，充实扩写为《十三州记》。黄恭的族人黄整是平越司马，"博洽工文词，有集十卷"，可见番禺文化在此一时期有较大发展。陶延、杨平、冼劲的事迹则与军事有关。陶延祖上为交州刺史，陶延"有文武才"，

---

① 日南郡：西汉武帝年间置，辖今越南中部北起横山南抵大岭地区。

累功至伏波将军。杨平为交州刺史、征西将军，率兵平林邑（今属越南），并与定盟，朝廷诏加龙骧将军，封南陵县侯。冼劲，多被认为是岭南冼氏始祖。公元404年卢循攻打广州时，身为广州中兵参军的冼劲率兵力战，城陷被执后不降而遇害。东晋朝廷追赠其始兴太守、曲江县侯。姚成甫对广州百姓饮水有功。广州的甘溪是吴刺史陆允所辟，日久埋塞，姚成甫复浚之，使城中百姓仍有甘水可饮用。

此外，民国《番禺县续志》对晋代番禺人物还补立了一位陈元德。陈元德其实是秦州南安郡（今甘肃陇西县东南）人，东晋时以进讨孙恩功擢建国大将军，此后又奉命征讨攻陷广州的卢循。晋亡，陈元德喜爱番禺县桂林乡一带之山水形胜，弃官挈妻儿遁迹定居于此，此地在清代称白水坑。其子孙繁衍，已有白水坑、坑头、白冈、蔗坳、梅山、赤山、石楼等七房数万人，陈元德为开族始祖。他的事迹在此前的其他志书中均设为"寓贤"一类，梁鼎芬修志时，认为他不同于其他暂居本地的寓贤，而是定居邑地，繁衍子孙，因此将陈元德收入县志列传。陈元德为县人先祖中可考的年代最古的先祖，也是见于志籍最早定居番禺的北方移民，标志着北方望族进入番禺定居繁衍。因此之故，县志特书一笔以彰其事。

南北朝时期入志列传人物有区金、覃元先、冯融、刘删四人。区金是南齐时人，他和子、孙先后分任尹州（治所在今广西贵县）、宁州（治所在今云南陆良县）、新州（治所在今广东新兴县）刺史，志称"三代刺史，亦岭海盛事也"。覃元先在齐末招募民兵据番禺，受梁高祖招降为宁州刺史、云麾将军，卒于讨侯景之役。冯融是北燕国王冯弘之后裔。北燕为北魏所败，冯弘遣其子冯业浮海归晋，留居番禺。冯融是冯业之孙，曾任罗州（治所在今广东化州）刺史。其子冯宝为高凉（治所在今广东阳江）太守。冯融的儿媳妇就是大名鼎鼎的洗夫人。冯融任罗州刺史时，能以礼义威信镇其俗，他在巡视辖区时，约束手下"毋为不善"，吸引文士相与为诗歌，"蛮中化之，弦诵日闻"。刘删，陈朝人，有学问，时人称为"岭左奇才"，被召任临海王长史与记室。此四人的事迹反映了南北朝时社会动荡，人员流动幅度之大，也给番禺文化带来新的元素。

第三节 唐五代人物

唐代番禺,有敬元礼、郑愚、何鼎三人立传。入志人物不多,其事迹却颇为突出。敬元礼因舍生取义而入传,他因藏匿武则天时谋复唐室的御史李福业而被连坐处死。临刑时,李福业向他致歉,他说:"你是无路可走才来投奔我,我怎能丢弃你呢?"郑愚,进士,历任桂管观察使①、岭南西道节度使、礼部侍郎、知贡举(会试主考官)、尚书左仆射。唐代尚书左仆射兼门下侍郎,行侍中之职,实为丞相。他是唐代出自岭南的三位丞相之一。郑愚对开发越秀山也有贡献,曾在越王山(今越秀山)构亭作记,是今见最早为越秀山景点作记者。何鼎也是进士,官至容管经略使②。他注重民生,捐俸赈灾,单车勇赴贼巢,面对露刀林立的贼众,从容晓谕利害,率众返耕。民众对他至为崇敬,传载他有小病,"民燃指礼佛,为鼎祝祷"。

五代入传的番禺人物,都是生活在暴政的阴影下。何泽是何鼎之子,举进士,任后唐洛阳令,是首都行政长官。他直介敢谏,后唐开国君主李存勖喜好打猎,数次践踏民田。何泽竟潜伏于草丛中,等候李存勖骑马至,上前挡马劝谏说:陛下因为战事暴征军费,如今麦田将熟,这样践踏庄稼,百姓用什么来出赋,地方官如何督耕?陛下要是不听臣言,那就将我赐死在马前好了。开国君主再暴虐,还是晓得事关江山的利害关系的。李存勖听了大笑,停下打猎,还让他当主管粮食仓储的仓部郎中。钟允章是南汉进士,累迁中书舍人,官至尚书左丞。他很有政略文才,凡诰敕碑记,上有所命,援笔立就,却因劝谏南汉后主刘𬬮远离宦官小人,而被诬告谋反族诛。吴怀恩,南汉高祖的内府局丞,是宫廷侍卫官,忠心耿耿,很受信任。中宗刘玢时,授开府仪同三司西北面招讨使,与巨象指挥使吴珣一起攻打楚国贺州,

---

① 桂管观察使:唐代岭南道桂州(治所在今广西桂林市)的军政最高长官。观察使,又称观察处置使,实际为各州刺史的上级,权力仅次于节度使。
② 容管经略使:唐代掌管岭南道容州(治所在今广西北流)军务的长官。

乘胜取梧桂七州，将南汉国的版图扩大到全岭南，可谓功劳卓著。为抵御宋军南下，吴怀恩任桂州团练使，督造战舰、龙舟，因对工役严酷而为匠人所杀。钟汉章、吴怀恩，文才武略，均风光一时，在南汉暴政背景下都成了历史悲剧人物。

第四节　宋代人物

宋代番禺入传人物，同治《番禺县志》收载有24人，民国《番禺县续志》又增补了5人，在数量上明显增加，显示了宋代番禺人文的长足发展。入传的29位宋代番禺人物，大致可以分为四种类型。

一是治世有才的良吏。梁杞，历任连州司理[①]、桂阳令、鄂州通判，皆有政绩。鄂州俗尚巫鬼，他设立医局，一改旧俗。南宋绍兴二十二年（1152），朝廷从番禺县分立香山县。其实早在84年前，梁杞就已经提出此建议，由此可见其人富有远见。丁琏，做过京官和地方官，传中说他未出仕已"负才名……问业者屡满户外"，就是说，慕名来向他请教者很多，以至于门口摆满了求学者脱下的鞋子。他是个智者，致仕归乡之后，"退藏若愚"。广州知州蒋之奇以才自负，瞧不起岭南士人，尝与丁琏一起泛舟游药洲，因话语投机，竟同游至三更，由此改变了他对岭南人士的看法，惊叹丁琏"问学精博，中州士不如也！"蒋之奇为今江苏人，一生当过12任部吏、6任州郡长官，官至知枢密院事，即主管全国军政的长官，他对丁琏如此评价，反映了当时番禺精英的水平。张书言，水西（今属从化）人，先世山东，祖张士元"提刑广南东路，因家焉"。书言任广州市舶提举时，制定了验收法，外商称便。后任琼管安抚大使，建立弓箭社，规定各家各户推出一位家资、武艺为众所服者，担任社头，次为社副，地方有警，由社头、社副率弓箭手备战，保一方平安。陈康延，知梅州、朝散大夫。其事迹一是在朝居官时无惧影响仕途，力主不加重两广盐税负担；二是为官清廉，家中只有50

[①] 司理：刑狱官。

亩田,上司见其居处太过简狭,劝他更新,他笑而答以已经可以了。此外,历任京官、地方官的,有蒙甄,"累立战功","尤精《礼记》"。任地方长官的,有杨汪中,他在摧锋军围攻广州时,随李昂英缒城晓示解围有功,知归善县;赵崇模,知湖南安化知县,平易近人,尊重长者,"兴废举坠";吴文震,知归善县,署全州、昌州(治湖北枣阳)知州,有政声惠爱。这一时期出现了仕宦世家。吴群,在琼州通判任上,为防御海盗而修城堡,一如之前任琼州安抚使的乡人李谔。琼人作歌称:"前有李君今见吴,琼管保障皆番禺。"吴群子吴纯,历任连州知州、提点广西刑狱、朝议大夫、通奉大夫,长孙吴雍官至左朝奉大夫、沿边安抚使。吴雍子吴莘荫将仕郎、史馆检阅。曾槐,"刚介不与时俯仰,故仕止郡守,官止正郎";其弟曾机、孙肃雍为进士,子曾嘿为承奉郎。

二是饱学有才的良儒。这类人物出现的背景,是宋代特别是南宋时期番禺儒学的兴起。梁百揆,"博究群籍,尤邃性命之肖,以直知实践为事"。他在朝以直谏为人所称道,"归禺山讲学,辟异端、翼名教,学者称懿端先生"。禺山书院是见于史籍的广州地区最早的书院,梁百揆"归禺山讲学",倘此"禺山"为禺山书院的简称,则他是广州第一位见载文献的书院讲席,见于岭南志书中首位称儒的学者。钟启初,萝岗(今属广州市黄埔区)人,据载他曾任武昌同知、福建参议,并在福建妥善处理了外交,"日本以巨舰寇厦门,启初谕以祸福解去"。致仕以后,讲学玉岩书院。因年代久远,记述难免有误。据阮元考证,武昌同知、福建参议不合宋制,又钟氏族谱记钟启初是"嘉泰乡贡,开禧进士",时间与此志称"淳禧乡贡,嘉熙进士"也异。可为实证的是玉岩书院宋称萝坑精舍,遗址今尚存,是广州地区现存最早的书院遗址。据钟家族谱所载,钟玉岩本名启初,少时受学于家,与后来成为南宋名臣的崔与之①同窗。钟启初归隐后建萝坑精舍讲学,崔与之曾在此讲学。梁百揆、钟启初是记载于史的岭南最早的书院讲学者,反映了南宋广州地区书院教育的新情况。这一时期的列传人物,多为进士,入传总共

---

① 崔与之(1158—1239):号菊坡,原籍宁都白鹿营,幼年随父移居广东。《宋史》载其为广州人。

共29人，有22人为进士出身。根据同治《番禺县志》"选举表"，番禺唐代只有进士2名、乡贡1名，共3人；两宋有进士60名，特奏进士9名，乡贡、荐辟38名，共107人。进士中，张镇孙、李昴英分别是岭南宋代唯一的状元、探花。以上反映了岭南文风至宋渐盛，番禺渐成科举重地。

三是重名节之士。其中最为出名的李昴英，是宋代岭南唯一一位探花，其处世、作文皆达到很高成就，陈白沙对他评价极高："重内轻外，难进易退，不以物喜，不以己悲，庶几浩然而自得云。"他在朝为监察官，敢言廷臣之不敢言，宋理宗很赏识他，将其名字写在御屏上，说昴英"南人无党"。李昴英因坚持直谏，官职三下三上，终于回到广州，后来，朝廷召回他主持军政大事（"任金枢密院事"），他也不赴任。郭阊，监察御史、右正言，"知无不言，不避权要"，卒时"家无余财"，停棺旷日，几无以殓，皇帝为之感叹，赠恤特厚。广州经略使方大琮建濂泉堂书院，想聘一位主讲席，李昴英向他推荐了田知白，说当地"老成人无逾知白者"。方大琮亲自下访，知白始以病辞，方大琮再去，遁身不见。注重名节，不求仕进，似乎在当时成为粤人风气。在重名节之士中，有生逢末世持节不逾者，其中有为宋亡痛绝而亡的；也有在入元以后，坚持宋朝遗老身份不仕新朝的。李昴英之子李志道，官广南东路经略使、工部侍郎，宋室将亡之际，他纠练乡勇，并亲自督战于潮州。及至宋室亡于崖山，率子弟乡人"朝夕哀奠，未几卒"。刘哀然，官至承议郎、太常丞，兼翰林直学士，南宋濒亡时他死守不降，忧愤而卒。陈大震为宋全州知州，元兵至时，因兵力不支，自劾归罢番禺，元初授广东儒学提举，他借口"避贯"不就。存世的大德《南海志》是元朝地方官慕名请他编纂的。此志残本是广东现存最早的地方志书，有很高的历史价值。同为番禺人的王道夫幼时即曾跟随陈大震游学。南宋朝廷濒亡之时，宋端宗召大震为兵部尚书、道夫代理兵部侍郎，大震极力推辞，道夫临危授命，并一度收复被元兵攻陷的广州。1279年，宋元两军在新会崖山决战，最后陆秀夫负幼帝赵昺投海，王道夫不知所终。

南宋状元张镇孙的情况比较复杂。一是他的籍贯各志传大多写为"南海人"，只有道光《广东通志》根据张氏世谱作"番禺人"。据载张氏入粤

南宋状元张镇孙雕像

世祖原四川潼川遂宁人,入粤任官,"卜居城南太平门内泰通里,娶石壁麦氏,因籍番禺"。张镇孙母为南海熹涌(今属顺德)人,宋代因避乱始迁居乡下。张镇孙在殿试中写下七千字的《廷对策》,纵论兴亡治乱之事,提出"天下国家以民为命脉""良以民心之所归,即天命之所佑;民祇之可畏,即天显之可畏"等观点,并痛快淋漓地揭露弊政,痛责官吏乘荒年中饱私囊之丑恶行径。元兵围攻广州,张镇孙时任龙图阁待制、广东制置使①,兼经略安抚使。城陷被执,元人将其押解往燕京,"至大庾岭死之"。据《宋史》等史籍考证,张镇孙是以城降换取元人不屠城以保广州一城之生灵免受涂炭。他死于北解之途,实为死难,是一位英雄人物。

四是入粤移民或移民后裔。入传人物中有一些移民入迁的开村之祖。李昂英,曾祖自保昌迁鹭冈村,李昂英孙李光文,为碧江龙津沙湾房之祖。凌震,本为福建莆田人,南宋末年为广东都统②,曾与张镇孙领军抗元。元军攻陷广州,凌震又与王道夫率兵抗元,并一度收复广州。无奈宋廷大势已去,两军力量悬殊,凌震最终战死于东圃。子孙将其葬于东圃古鼎冈,尊为入粤之祖。不少人是移民后代。如孔元勋,是唐尚书孔戣后代,孔戣任岭南节度使,"遂家焉"。元勋历知封州、新州。其弟元凯,在井旁拾到商人遗下的数百两银子,守候到失主归还其银,商人愿以半相酬,他坚不接受。其乡因兄弟皆贤得名"慕德里"。何起龙,先世南雄保昌人,建炎中避寇徙广州。钟广德,先世汴梁人,绍兴间先祖迁居番禺,遂为珠村人。陈息卿,先世汴梁,北宋末入粤,家番禺沙村(今属增城)。王元甲,沙湾人,先世籍隶太

---

① 制置使:临时军事长官,负责镇抚地方。
② 都统:宋代节制军马的临时军事长官。

原，宋季入粤居雄州，后迁香山。元甲是张镇孙部属，张镇孙死后，护其柩归葬于乡，终生为宋遗民。这是一个大批移民入粤的时期，见于志中的移民入粤之祖，或因到宦粤地而留下，或因战事入粤，由南雄中转的并不多，这一现象值得研究珠玑巷移民史者所注意。

第五节　元代人物

元代番禺列传人物也有20位，其中同治县志所载17位，民国续志补载3位。

元朝初期，当局致力于吸收、利用汉地伦理道德以巩固统治，广州地区的民情风俗仍然继续向儒家文化靠拢。元代在历史上第一次建立了以广州城区为独立建制的录事司，城区外的番禺、南海县户口随之首作独立统计。元朝推行民族分化政策，将全国各族人口分为蒙古、色目、汉人、南人四等，汉人指淮河以北原金朝统治区域和较早被蒙古征服的云南、四川地区的各族以及高丽人。能够分发到岭南来的蒙古、色目人数量极少，户口上的北人，主要是儒化程度更高的北方汉人。元广州路7县1司，在大德《南海志》中记载的北人户数，广州录事司有372户，番禺县有151户，东莞县有4户，其余各县均无北人户，说明了番禺是北人居民最多的县，也反映其受北方文化影响程度之大。元朝统治者对理学十分重视，利用其作为统治的思想工具，因此县志中列传人物，具有浓厚的时代特色，大致可分为以下四种类型。

一是笃于孝道。陈韶孙，原籍当在东北。其父陈浏以罪远谪黑龙江肇州，韶孙时十岁，愿随父跋涉。道过辽阳，辽阳平章塔出劝说他，"边地苦寒，非你所堪"，表示愿带他返故乡。韶孙表示要与父亲生死相随。陈浏后来死于谪地，韶孙哀恸，感动了肇州万户府，准其还里。十年后，朝廷旌表其行。其他一些人物传中也突出了传主的孝行。

二是施行德政。陈大谟，以才德荐，曾官福建宣抚使，戡御有方，累迁

至枢密副使。他在福建上疏罢停不便民之六事,"闽人德之"。

三是专心学问,督课子弟。张复礼,受家庭教养,"易学益粹,发为大义,顷刻千余言",他治宋学,得"出入程朱二氏,无乖戾者。以汉儒为拘泥或流于术数,绝不喜之"。钟复昌,钟玉岩后裔,曾为苏州府教授,后弃官归乡,制订家训十则,以垂子孙。他将钟玉岩创建的种德庵拓建为书院,筑楼奉祀钟玉岩,规定不能文者不能参与祭祖,祭毕为文赋诗乃退。钟家世守其法,文风得以传承。何光衍,教育世家,其父历任广州、德庆二郡教授。光衍任南海、增城教谕,泰州学正,任期满归乡,督课子弟,皆成材。

四是应召不仕,沾益乡里。张元俊,番禺水西(今萝岗水西村)人,不乐仕进,元末社会骚动,他受乡民所请,募兵立寨,以卫乡闾。他乐善好施,凶岁散谷赈济灾民,丰年拒受回报。孔思范,钟村诜敦人,属孔子世家的岭南派。元朝末年,孔思范迁居于钟村北半里许,改名曰诜敦;并"建造祠宇,以妥先灵",即现在的"天南圣裔祠"。明朝建立后,代为乡中诸姓措纳税赋,捐款开水道以排涝,筑村路以便往来。王文友,明洪武间朝廷多次征辟,地方官员、族人、亲友屡次劝说,他都不动心,甘当元朝遗民,韬光以终其身。由大清遗民梁鼎芬编纂的民国续志更宣扬了四位明初"屡征不起"的元遗老人物,在此四人传末加按语称:"以上伍常、杨汉杰、卫克信、韩文达四人,皆元遗民,李志未载"。

第二章 走向昌盛中的人物

广东经济社会在明代进入迅猛发展的轨道，至鸦片战争前，更达到封建社会鼎盛时期。在"岭南富庶天下闻"的经济条件下，广府文化昌盛，"度越中原"，府、州、县学迅速发展，参加举试及考中进士人数显著增加，书院数量位居全国前列，陈白沙、湛若水创立的白沙之学、甘泉之学，在全国有重要影响。诗歌创作、书画艺术、方志编纂等亦有很大发展，涌现出一批颇有影响的名家。明代后期西学东渐进程加快，广州地区得风气之先，岭南文化渐次显示出中西兼融的特征。在此背景下，番禺入传历史人物数量骤增，从两宋、元代分别为二十来人一跃而至于一百七十余人。这些人物涉及领域之广、社会地位之高、影响之大，均为前代所无法比拟。

第一节 诗坛雅风

明初，推动广府诗歌发展最有力者是"南园诗社"的"南园五子"。"南园诗社"组建于元末明初，社址在广州城内南园抗风轩（今文德南路中山图书馆南馆），诗社的组织者是孙蕡、赵介、王佐、黄哲、李德五人，故称"南园五子"（又称"南园五先生"）。他们的诗作，上溯盛唐，力矫元诗纤靡之风，具有独特的岭南风格，《四库全书总目提要》曾评论说："然粤示诗派，数人（南园五子）实开其先，其提倡风雅之功，有未可没者。"五子中的黄哲、李德、赵介是番禺人。黄哲，世为荔湾著姓。其诗用笔清劲，

富有神采。他遍游天下，与湖海文士畅游吟咏，声名大著，曾为朝臣、地方官，南归后，主持府学，四方慕名来学的一年有数百人，不少是名士。李德，"初好为诗，晚究洛闽之学"，其诗多摹拟太白及李贺，深具奇崛之气。不过他的抒发情怀之小诗，则不假雕饰，清新喜人。赵介，"博通六籍及释、老书，气宇豪迈，无仕进意"。寓所名"临清轩"，人称"临清先生"。他不想当官，一心写诗，其诗"出入汉魏盛唐诸大家"。

嘉靖年间(1522—1566)，广东诗坛进入鼎盛时期，广州府城以及府属的番禺、南海、东莞、顺德等县的诗社最为兴盛，又有五位诗人倡议修复抗风轩作为联吟之地，对当时诗风影响甚大，被称为"南园后五先生"。此五人中，就有番禺人梁有誉、李时行。南园后五先生皆曾师从于著名学者、岭南诗派领袖黄佐，《明史》称："佐弟子多以行业自饬，而梁有誉、欧大任、黎民表诗名最著。"梁有誉初授官刑部主事，后以孝敬老母告归，杜门读书。他除了名列"南园五先生"，还与李攀龙等并称为明代诗坛力倡文学复古的"后七子"。其反映现实，自抒胸臆的作品也不少。其诗婉约清新，颇有情致，这与他继承岭南诗派的现实主义传统是分不开的。李时行(1514—1569)，先世河南祥符人，南渡时隶籍番禺。少时读书于罗浮山青霞谷，自号青霞子。嘉靖二十年(1541)进士，初任浙江嘉兴知县，地多官族难治，时行将那些违法者悉捕治之。升为南京兵部车驾司主事后，他不满官场倾轧而辞职，交结方外之士，游历名山大川。梁有誉先后在湛若水、黄佐门下从学，著有《驾部集》。文徵明谓其"文章法汉魏，古诗法颜谢，歌行法李杜，绝律则又取裁沈宋王孟诸大家"。

明朝末年，社稷濒危，岭南诗坛涌现出一批勇赴国难的诗人，他们不惜为国捐躯，并留下许多正气凛然、壮怀激烈的诗篇。其中杰出的代表人物有番禺人黎遂球，后人将其与南海邝露、顺德陈邦彦并称誉为"岭南前三大家"，以区别于稍后的屈大均、陈恭尹、梁佩兰等岭南三大家。这一时期博学能诗的人物众多，如沙湾何子海，洪武年间进士，其诗清婉沉蔚，有《百川集》行世。翰林编修宋濂赞誉其"谙于词林……裕于才而达于政，余固已敬之"。梁元柱，天启年间进士，因不愿迎合魏忠贤，被削职还籍，与黎遂球、欧必元、李云龙、梁梦阳等人重开诃林净社。梁元柱诗文、绘画皆著，当时"藏者往往宝如璆璧"。

第二节　陈湛学风

治学方面，明代岭南学坛以陈白沙、湛若水为领军人物，在珠三角的广府地区，形成了陈、湛学派学者群，其中不少是番禺学者。

张诩（1455—1514），字廷实，号东所，著有《白沙遗言纂要》《新会厓山志》《南海杂咏》《东所集》，被赞誉为"岭南孤凤"。他受业于陈白沙，陈白沙说他的学问是"以自然为宗，以忘己为大，以无欲为至"。张诩于成化二十年（1484）举进士，出身不低，又以"岭南学者所宗，师友渊源，践履纯笃"为时人所荐，他却屡辟不就，最后被召为南京通政司左参议。他一边上路一边上疏辞官。到了南京，谒完孝陵就告归。在岭南学者中，隐而不仕，留心理学，杜门讲学的风气盛行一时，最早即缘于陈白沙。何廷矩，字时振，以文行为督学所器重，师从陈白沙后，弃科举之途，从游陈白沙。他在诸生中年纪最大，成为领头人。督学派人追请他，他说自己"泉石疾在膏肓"，就是说放纵山水间已成为习惯。李正，与陈白沙为至交，自都门归，闭户静坐，征辟不起。韩祐，往从白沙，得主静之旨，数年后告归，教授于乡，学者多响慕之。梁贞，师事陈白沙，居父丧睡草垫子三年，哀毁超过礼节的要求。张云彩，自称溪山，他以陈白沙为师，行为严遵礼仪，出门须正衣冠，走路规规矩矩，其诗置于《白沙集》中，人不能辨。

王渐逵（1498—1558），字伯鸿、用仪，号青萝子，番禺沙湾人。师事湛若水，正德十二年（1517）进士，十四年授刑部主事，三年后归家侍养。其间曾谒王阳明墓，与其门人讲学吴

明代名儒湛若水的门生：王渐逵

山。嘉靖年间，筑室青萝山下，"居常耕田种果蔬自给"，率子弟"斤斤以礼"。王渐逵与任国子监祭酒的伦以训在广州越秀山麓结"越山诗社"，有三十余年不出来当官。嘉靖十四年（1535），朝廷论荐天下人才，嘉靖帝钦点的只有十余人，王渐逵为其中之一。他只好回京补原职，不久即上疏称疾归里。执政者生日请客，他不赴宴，有故交到了，他却热情接待。执政知道了很不高兴，说他上疏称病，又能与人宴饮，这不是欺君吗？王渐逵再次上疏乞退，于是被革职，永不叙用。王渐逵当天就上路，还乡后筑"樾森楼"，讲学其中，后因避寇又移居到小云谷精舍。他与伦彦周、何维柏等名士解疑辩难，所得益深，他提出的"《易》非《河图》""《春秋》非周正诗，当从小序"，都是卓然之见。著述有《观水记》《四书迩言》《学庸辑略》《求仁集》《春秋传》《日省录》《岭南耆旧传》《中洞志》《洛澄学志》《青萝文集》等十数种。其子王原相，嘉靖四十一年进士，任南京御史时，积极纠劾弊政；后出为宁波知府，则"立义仓，兴学校"。宁波著名的藏书楼"天一阁"悬挂的匾额"宝书楼"三字即为王原相所书。

王原相题"宝书楼"

黄学张，幼颖悟，精"毛诗"，与伦文叙、李义壮、王渐逵等人"捃摭古今，商榷治道，三人雅重之"。此后伦、李、王先后递登显要，只有黄学张不走仕途，闭门敦古。

黎瞻，字民仰，番禺板桥乡人。嘉靖元年（1522）中举，任尤溪县（今属福建三明）教谕。当地士风朴野，文教不兴，黎瞻作为主管教育的官员，"课以古文词，比对平仄"。若干年后，尤溪"蔚然称风雅"。当地官员，凡政事得失，民俗兴革，都咨询于他。任顺天府判时，尽革旧弊，设法赈济，民间有"佛爷"之称。后升任顺天府尹，他对仗势横行犯法的势家之奴，坚决绳之以法。因弹劾权相严嵩，被调判南昌府，适值父丧，遂归板桥乡。此后与何维柏、欧大任、王渐逵等人研究理学，驰骋词章。著有《燕台集》。

陈其具，字才甫，号唐山，番禺大岭（今番禺区石楼镇西北）人。嘉靖四年(1525)乡试，中第十一名举人。任武宁县教谕时，刻文公《家礼》以正民俗，驱逐奸僧以除异端。在福建连城县知县任上，酌田粮，均徭役，雪冤抑，化争讼，与诸生讲明正学，深得士民信任。51岁乞归家居，与何维柏等举行"天关大会"，研讨圣贤心性之旨，被称为"有道古儒"；又组建"粤山诗社"，吟咏性情。著有《思诚日录》《读易疑义》及文集十卷。

林大典，南村官堂人，以举人授浙江开化县知事。开化县位于浙皖赣三省七县交界处，四方流民啸聚山中，积至八千余人，盗开银矿，抄掠邑中。他大刀阔斧地平盗，终致安定。时逢水旱相继，他发粟赈涝，缓征救荒。后告老还乡，从湛若水游学。

何贞，出自沙湾何氏，字绍元，喜读书，自号"渔读居士"，"言行必顾道义"。他让儿子跟从陈白沙游学。正统十四年(1449)，黄萧养起义时，他协助官方招抚钟村，"全活甚众"。

陈政(1417—1476)，增城沙村（今南安）人，以解元身份入读太学而进士(1454)。肄业太学时，祭酒李时勉称之为"异材"。任湖广道监察御史时向皇帝上《敬天勤民十事》，大胆谴责不正之风；提督北直隶①学校时，因材施教培育出众多社会贤良；任山东按察司副使时，拒受利诱而得罪权贵，被调往边远的云南任按察司副使，仍依旧果断处置不法武弁，深受百姓爱戴。

刘格，字豫诚，号岭阳，嘉靖十九年(1540)举人，为官清慎勤敏。知江苏六合县，徐国公的家僮锁禁平民，刘格将其杖责、流放。巡抚捕获数百江盗，按律皆应处死，刘格为其中数十人辨冤。时人称其为"强项令"。任职江西信丰时，逢雪都县（今江西于都）因丈田激起民变，总督府三次遣官前往调处而不成，刘格前往，以片言即解散之。后辞官归隐，与何维柏讲学天山书院。著有《性说致知》《说翊善论》《大伦图说》，多发古人所未发。

---

① 北直隶：明代直隶于京师的地区，辖今北京、天津、河北大部和河南、山东小部分地区。

潘梧，字太操，番禺西村人，师学湛若水，举动皆遵礼法。乡人尊称他"太操先生"。乡里有品行不端者，都避着他，说不要让太操先生知道。

李化龙，番禺县鹿步司（今黄埔区夏园村）人，家居南海神庙之西。其父茂魁，嘉靖三十七年中为武举人，曾任浔州府（今广西桂平市）同知。化龙生而聪慧，十二岁赋《达奚司空》诗，人争传诵。茂魁初任博罗教官，上司有位王观察以能诗自得，对手下作诗皆不满意。茂魁让儿子代为作诗，王观察惊叹非其所能作。茂魁告以实话，王观察见李化龙只不过是一个童子，却口若悬河，改容倾听。尚书董应向化龙问及时事，他指划古今，发议雄奇。李化龙安于贫穷，长期过着清贫宁静的生活，以致从京回乡，因为没钱，只能跟随漕船而下。归居西台后，常用一驴负薪，与家人煨芋而食，甚至像叫花子一样，"所至寒索衣，饥索食"。

罗昕，幼习《春秋》，此学在粤地并不为人所重，为此他常遭人讥笑，但仍力学不倦。成化二十年（1484）进士；弘治年间迁贵州按察佥事[①]，以方正老练为人称道。任职广西时，恩威并行，深得民望。著有《春秋纲领》《摭要》。

第三节　政坛良才

此一时期活跃于政坛的人物甚众，令人眼花缭乱，他们有多方面的突出表现。

一、经世致用之材

马名广，明初因家庭变故，充辽东开元卫军士。洪武二十六年，名广上书言五事，包括建学立师、分屯田等，朱元璋命礼部择行。吏部叙用为泰和（今属江西吉安市）县丞。

汤性方，永乐十二年举人，初授溧阳县尉，正统初迁广西按察司佥事。

---

① 按察佥事：按察使司之正官，主管一省司法。

性方曾在广西藤县城西街冯京读书处旧址创办三元书院,以纪念冯京连中三元。后调陕西行军副使,因御敌调度有方,加中宪大夫,受皇上召见,称道"清慎廉能,宽猛兼济,莫如汤性方"。

林荣(1434—1494),字孟仁,天顺甲申年(1464)进士。曾任南京河南道监察御史,成化年间按察山东时设法赈灾,流民复业者千余人。按察山西时,弹劾襄王不法,由此声名大振。后擢福建按察司副使,巡视海道,捕获海贼四百余人。

陈穟,知梧州知州,处治有条理。升任福建参政,"巡历所至,更不容奸"。后升广西右布政使,"频年用兵,处置不乏"。

江源,字一原,别号桂轩,成化五年(1469)进士。初授上饶知县,后任江西佥事,累官至四川兵备副使,"清慎自律,且有文誉"。著有《桂轩集》。在江西任上,清理讼狱,综理屯田水利,烛奸刷弊。擢四川副使,对少数民族首领馈献一无所受。

崔廷圭,员岗(今番禺南村镇员岗村)人,成化二年进士。初任南京江西道监察御史,疏通河道以利漕运,居民为之立祠。后擢广西按察佥事,招抚荔浦瑶民,诏加副使。任官二十余年,为官清廉,囊无余蓄。著有《诚斋集》十卷。

位于员岗村的崔廷圭墓

李义壮①,别号雅大,嘉靖二年(1523)进士。初授浙江仁和知县,刚直不阿,廉洁自持,矜恤人民,锄治豪强,卓

---

① 李义壮,道光《广东通志》有传(卷二七八,列传十一),称其为"番禺人"。传末案:"义壮以南海学儒士中式,见明抄本题名,故《浙江通志》即以为南海人。"《广东历史人物辞典》称其为"三水人",称嘉庆《三水县志》有其传。查该志未见有李义壮列传。

有政声。三年任满,吏部以其德才优显,调京擢户部主事。他掌理财粮岁计审核工作,秉公行事,不畏权势,曾分别清查十二个关口"羡余"(即货运税余款)七万两,上缴国库,受朝廷旌奖。后调礼部仪制司与员外郎等职。时湖广、贵州、四川边境诸苗民起义,官兵不能制,侍郎万镗领兵征讨,越四年未靖息。李义壮奉任按察副职,到贵州督兵,剿抚并举,很快就平息起义。朝廷诏赐他白金文绮(奖品)表功,并加俸一级,擢迁福建按察使。任上整饬吏治,革除弊政,拒受馈赠。后调京擢"佥都御史"(中央最高检察官),不久又奉调贵州巡抚。这时边区苗民首领龙许保复率苗民起义,朝廷派张岳总兵前往镇压。张岳欲一举而镇压之,与李义壮之剿抚兼施之战略相左。后李义壮被奏劾阻兵宽苗,遂罢官归里。他隐居著述,后病卒于乡。遗稿多散佚,仅存《三洲初稿》十五卷和《三洲续稿》五卷。

赵勋,宋宗室后裔,先世自金陵(今南京)戍广,入籍番禺。赵勋自幼好学,博通经史。嘉靖七年中举,授瑞金知县。瑞金为江西小县,百姓供给繁苦,民不堪命。赵勋申请均徭,百姓始得苏息。又节浮费,编县志,兴学校,瑞金历史上自此始有科名。安远黄乡洞原为受朝廷羁縻之千夫长,洞主叶氏死后,其妻曾氏代主洞事,二子尚幼,侄叶经纠众剽掠。赵勋只带随身侍从,单骑入洞劝降,曾氏将两个儿子送出,任由处理。赵勋赦免曾氏,将二子送郡学读书,终"不饷一军,不废一矢"而平乱。在南京四川道监察御史任上,上疏禁无名之差役、严巡捕之考核、省引奏之烦劳。在山东按察佥事任上,执法严明,及时赈灾,民赖以生者万计。

赵勋主修的《瑞金县志》是瑞金第一部县志

唐守勋,知闽县,当地旧例岁收纲银以支公费,不足则预征,民甚苦之。他裁革浮冗，节省开支，使公费有积余。任贵溪知县，贵溪县城原来无筑城墙，他率民兵英勇作战，擒捉贼首，击退贼寇。迁南京户部主事，历郎中。倭寇屡至，抗倭的军事用兵粮草都赖其善于经划供应。

毕烜（1512—1532），番禺县新华镇毕村（今属广州市花都区）人，嘉靖十一年进士。20岁即任户部主事，请假回家完婚时，竟不幸早逝。他曾提出广州北面诸山绵延，皆荒僻，提议在丫髻山下设置州治，还提出狮岭司地岁常苦旱，应开河百里以便灌溉。这些建议虽未实施，却反映了英年早逝的毕烜有远虑卓见。

杨茂先，1555年中举，初授福州府推官，执法严明，无所纵挠，而意常近厚，以"刑期无刑"为座右铭。知广西上思州，多善政，平寨有功。后归隐，不再复出，著有《草元居集》。

李韠，任南宁府推官，有疑点的案件能立时剖决。知全州、武定府，将税赋调停均节，民皆称便。任临安府同知，专职银场，严惩侵渔，弊窦悉清。曾受命监军平定巨寇。

高为表，番禺礼村（今番禺区大石街礼村）人，任刑部主事时，公正严明，有冤者多所平反。后出知袁州府，严嵩党羽策划在当地开采银矿以牟私利，他向上级力陈利害，此事得罢。他还创设秀文社以课士。五十岁时即告老还乡，居家以诗文自娱至八十一岁而卒。

刘景辰，万历十七年进士，在陕西、四川任上，致力于清理整顿茶马，充实马、茶供应。主持修缮乾清宫、坤宁宫工程时，廉洁自守，严于复核，费用节省十分之三。

崔奇观，知金豁县，地方征用原来名目繁多，民受其累。崔奇观到任后，清理殆尽，有不能骤时更新的，设法变通，百姓称便。升任山东监察御史时，荷兰人踞澎湖岛，福建巡抚请朝廷进剿，奇观认为连年战事，土贼不少，广州营兵守御力量不足，如调往福建，一旦有警，恐无以为应，且清军水兵战舰远不及荷兰，因此，只要对荷兰人严禁接济，绝其薪米，不出十天，必饥疲而走。此所谓不战之战，不攻之攻。他的意见为廷议采纳。

二、行善政德政,兴文断狱者

张瓄,为张诩之父,字德润,明代宗景泰元年(1450)举人,明英宗天顺元年(1457)进士。任抚州知府时,此郡号称难治,他治理有方,清理官司文状、减轻路引收费、抑豪右、制奸吏,不徇私谒以正风气。知漳州时,值山洪暴发,人民漂溺,他果断决定先发仓赈济而后申报。又留意办学以敦风化。知浔州时,当局决定征讨所谓"梗化者"(即不接受教化者),总督委他主管军事,他不随便使用武力镇压,"活民命不下万计"。

海澄,字静之,成化十一年(1475)进士,任福建建阳知县时,"为治先教化,后刑罚,广设学校,诵读之声遍四境,罢苛赋,里无追呼"。能够做到大力兴办教育,先教化后刑罚,境内没有苛捐杂赋,乡里没有叫苦上访的,实在不容易。如此记述不能说没有溢美之词,但从这里也可见当时社会对"良吏"的要求。

方绍魁,字三迟,嘉靖十三至十六年(1534—1537)任福建沙县县令。他办事开明练达,不受旧俗约束。时沙县境内出现八只猛虎为患,他亲自率众前去捕捉,境内终于平安无事。绍魁尤其关心学校教育,注意培养人才。他教育百姓以敬老爱幼为根本,见到学好的,像对自己的孩子一样嘉奖他们,对奸邪之徒处罚则很严厉。当时乡下很少有人读书,他创设社学,亲自选择教师,为平民子弟授课,使穷乡僻壤的乡民也有诵读诗书的机会。对于有才气的学生,绍魁更以大礼相待。沙县文治,从此日益强盛。

罗密,任武进主簿,岁歉,赈济有法,民赖全活。他督运米饷上京,遇风船覆,倾家财以偿。他死后,礼部尚书胡荧亲自为他收殓,"官民吊奠如市"。

古文炳,知会稽县,有政声,他选拔的县学诸生后来都中了进士。擢刑部主事、历正郎,善决疑狱、理冤屈。知南宁府,奉公持正,惜费宜民,有土豪想以千金贿赂以谋免罪,他执法不贷。

萧穗,知乐平县(今山西昔阳县),此地旧隶辽州,编户仅十里,属人口稀少之地,在此任职是个苦缺,萧穗受任却甚乐,说是"可行吾志"。到任后,廉洁自矢,案牍皆亲决。

李惟凤，字鸣周，万历三十四年举人。历任桃源、陆川知县，洁己爱民。以老疾辞归家乡，但有利国利乡之兴作，都会奋发不辞。当时有奸民开采石砺山（今称莲花山），破坏此处水土，李惟凤与刘如性请官府禁止开采，又于山上建塔（即今莲花塔），此塔屹立至今，成为海舶入穗识别之地标，被称为"省城华表"。

张守让，担任福建永安知县时，革陋规，创书院，建雁塔、桥梁，设施药局。大概因为他审案有一套，竟有一些近乎神话的事迹，如说他因落叶启示而抓获于前任期间犯案在逃五年的杀人凶犯。县里有虎患，他祷文使虎避去。下乡时，有乌鸦绕着轿子叫，他让人跟着乌鸦去，竟然觅得一尸，侦得凶手归案。出守镇远府（今贵州镇远县）时，一夜大火延及衙署，他引罪自责，不久风回而火灭。自此之后，他设立救火法，改筑火神庙，杜绝了当地火患。他还捐俸造桥以利水道。在贵宁道任上，有苗人作乱，征剿监军因病不出，他主动请行，抚剿并行，出告示阐明祸福，诸苗争来降，地方得以安宁。

在那些良吏中，有不少人虽政绩显著，在官场的倾轧中却未有好下场。如罗珊，字廷珮，弘治十四年举人。正德年间任职永安，爱民不畏强御，时当权者要在县里开矿，罗珊据理反对，被诬以杀人之罪逮捕。县民群情激愤，上告于当局，政声益振。但他后来还是因违背权贵意旨，被解职归乡。

黎伯兴，始祖宋末由雄州迁广州，卜居市桥。明正德十四年（1519）中举，任陆川知县，到任后即访查奸佞及土豪横暴者，将其绳之以法。升任南康同知，郡有狱讼，久不能决，委伯兴办理，奸豪以白银五千两从中贿赂，被严斥，狱案终真相大白。在两浙都盐运使任上因触犯上司，被诬陷解职归乡。伯兴以清廉、爱民而知名于时。每卸任，百姓皆流泪送行，依恋万分，立碑纪其功绩。

谢与思，字见齐，市桥人，万历八年进士。知诸暨县（今属浙江）时，属吏因其年少而轻视之，他果断处事，将拖欠租赋的豪民及投匿名牒者名字公之于壁。众吏惊服，邑中肃然。后调大田县，因力陈西盐不便，为流言蜚语所中伤，乃拂衣而归。

赵龙，天启七年(1627)举人。初知兴化县，率乡兵捕盗贼，获贼首37人并处死，余党立散。当地水旱灾害频仍，他为解民困请求缓征，不但不获批准，还被劾落职。

第四节　刚正言官

陈谔，由乡荐入太学，拜刑科给事中，遇事刚果，弹劾无所避。因其奏事大声如钟，皇上称他为"大声秀才"。他直于奏事，一度被下旨埋在奉天门外，又因"忤旨"被罚去修象房。皇帝赐予他"忠良鲠直"四个大字，他身上传承了李昴英正直无私的风骨。

韩殷，字阜民，番禺沙湾古坝人，为北宋宰相韩琦后人。韩殷为景泰元年(1450)举人，五年进士。官至刑部主事、郎中，伸冤理枉，不避权要，人号"韩铁笔"。及卒，督府韩雍勒碑表之。著有《雪鸿稿》。

陈道(1435—1504)，字德修。其祖天福，洪武中以事戍泗州。父陈荣，迁徙盱眙。明英宗天顺六年(1462)，陈道中举，次年得进士。此后历任吏部文选司主事，南京刑部员外郎、郎中、尚书。陈道清谨自持，门无私谒，都人(盱眙别称都梁)号为"板陈"。案件不分大小，他都悉加详慎，治狱无留滞，算得上一位铁面无私的治刑官。病逝后，朝廷追赠其为太子少保。

陶凤仪，字瑞之，为陶鲁孙。陶鲁原为郁林州(今广西玉林)人，后落籍番禺。凤仪累官锦衣卫指挥同知，能文章，明法律，于公卿间甚有声誉。他主理刑狱，持正不阿，存活无辜甚众。对于犯法的宦官、方士的贿赂、请托，他不为所动，对廷臣以进言获罪者，则千方百计保全。御史何维柏因得罪严嵩被捕，发锦衣卫杖一百，在职官员惧于严嵩淫威，无人敢出面营救。陶凤仪密谕行杖者手下留情，又用草席裹着从后渠私载而出，使何得以不死。严嵩非致何维柏于死地不可，派百余人持短杖至牢门，问御史何在。凤仪答曰："何御史已被处死抛尸。"严嵩党人搜索一番一无所得，何维柏因而得以逃过一劫。

冯应京(1555—1606)，字可大。据阮元《广东通志》载，应京为"番禺人，泗州卫军籍"。他八岁丧父，事母至孝，聪明好学，万历二十年进士，先后任户部主事、兵部员外郎等职。他品行端正，刚正不阿，史称"志操卓荦，学术有用，不事空言，为淮西人士之冠"。万历二十八年，冯应京调任湖广佥事，巡视武昌、汉阳、黄州三府事务。税监陈奉横行霸道，击杀多名民众，碎尸掷途，巡抚不敢出声。应京独自抗疏列举陈奉九大罪状。陈奉反诬应京挠命，许多官员为应京说情反被连坐。锦衣卫抵武昌逮捕应京上解，数万民众自发围住陈奉居处。陈奉逃匿到楚王府中，愤怒的人们抓到陈奉六名爪牙，将之投入江中，并打伤了锦衣卫。巡抚助纣为虐，民众放火烧巡抚衙门。陈奉出动参随三百人追逐射杀民众，伤者不可胜计。坐在槛车里的应京劝说众人，晓以大义，民众才稍稍解散。被投入狱中后，群臣多替他求情，万历帝仍不予释放。在狱中，他坚持读书著述，早晚不懈怠，写成煌煌二十八卷大作《经世实用编》。此书《四库全书总目提要》中有介绍，流传至今。冯应京学识渊博，与徐光启、李之藻齐名，三人被称为"西学三柱石"，且同为著名传教士利玛窦的好友。在应京被监禁的三年里，利玛窦与其通信不断。

　　这里还要说到大名鼎鼎的清官海瑞，许多史籍皆称其为琼山（今属海南省）籍，《番禺县志》却为其列传，这是有依据的。海瑞为梁百揆撰墓志云："瑞亦番禺人也，隶籍琼南。追忆昔年，旋里过沙茭问故旧。"海瑞《乞终养疏》自称："臣原广东海南卫籍，番禺县人。"梁云龙《海公传》也说："瑞上世未详，国初以军功世广州卫指挥某者，录籍番禺。"所以，海瑞的籍贯是番禺，还来过番禺寻根。海瑞是忠介直臣，时人称"刚峰先生"，事迹见于《明史》。

第五节 捍境之士

南海之滨的番禺人中,在这一时期涌现出众多卫边安境之士。

蒙诏,字廷纶,嘉靖四十一年(1562)进士。他曾上疏禁宗室横恣以正纪纲等六事,并著有《百战奇法》一书以训营伍。他巡按福建,贪吏望风而遁。后升浙江左布政使、都察院右佥都御史,提督南赣汀韶军务,"山寇屏息,三省之民赖之"。

林咸,字季虚,番禺官塘人。嘉靖二十二年(1543)举于乡,初知惠安县(今属福建泉州)。嘉靖三十七年,倭奴来攻惠安,人数四倍于居民。林咸率民死守,誓与城存亡,"有越城者,手斩之,悬其首于城竿上。擒馘七十余级。"坚守五昼夜,倭寇乃解围而去,他率人穷追,因马陷泥淖中而牺牲。

李尧卿,字唐冯。幼好学,嘉靖二十二年举于乡。三十五年授宁德知县。时有万余倭寇入侵,尧卿披战袍提戈上城,倭寇知城中有防备,解围而去。尧卿升任处州(今浙江丽水)同知时,倭寇三面攻处州城数日,他亲自督战数十回合,城中力竭,外援不至,便将官印交付家童驰送省城。城陷,他挥剑斩倭数十人而战死。

陈大有,番禺石子头(今石楼镇)人。嘉靖二十二年举于乡,四十二年知仙游县。次年倭寇围仙游,民惊思遁,陈大有下令敢逾城者斩。他一边赈济穷乏,一边重组部伍,保持精锐,昼夜巡缉,并派敢死之士缒城偷袭倭营。相持五十余日,后戚继光兵至,败倭寇于城下。著有《保障录》《巡城方略》。

梁士楚,迁知诏安县,诏安是地届闽广之孤城,寡民无恃。时倭寇嚣张,山海贼起,梁士楚抵任,合四都四关居民操练之,得兵一万二千余人。当时四面城镇悉陷,诏安愈危。士楚赋《完节诗》以壮民气,守御益固。他与戚继光会合击破斩杀海寇吴平,散其党羽。在川东、湖北抚苗,梁士楚采取分解诸苗的策略，辟土田，通交易，开发了苗地。他著有《木湾集》《沿海要害图说》。戚继光对梁士楚之武略也很敬佩，曾说："士楚用兵英武，犹善教得民，非继光所及。"

王中耀，字稚韬，王原相次子。少颖悟，膂力过人；万历四十年(1612)中武举，任广州府前卫指挥佥事。后安南(今越南)寇犯琼州，他应募抗敌，招勇士三千人，与寇大小十余战，擒斩二百级。万历四十三年，王中耀任乐定营守备，中敌埋伏而死。

崔振臬，万历四年(1576)举人。在浙江象山县任上，"政平讼简，不事苛察，小民戴若慈母"。因海上戒严，崔训练士卒，备强弩千余，孤城有备无患。

王猷，字允方，万历三十七年(1609)举人，四十四年进士。任户部主事时，不愿附从阉党，外放为泉州知府。刚上任，遇李芝龙拥众逼城，王猷督兵严御，屡挫其锐。李芝龙知不可犯，退而求抚，受抚后，忽信忽疑。王猷开示恩信，谕以利害，芝龙始听命。芝龙党李魁奇，降而复叛，大肆劫掠。王猷捐俸筑炮台以扼其险，并亲自督战，击沉贼舟，终于平定叛乱。后以功擢兴泉道副使，卒于任，泉州的百姓巷哭罢市纪念他。

梁栋隆，字洛文，万历四十年(1612)举人。初授郁林知州，州四面环山，皆为绿林所占，他运奇决胜，歼其首领，平息盗贼。

唐梦鲲，万历四十三年(1615)举人，历任天台、分水(今属浙江)县令，皆有声。后在富川(今属广西贺州)，官兵剿乱失败，他单骑入山寨招抚成功，不料反为权要所忌，谪任池州经历。后守宝鸡，李自成兵至，梦鲲自知不可守，自杀殉职。

梁挺，万历四十三年(1615)举人，知巨鹿县。当地民俗强悍，他行教化，选诸生有文行者，派往各处分讲《孝经》，申明礼义，对遵从教化者，给予衣巾，免除劳役，由是旧习始息。巨鹿地流寇充斥，他以计擒剧盗，率民守城，存亡与俱。百姓感激流涕，固守三个月始退贼。贼党以为"汉寿亭侯勒马城上"，监司(有监察州县之权的地方长官)赞其"邑宰清廉第一"。

萧嗣立，字而权，系萧何后人，世为番禺陈田乡萧氏，六世迁居广州仙

羊巷。萧嗣立为万历四十六年(1618)举人。知颖上县(今属安徽阜阳)时,流寇日炽,嗣立脱下家人簪珥以犒赏士卒,招募粤人制火器作为守城装备,使颖上得守。时颖州(安徽阜阳)一度失守,萧嗣立受命于危难之间,他修城池,整学宫,创衙宇,缮仓库,抚集流亡,恢复耕作。州俗多悖古礼,他纂刻《家礼易简编》以教晓。张献忠犯寿州时,他与乡官方震孺征募敢死队夜袭敌营,斩敌首领,获马匹衣甲无数。崇祯十四年(1641),有所谓"过天星""袁老五"等数十万"河南贼",五股合围颖州。嗣立守在城上八十余日,衣不解带,以劳成病而死。

邝日广,字居节。崇祯十年进士,为襄阳府推官。时流寇充斥,日广督粮防滩,屡著劳绩。崇祯十四年,张献忠陷襄阳城,在荆州公干的日广于途中被杀害。

第六节　美德楷模

县志入传人物,着重于倡导孝道、睦邻、尊长、诚信、谦让、清廉的美德,因此,大部分入传人物都述及其行孝履仁的美德。自明代人物传起,更树立有不少这方面的典型人物。如方国骅,"语及忠孝大节,则裂目奋臂,不屑为乡人",由此知名海内,士大夫争与之游,有的人还请他为家庭老师,命子弟执北面礼。他把收入首先用以供养母亲,有余则解赠贫乏,广购书籍。清朝大局已定之后,他杜门学圃,著书授徒,从游者数百人,皆国士也。

有孝行感人的。如曹麟,字圣瑞,番禺五凤庄人。其父遇强盗投水而死,麟号哭于水滨十昼夜,最终因寻找不到父亲的尸骸,便抱着母亲的神主牌自沉于江。区科同,韦涌(今番禺区石壁街道韦涌村)人,十岁时父母双逝,他哀号不辍,水浆不入。因贫困没有能力将父母下葬,科同只能将灵柩停放于村前露天处。此后朝夕扫柩,扶服号泣,风雨不避,有时因为哀极而昏倒在地,后竟因过度悲伤而去世。黄观英,卖菜为生,事母至孝。年四十不娶，有人劝他结婚，他说不想分食母亲的饭菜。他是这么说的，也是这么做的，直到母亲去世之后才娶妻。每日出门卖菜前，他先准备好温汤侍候母亲起床；卖完菜，总是先备办精美饭菜孝敬母亲，然后自己才敢进食。

有以德报怨、礼义待人者。如金诚，少时受到张姓军官羞辱，后任刑部主事，碰巧张某获罪由他审判，金诚不计前仇，释放了他，使张某受到感化。李科，侍奉父母以孝而知名于乡里。有人卖田园给他，收了他的钱，后伺机将地契偷走，亲友劝说他打官司。李科说，地契丢了，再追究也无益，终不再提起此事。他说："巧而富不若拙而贫，子孙太过精明计较并非家福。"陈晟，明成化二年(1466)进士，初授翰林院庶吉士①，后出知云南临安府，"剖断如流"，当地少数民族都信服。皇亲黔国公派使者勒索年礼，陈晟将使者关禁起来，从此没有再敢出面谋私者。陈晟与钟族义女订婚，他登第时，女方还未过门，有富室友欲嫁女给他，他坚持不改婚约。他小时孤贫，由郡人钟定收养。翰林院散馆时，他请求恢复原姓，钟定对此很是生气。陈晟自请杖打，至流血也不起身，钟定为之感动，遂和好如初。谢尚达，字君学，市桥乡人。时当饥荒年，乡里有穷人卖女得三两银子，遗失在路上，被一老兵捡到，乡人与之争执，尚达让老兵把银子还给卖女者，再自掏腰包如数给回老兵。别人负债不能偿还他的，他将债券一把火烧了，从此不再过问。其兄早死，遗下二子，他对两个侄子的饮食教诲，视如己出之子。

有为官清贫坚持节操者。如龚遂，字文昌，永乐十九年(1421)辛丑科进士(与于谦同榜)。景泰年间，龚遂任柳州知府，九年后致仕归乡，路上遇盗贼打劫。盗贼以为箱里装的是财富，打开来全都是书。詹旻，以举人任祁阳(今属湖南)教谕，风格凝峻，对送礼馈赠一无所受，居处及厨下冷冷清清。时人认为他"迂腐"，他也不理会。他卒于任上，贫不能殓，后靠县人相助，始得归殓。李价，嘉靖二十六年(1547)丁未科进士，跟从黄佐讲学，不事空言。官至勋司郎中②，"其清操为一时之冠"。初知当涂县(今属

---

① 庶吉士：明清两朝时翰林院内的过渡性职位，由进士当中有潜质者担任。一般三年考试散馆，优者留翰林院为编修、检讨，次者改给事中、御史、主事、中书、推官、知县、教职。

② 勋司郎中：吏部属官，掌管官吏勋级。

安徽),当涂地当冲要,百费交集,他一心让百姓休养生息,一年下来,节省民财数千,而公事都能办成。县狱内只关了四个犯人,他通过甄别又释放了两个。李凤,字鸣冈,嘉靖三十二年癸丑科(1553)进士。初知英山县(今属湖北),锄豪强,薄刑罚,建学校,严禁溺女婴,合理征收税赋。后迁登州知府,此地近海,仅鱼盐"岁羡"的灰色收入一年就有好几千两,李凤都辞却了。他先后升任广西参议、福建按察使、广西左布政使,所至不索民间分毫。最终却为权贵所忌,罢官归乡。他官居二品,家无担石之储,稍有积余,便用来周济家族中的贫者。他对家人管教甚严,仆从衣服稍华丽,必痛责不贷。今广州城区西北面石门,有李凤所立之"贪泉碑",碑上刻着吴隐之那首流传千古的"贪泉诗"。张大猷,字元敬,花都区花东镇李溪村人。明嘉靖三十一年(1552)中解元,三十五年中进士。后授工部主事,派赴徐州巡视水患,官职终于云南督学佥事。大猷为官十载,萧然而贫。曾陈易,字少鲁,万历二十六年(1598)进士。知新淦县,一介不取,民间誉说"曾新淦,只饮西江水一口耳"。他言多抗直,曾与九卿合疏弹劾当权宦官魏忠贤;后因不附和为魏忠贤立生祠之时议,被投闲置散。刘如性,字淡然,万历三十七年(1609)举人。出任贺县(今属广西)知县时,此县多山寇,刘如性到任即亲往贼寨,抚谕感悦,使山寇皆愿归顺为良民。其地多金银铅锡矿,上官借之谋利,下令将征锡折为交银,摊派到矿户。刘如性不愿扰民,改按锡如数上交,得罪了上司,被降职。据乾隆年间《番禺县志》记载,刘如性眼见莲花山采石场屡禁屡开,禁而不止,便与李惟凤、陈奎聚等联名呈督府藩司,要求勒碑封禁采石,并倡议建莲花塔,以镇压邪气,消除灾难。莲花塔由此而来。该塔雄踞珠江口岸,外来船舶以此为航标,因此又有"省会华表"之称。

有兴文劝学修志者。如麦江,字廉泉,嘉靖七年(1528)举人。在兴宁县(今属广东)任上,兴修学校,勤于考课,曾重修云盖山八角亭。马聪,署福建古田教谕,修《古田县志》,对资料取舍恰如其分("去取允协")。郭大治,师事湛若水。为萍乡教谕,士风丕变。知新城县,新城人士认为他是二百年未有如此廉仁的父母官。邻县有势力的大户人家到新城贱价强买建房屋的材料，郭大治予以法办。上司怪罪下来，大治拂衣归里。其子郭棐师事湛若水，官四川提学、云南右布政使、光禄寺正卿，著有《广东通志》《岭海名胜志》等，家教的影响显而可见。王鸣雷，字震生，南明中书舍人。清克广州，鸣雷逾岭北游燕赵，往来吴楚，为文奥劲似战国诸子。康熙初，与修《广东通志》。黄南金，英德县学教谕，教学有方，教人必以身先，讲习广比博喻，使诸生知识通晓，行为畅达。

第三章　由动荡进入安定的人物

　　清兵入粤至1840年鸦片战争以前，广东由清初改朝换代的动荡逐步进入社会安定、经济较快发展的盛期，岭南文化臻于成熟而更加丰富多彩，广东的文化水平开始进入全国先进区域文化行列。

　　这一时期广东地区民族矛盾激烈，先是清兵挥师南下，与南明势力作战，广东成为南明对抗清兵的主战场。此时涌现出一批忠于明朝的英烈，既有壮烈捐躯的，也有忧国而亡的。同时，新政权实行严厉的思想控制，建立严密的统治网络，为专制主义的极权政治提供了牢固而又广泛的基础。封建宗法制度也得到强化，当局大力宣扬符合传统伦理道德的典范。清政府在大势已定的情势下，对忠于明朝的死难英烈给予表彰，以安抚众多前明子民，也强化了民众"忠"于皇权的观念，在此基础上巩固新的统治秩序。对于为前朝守志的遗民，宽容对待，允许他们在不危及清朝统治的前提下于社会上走动。坚持以遗民身份不仕新朝的遗老，由此既保全了名节，又得以拥有一定程度的自由，因其特殊身份，成为社会尊敬的人物。这批人物在历史舞台上的表演也各有不同。各地入志列传的，既有尽忠殉明的，也有遗民行世的。至于明朝投效清朝的那些有功之臣，则已在国史中打入"贰臣传"中，自然不为地方志所收载。

　　由于志书具有存真求实的特点，因此在为人物立传的字里行间，也记录了历史上不堪入目的一页，表现为在清军南下的危急形势之下，在岭南建立起的南明绍武与永历两个政权，忙于内讧。广东境内不仅燃着南明与清军博弈的战火，也有南明政权火并的硝烟，当然，也有出于地方保家自卫的军事行动。各方武装力量的较量,使入传人物中死难者比例有所提升,参与军事活动的人物占立传人物多数。对于这一历史背景,在介绍立传人物时,也只能依史载如实介绍。在清初改朝换代的博弈大局已定的背景下,明朝的遗民有归隐乃至出家避世的,出现了一批著名诗僧。岭南诗僧群的出现,意味着武装抗清在岭南归于沉寂。遗民文士转而以把玩诗文、潜心学问的姿态避世自娱,寻找自己的精神家园。在建立新的统治秩序时,传统的道德观念继续为新的统治者所利用,也为世人所坚持。一批行孝施仁的典型人物,理所当然受到当局褒扬,这类人物在志书中占有相当的比例。一些为社会安定、保全乡土而效力新朝的人物,也载于志书列传。伴随着清朝统治进入稳定和上升时期,良臣循吏的事迹不断出现,并载入志传。

第一节　烽火烈魂

一、"披甲而死为明臣"

明末清初,广东地区成为新旧两个政权交锋、博弈的主战场。这一时期涌现出一批为抵抗异族政权而殉节的忠臣烈士。这些人中,不乏杰出的文人雅士,他们身上,集中反映了晚明时期岭南上层精英文武全才之风韵。

梁朝钟(1603—1646),字未央,好读书,善文词,喜谈论,"性不能容人",虽尊贵亦不可屈。1643年中进士,1646年授(南明)翰林院检讨,兼兵科给事中。清军攻陷广州后,梁留发不剃,投水不死,最后大骂清兵而"被三刃死"。

施辉然,为永历政权太子太师、王化澄军前昭勇将军。1650年,清兵攻广州,辉然守西城,城陷后巷战而死。

罗定材,永历时任都司兼参谋,广州城破,尚身着战袍手执兵器,从容迎战于城中。邻人劝他弃甲兵图存,他说:"死则死矣,岂今日所能免乎。然让我弃甲死于凡民,不若披甲而死为明臣也!"清兵至,定材巷战挥刀,杀十余人,力竭被获,不屈而死。

"牡丹状元"黎遂球

"回教三忠"碑刻

黎遂球(1602—1646),字美周,明天启七年(1627)举人,后举进士不第。与诗人吴伟业、陈际泰等唱和,驰名中原,有"绝代才子"之称。1640年,黎遂球于扬州江淮名士举办的"黄牡丹会"上赋诗十首,被评为第一名,时称"牡丹状元"。南明隆武二年(1646),被任命为兵部职方主事,提督两广水陆。清兵攻广州,他下城督战,胁中三箭,坠马而死。

陈际泰,大岭村人,崇祯元年(1628)举人,崇祯十三年进士。1646年11月,苏观生拥立唐王监国于广州,任际泰为监军道督师,与永历总督林佳鼎战于三水。同年十二月,清兵攻入广州,际泰死于家中。

羽凤麒,回族人,系明初平瑶乱而驻守广州的羽士夫之后,永历时加封都督同知。1650年清兵攻广州,羽凤麒守正南门,昼夜不懈。城陷,诸将邀其一同乘船赴海南,羽凤麒痛骂不从,自缢殉国,羽家男女百余口全部被俘。与他一同殉国的撒之浮、马承祖,均为回民,广州人称为"教门三忠"。后人敬其忠烈,在清真先贤墓园内为其垒墓立碑。

王兴(1615—1659),字电辉,因其身材矮小,勇武过人,有"绣花针"之绰号。明末乱世,他在恩平聚众起义,为一方绿林首领。南明时期，陈子壮、陈邦彦等起兵抗清时，王兴也在恩平响应，拥护南明政权。由于王兴骁勇善战，而且颇具战略眼光，他先被永历帝任命为都督总兵官，后又封为虎贲将军、左军大都督，负责镇守广州、肇庆、新会、新宁、恩平等地。随着南明败亡，清军

越秀公园南秀湖畔南明王兴将军墓

攻陷广州，王兴苦于孤军无援，只好转战至新宁（今台山）沿海一带，据汶村城，继续抗清。汶村城也因其绰号而得名"绣花针寨"。从清顺治十二年至十六年，王兴孤军坚守汶村城抗清达四年之久，明朝宗室不少人投靠王兴度日。尚可喜欣赏王兴的勇猛，曾多次派人持书送礼招降，但均被王兴拒绝。清顺治十六年(1659)八月，尚可喜率兵十万围攻汶村。王兴抱必死决心迎战，最终偕同夫人及十五位庶夫人阖室自焚。惨烈之情，古今罕见。次日，汶村城陷，清兵目睹此情形无不动容，遂将他夫妇17人遗骸合殓于其生前所置的巨棺中。今越秀公园有其墓。

卫冕，于明末清初兵荒马乱之世，捐资赈济邻里，收养弃儿，救人无数。清兵入粤，卫冕避居平洲（今属佛山），后落入土匪手中，不屈而亡。

在战乱中，除浴血奋战而死于兵事者，也有因南明的政治前景黯淡忧郁而终的。梁朝钟之叔梁与台，明亡后，他尽心效力于南明政权。福王在南京即位时，他积极筹集军粮。清军破南京，梁败走福州，得唐王授宫保一职，负责督练水师。福州陷，入广州，受封绍武朝中府金书。广州城破，又走事桂王。面对接踵而来的溃败，与台最后忧伤成疾而死。谢奖，少能文，入南海县学，问业者常数百计，后见南明绍武与永历政权相争，积忧成疾而亡。

二、避世而为明朝遗民

在轰轰烈烈的军事抵抗失败之后,更多明朝遗民选择了归隐山林、出家为僧、闭门讲学等方式终老。

屈大均,早年投笔从戎,加入义军。清军攻陷广州后,大均出家为僧,隐于山中十年,遍游天下二十余年,广交顾炎武等志士。他一生著述颇丰,名列"岭南三大家"之首,诗歌"主盟一代",散文有"今欧阳子"之称。

屈士燝,于明末变卖家产以资军用,与弟屈士煌入罗浮山,纠合十三营壮士数千人抗清。永历朝授中书舍人,往来于陈子壮诸军中,辗转四川、云南,以求复明。清军攻破云南,士燝来不及追随永历帝,乃归隐。

罗宾王,明南昌同知,他见时事日非,遁入空门,法名孙骆。明亡,为当局所执,下狱不屈,获释后栖隐禅林。

彭孟阳,本名日贞,钟村人。陈子壮主盟岭南词坛时,孟阳与黎遂球、梁朝钟、王邦畿诸人以文艺相角逐,活跃于词坛。其间,彭孟阳结识了歌妓张乔。1633年,张乔因病而亡,彭孟阳为脱张乔烟花之名,多方筹集金钱,将张乔的尸体从烟花之地赎了出来,此举深受人们赞赏,人们将之与燕昭王"千金市骏骨"媲美。彭孟阳将张乔葬于当时白云山东麓梅花坳(今白云区梅花园)。出殡之日,羊城百余人前来相送,并在张乔墓前种下了近百种名花。张乔墓也被称为百花冢。随着时局变化,他慷慨欲从戎,继而清军陷赣州,黎遂球殉节,南明小朝廷内争不断,孟阳遂归隐钟山。

王邦畿(1618—1668),明隆武元年(1645)举人,绍武时以荐官御史。桂王即位于肇庆,邦畿舍家从之。桂王西奔云南,邦畿追随不及,避地顺德龙江。晚年礼僧函昰于雷峰出家为僧,法名今吼,与程可则、梁佩兰等,结兰湖社,合称"岭南七子"。

黎延祖,"牡丹状元"黎遂球长子,荫南明锦衣卫指挥佥事。清初王士祯祭告南海,曾拜访延祖,并以诗相赠,一时名流交相引重。他隐居不仕,自称"禺海七十遗民",为诗多惨楚之音。

屈起鹏,曾16次赴省试不售,85岁时还去赴考。入清后,遂不赴试,隐居沙亭，设帐教学，有时穿着高齿之履，游行于田间。他在98岁卒前一月，犹会诸生讲课。平生喜作经义，积稿数千篇，著《野语》十四卷。

潘峋嵝，明亡后，与兄弟皆隐而不出。他的居处与屈大均的家乡沙亭相距仅两里多路，屈大均曾从游于他，并受其所影响。潘峋嵝兄弟四人，从81岁到92岁，世称"一门四皓"。当局欲请上级赠四翁顶戴，潘峋嵝说："我兄弟四人，是历明代八朝先君厚泽之遗民，怎能接受异朝顶戴？"屈大均因此慨叹此"四翁高节"。

黄栻，字君球，习于世务。南明小王朝流窜闽粤时，不少人争相往求一官半职，黄栻对此很不屑，"视之蔑如也"。清初，广州屡受战事蹂躏，平南王尚可喜仍因"平海贼"滥征捐税、强制征夫，黄栻长叹说："粤地再这样折腾，则民无孑遗！"他毅然前往平南王府，陈说明朝灭亡的原因，说必须得人心才能创业肇基。不可一世的尚可喜当然听不进去，竟然以剑击案，并命兵士将黄栻捆绑起来。尚可喜母亲劝说，此人说的话有道理，只不过过于率直。此时报资寺和尚闻讯赶来搭救，黄栻因此得以活命。此番教训，让他明白事理，从此杜门屏绝人事，讲学课子以终。

冯挺衡，知湖广善化县，曾打退数万攻城之贼。四度摄长沙县事。调知江西奉新，其地兵荒民逃，他设法招徕流民复业，剿除剧盗。明亡，唐王授以工部主事；永历称帝时，他遁迹龙岩。

三、"汗马勋劳报圣明"

清初，新政权为了巩固统治秩序，在地方上采取了一系列的军事行动，番禺人在其中也有表现突出的。

康衡，顺治八年(1651)由行伍受广州永安门把总。在进剿流劫龙门的花山贼的行动中，康衡屡有斩获，后不幸在入捣贼穴的时候中炮身亡。

林桂，康熙十九年(1680)从平南将军赖塔征云南，在攻打石门关的战斗中，夜率骁勇数千从北山攀绳而上，最终大获全胜。他一生征战，为平息两广、西南之乱立下汗马功劳，官至左翼镇总兵官都督佥事。

江化龙，字尚容，江村(今白云区江村)人。少习兵法，有雄略，御下

有恩而纪行严明，有事辄以身先。康熙五十二年(1713)，兵部尚书赵申乔巡视广东，提拔他为列校官。雍正年间，江化龙被派赴福建任浦城游击，后提拔为福州提标副将，兼掌帅印。乾隆五年(1740)，荷兰人入侵台湾，江化龙被任为台湾北路副将，领兵抗敌，战功累累。乾隆皇帝为表彰江化龙守土有功，御赐在江氏大宗祠天井处修建"圣旨"牌坊，并题"宣威阃外"。

何学青，沙湾人，乾隆三十五年(1770)举人。在湖北东湖县任上，有次天降大雨、江水上涨，上司主张关闭城门以防洪，他极力坚持不可关闭城门，而是让难民进城并作安抚，计口授米，自己亲带兵士，露处各门一月有余，又捐资三千余两以救济灾民。嘉庆元年(1796)正月，远安贼首王伟等勾结土匪何宗训、何示能等啸聚山林。当时驻军悉从"征苗"，城中守备虚弱。何学青率练勇千人前往平贼，斩王伟，生擒何宗训父子及贼众二千余级。三月，赵宗智、杨宗仁等率三万人众焚掠破山口。何学清率众抵御，他分兵从山巅绕到贼寨后面，从山上攻下来，又设伏兵掷以火药，杀贼二万人，自是东湖始获安堵。

黎大经，自嘉庆元年赴湖南剿匪，其后八年，陆续转战湖北、陕西、四川，大小十余战，不避矢石，直到嘉庆九年，方班师回粤。不久又与剧盗张保战于零丁洋等处，使张保受挫就抚。他久经战阵，老于兵事。当时三水县(今属广东佛山)盗贼肆行，他处置得宜，终使盗贼敛迹。嘉庆十一年，他以病辞职归乡时，绅民夹道遮送。

郭雄图，市桥人，乾隆三十九年(1774)解元。当时土匪横行于石碁，巡抚李湖率兵剿匪，道经市桥。乡人惧怕玉石俱焚而逃散，独郭雄图出迎巡抚，并为之分辨良莠，终使善类安居，凶人授首。

第二节　善治循吏

至清政权逐步巩固，在地方行政及科举用人走上正常轨道之后，岭南本籍开始出现一批科举出身，善治有政绩的良吏，其中番禺人不在少数。

谢名鹏，字今培，市桥人。谢氏祖先于南宋开禧元年(1205)由江西的大庾越梅岭，经南雄珠玑巷继续南迁，最早定居于番禺北部的大田村(今白云区江高镇)，后世子孙不断向地势平坦、河涌纵横的禺南迁徙。至元朝，入粤第八代传人谢文峰，率家眷族人从陆路由北往南迁到禺南重镇市桥，"择北屯而居(即今时市桥中、北部)，后世子孙昌盛，街道房舍扩展至东屯"，成为市桥第一大姓氏。谢名鹏为乾隆三十五年(1770)副贡①，在永安(今属福建)教谕任上，勤于督课，兼为元峰书院讲席，捐俸帮生童改善生活。当地有溺女婴的劣俗，他谆谆开导，此风渐息。嘉庆十四年(1809)，邑民赛神，有人讹传剧贼潜入城内，知县仓促关闭城门，举城失措。谢名鹏挺身而出，晓谕打开城门，谣言顿息。

卫廷璞，沥滘人，雍正二年(1724)进士。在建平(今安徽郎溪)知县任上，事必躬亲，不假他人之手。当时各县要向上级申报垦荒数字，多报者在考核中易得好成绩，他却据实申报。对以往各种名目的礼包，他一一屏除。《建平县志》里这样评述卫廷璞："修建城墙、哨所，兴塘筑坝，修堤复圩，建桥梁，设渡船，诸多善政都尽力而为。修缮文庙学宫，置办礼乐器具与书籍，豁免鱼课税额，惩治贪官污吏，士民敬服。"

邱先德，乾隆五十二年(1787)进士。任官刑部期间，他随侍郎德瑛为溧阳连劫盗案23人平反。芳园居库银被窃，看守官役被拘问，邱先德发现疑点，认为不可能从内部作案，便向堂官提出请旨缓结，后果然捕获真犯。在江西抚州知府任上，修复兴鲁书院与文昌桥，后者被郡人称为"邱公桥"。回广州后，任粤秀书院院长，与其侄邱士超编选《唐人赋钞》。

陈廷选，大岭村人，乾隆五十九年举人。任鄠县(今陕西户县)知县期间，生活俭朴，从不扰民。县中书院数十亩"膏火田②"，被肄业劣生盘踞。构讼多年，一直没有结果，他勒令占领者偿还，又延师训士，捐俸助学。有一富豪嫌婿家贫悔婚，他斥责富豪，判令结合。一土豪包揽税契，欺骗乡

---

① 副贡：科举制度中贡入国子监的生员之一。清制，在乡试录取名额以外列入备取的，可直接入国子监读书，称为"副贡"。
② 膏火田：书院田产的一种，书院将田产出租，获取谷物或地租银两，以丰足书院之经费，同时资助贫困士子，奖励优秀士子。

民,他获悉将其绳之以法。

李显祖,字坦之,钟村人。雍正十一年(1733)进士。性情耿直狷介,在四川合江县任上,大小事务都亲自处理,做出决断,吏役不能为奸。百姓或因事到县衙来,他总是敦敦诚谕,好像对待家人般接待。有监生将女儿嫁给许某,后来听说许某家贫,便以黄金三百两贿赂显祖,希望判令两人离婚。显祖对监生说:"你的金子何不送予许某?"他将此事公开处理,把此监生的黄金作为婚费,玉成美事。显祖在任十余年,民众甚为爱戴。

陈龙光,字云夫,曾代理吴川县事。当时有官员动议填海筑炮台于芷寮港,龙光认为芷寮非适宜之地,力请罢役。当地士卒严重扰民,他向巡边主事告状,民赖以安。

秦兴岐,字觐文,南岗人。顺治十二年(1655)"拔贡"①。康熙初,知彭泽县(今属江西),学校、祠庙、桥梁、仓储诸务都得到兴办。县中有虎为患,他为文祝祷于城隍,驱除了虎患。今南岗之"邑侯第",为秦氏之故居也。

崔时成,以副贡为大埔训导,常出资助贫寒士。大饥荒之年,他免租焚券,还提供了数百石谷用以赈灾。

邓正蒙,康熙年间任山西怀仁县知县,在任上治吏民有方。当时广州城内督学使院原在育贤坊,试场地狭,他与陈英略等倡议迁至九曜坊。此事全由他们出面经办,不仰借官费而成。

区锡,字元夫,康熙三十八年(1699)举人。在直隶元城县(今河北大名城区)任上,区锡留心吏治,兼理河道,措理裕如。后殉职于任上,民众在大堂上悬匾"忠爱堂"以纪念他。

李尚达,李昴英二十世孙,居市桥。康熙四十七年(1708)举人。乾隆四年(1739),授山西兴县知县,任上尽革以前陋政,岁饥捐俸倡赈,存活甚众。

罗元隆,蓼涌人。当时县中有许多欠缴的粮赋,身为小吏的元隆辅助知

---

① 拔贡:科举制度中贡入国子监的生员之一种。由各省学政从生员中考选,作为拔贡。经过朝考合格,可以充任京官、知县或教职。

县改革征税，一年而清收五年之粮赋，民赖以安。

区干先，乌洲人，乾隆二年(1737)进士。知湖南永明县时，严禁当地生女多溺死之劣俗。永明县邻近九嶷山，常有老虎为患，他重赏募户，终消除虎患。此外，干先还倡修县学，修复南洲、百子两座桥梁。

凌鱼，乾隆十三年(1748)进士，历任桂阳、昭陵、醴陵诸县，廉介明敏，能做到举重若轻，治事若不经意而案无留牍。在桂阳，政暇常为诸生讲授经义，而严课试之，当地文风因之丕振。

区充，字汝琇，韦涌人。乾隆十九年(1754)进士。任陕西麟游知县时，他以理说服啸聚于密林的数十剧盗散去，辞却民众为其祝寿之金，兴学校、劝农桑。

唐镒，番禺小享村人。当时台湾不平静，清朝派军队由广东前往弹压，唐镒请行，奉令率兵从厦门入澎湖。在台时，他"抚凋残，平反侧"，每月必定有一次到村落里去，痛哭晓谕。卸任时，有贼人张榜要杀官吏，他毅然留下与接任县官御城，结果城陷牺牲。唐镒为人廉介，其家中仅有谷二百斤、瘠田十亩、老屋一间而已。

黄乔松，因为家贫，"溷迹盐筴，暇则仍手一编，究心经世之学"。嘉庆年间，东南沿海海寇又起，骚扰百姓。乔松以从事盐课海运，熟悉边海情况，撰成《平海策》，悉中机要。

徐序经，道光十四年(1834)任贵州兴义知县，经常深入乡间大户，加强对当地读书人的教诲，增修笔山书院。有无赖自己不慎为火烧伤，却诬告富人私用炮烙，富人恐慌无措，贿赂典史及幕友了事。徐序经了解情况，为富人平反，并责令典史、幕友归还贿金。他的家境本来并不贫困，因居官不贪落得穷困，以至卸任归乡，要拍卖遗产偿还旧债。

康乾盛世时期，番禺庄氏一族可谓显赫。庄氏四兄弟，皆有事迹入志，其中以有信与有恭最为出众，并称"禺山二庄"。庄有恭(1713—1767)，字容可，号滋圃，祖籍福建晋江，后徙居番禺。庄有恭自小聪颖，13岁即通"五经"。乾隆四年(1739)，二十七岁的庄有恭状元及第，是清代广东三位状元中最显赫的一人，也是乾隆时广州唯一的状元。他历任台阁大臣、封疆大吏、学政、总督等职。乾隆三十二年(1767)卒于福建任上，终年55

石楼镇大岭村奉祀庄族祖先之祖祠

岁。他是难得的水利专家，有经世之才，曾建议大修三江水利，疏浚吴中松、娄二江及太湖水道。他有很高的文化修养，好吟咏，尤工书法。庄有恭之弟庄有信也是进士，在南阳知府任上，兴利除弊，将古寺改建为宛南书院。任职山西时，有信审理红莲教之案，将众多无辜株累者释放；又培汾堤御水，防范水灾；为救灾民于危急，赈灾发仓，然后才申报。山西土性寒，以前耕种作物只有一造，他引导农民广种冬麦。庄家另外两位兄弟也很优秀。三弟庄有昌，举人，知万全县(今属河北张家口市)。万全县为宣府极边，西当军营要冲，差使繁多，民风刚劲，向来号称难治。庄有昌有才干，办理裕如。碧大寺二僧，潜倡邪教，有昌设计将其正法，余者不问；当地山洪暴发，有昌修筑石堤御水；复修营房三千余间，添置草帘让兵卒得以御风雨。四弟庄有德，虽没有当官，但他在家乡多有善举，饥年赈米数月，遇疫散给丸药，死者助以棺木，所做善事多不胜纪。

第三节　才艺俊彦

方殿元，字蒙章，号九谷，康熙三年(1664)进士。历任山东郯城、江苏江宁知县，后以疾辞官，侨寓苏州。他在故里置祭田百亩，且以田租接济兄弟之贫者，乡人称之。其诗高华伉爽，不在岭南三家之下，尤长于乐府。他与儿子方还、方朝并列于"岭南七子"之中，成为清初岭南诗坛一大家。

王佳宾，康熙年间以武进士官广州右卫守备。他多才多艺，能诗，善相马。辞官归乡后，与族人赋诗为乐，业医以养母。著有《怡志堂诗》二卷。

梁无技，十一岁时以《风筝诗》知名。他一生未中过举，除了闭门读书，便与一些志同道合的前明遗民来往，王士禛、朱彝尊等大家至粤皆与之游。梁无技也是粤秀书院的首任山长，为学淹贯百氏，诗文精丽，卓然为一名家。

许遂，字扬云，康熙三十五年(1696)举人。官清河知县时曾蠲免贫民的欠赋，后坐事去职。退归后杜门著作，名声益起，与修雍正《广东通志》。

蔡章，市桥人，康熙五十九年(1720)举人，文章师范，人咸推赞。授徒城中，从学者常有百数人。著有《四书讲义》。

胡方(1654—1727)，字大灵，自号信天翁。学者称他"金竹先生"，粤人将他比为陈白沙。为人重礼义，坚守居丧三年的古礼。他将先人田庐全部留给其弟，而以笔耕自养。有了钱，就杂置砚旁，族人有困难的由其尽取。他很有骨气，有大官愿出重金请他撰文祝寿，他不应承，官吏威胁也不济事，家人告以家中已断炊也不为所动。他在乡中很有威望，乡人有子弟做了不好的事，宁愿被人鞭笞也不让他闻知，说是被人鞭打还可忍受，胡君知道了，可就无地自容了！胡家童子上市买东西，小贩知道是胡家家童，不敢欺诳。惠士奇督学广东时欲见胡方，他考完试才入见，以避免要替人徇私说情。四十岁后，杜门不出，专事学问，注《周易》十卷、《四子书》十卷，句疏字栉，补先儒所未及。惠士奇问及粤中能文者，他答以明末的谢元汴、梁朝钟。惠士奇因而集取此二人及胡方之文章，刊刻《岭南文选》。

陈仲良，字希亮，大岭人。历署四川蒲江、安岳、清神等县知县，每至一县，必调查清楚当地的利害，兴利除害，对兴风作浪的讼师棍徒处置特别严厉。他注重教化，擢南阳府知府时，曾辑《齐民律纂》以教百姓，重刻《四礼翼》以训士子，编有《西蜀二十四孝》，配上图、诗以教育童蒙。著有《仪礼约旨》《节训策纂》《补正周礼纂注》《仪礼经传通解集成》《周易道器通》《经籍类求》《经义释疑》《论史随录》《古文存稿》《西北沟洫水利辑说》《沿海边防辑说》等。

李辅政，字匡君，石壁人。作诗文不须起草，书法仿诸家无不肖，画山水人物有别趣。

潘有为,居"河南"① 龙溪(今广州市海珠区),乾隆年间进士,官内阁中书。有为从事《四库全书》校核,按例得议叙升迁,因忤权贵得不到调升,遂退居林下。著有《南雪巢诗》。其子正亨,其弟正衡,均能文善书,工诗,分别著有《万松山房诗集》《三十六村草堂诗钞》。

刘彬华,嘉庆六年进士,先后主讲端溪、越华两书院,掌教六年,粤中大吏对他十分礼敬尊重。他力请疏浚六脉渠、修葺贡院,曾任《广东通志》总纂,编选《岭南群雅集》。

韩日进,乾隆五十年(1785)任定安县学训导。定安地方僻陋初定,风气惰于习文,他到任后勤于月课,规定贫困学子免其学费,与诸生相处如家人。海南在科举时代唯一的探花张岳崧,即其所推举之"优行生"(即品学兼优的生员)。

徐本义,是个有骨气的穷书生,他听说故人当上广东学使,而自己还在考棚追逐功名,自此不再赴试。曾有亲友除夕前往探访他,听到他在家中吟诵,声彻户外,入门见他正朗读《史记·伯夷叔齐列传》。问及他家人,知道他已经几天身无分文了。

吕坚,家境甚贫,胸次磊落,无所介意。他文才甚高,与张锦芳、黄丹书、黎简并称"岭南四家"。诗文幽艳陆离,奇情郁勃,不肯落一常语。

田上珍,其诗被时人评为"瓣香白(白居易)、陆(游),脱手如弹丸,一扫僻涩诙诡之习",诗人黄培芳就出自其门下。

林伯桐(1775—1845),嘉庆六年举人。阮元延请为学海堂学长,两广总督邓廷桢曾聘其训子。其学实事求是,无门户之见,以宋儒为法,而研经特宗汉学,著有《毛诗通考》《毛诗识小》《史记蠡测》等。

张炳文,字虎臣,嘉庆六年举人。为照顾守节之母亲,中举后炳文不再赴试,直到十六年后母亲病逝始赴京参加礼部考试。其诗抒写性情,不事雕琢。

张维屏,张炳文子,翁方纲称他为"诗坛大敌",因而诗名大起。张维屏与林伯桐、黄乔松、段佩兰、黄培芳、孔继勋等在白云山筑"云泉山馆"

---

① 广州人习惯于把珠江南岸的一片地区(即今天的海珠区)称作"河南"。

以诗相会,伊秉绶为之题匾"七子诗坛"。林则徐是他同科,来粤禁烟时,曾向他咨询意见。张维屏的《三元里》《三将军》长诗是近代文学史上的名作。

崔弼,字鼎来,员岗人。嘉庆六年举人。家贫,但他安贫乐道,勤于著述,著有《珍帚编诗》《游宁草》《两粤水经注》《波罗外纪》。

凌扬藻,字誉钊,谭村人。海寇窜入内河时,市井无赖乘间劫掠,他为当局出谋划策,使盗贼不敢进犯。他主张做学问经世致用,"其论学以躬行为本,惟毋自欺为端,以期于有用为归宿"。著有《药洲诗略》《药洲文略》《四书纪疑录》等。

吴文炜,其诗效仿李贺,"矜奇嗜险",晚年乃造于自然,与众不同而更显名贵。尤工画,萧散闲远,纯任天真,时人得其所画之一木一石,俱视为珍宝。他曾作《墨竹卷》赠朱彝尊,论者谓"风致不减徐渭"。

汪后来,字白岸,号鹿冈。唐越国公汪华之裔。康熙四十一年(1702)武举人。他打仗勇敢,曾经在夜间率领步卒直抵贼巢,焚毁诸寨。清远、龙门土寇数万,都被他扫平。又偕巡抚巡视边海,遍访各处,"扼险置戍"。晚年闭门读书或放浪山水间,倡立汾江诗社。其诗始学韩孟,锤幽凿险,继而益加雅健雄深。他的画兼有元代著名画家黄公望、吴仲圭之优长。粤人以收藏其诗画为荣,日南诸国王亦不断派人过海携币购其书画。著有《王右丞诗笺》《杜工部诗注》《画史》《汾江社诗选》《鹿冈诗集》。

第四节　孝子仁人

一、孝感动天

古代统治者标榜"以孝治天下",因此入志人物中行孝施仁的事迹、人物不在少数。如李则权,其父亲海贼掳走,他前往贼巢,头抵烫热的炮口,海贼感念其诚,将尸体还给他。其后,海贼看中他识文墨,要挟他留下来当书记,他绝食而死。吴启炫,其父之墓被军队蹂躏得不可辨识,他匍匐恸

号，默祷于天，孝诚感动于天，突然刮起风来，将纸灰飞旋聚止一处，他就该处发掘，得到旧有志石，果然是父墓之所在。

孝子当中，不乏事迹感人者。车士望，母亲病重，百药不治，他割股调羹以进。张杓，生平孝于事亲，母亲、父亲病重，他不惜割上臂肉以疗之。

志书中为了孝道而放弃做官的人物事迹，可谓层出不穷。如道光二年进士周日新，刚到知县任上，便遣人接母，母以道远不就，他就慨然辞官归乡，授徒养母。吴应昌，分发江西试用知县，刚至江西，就以思亲为由告归。苏兆龙，进士，知四川蓬溪县。平居习静，不善语言，不习惯于官场，告归事母授徒自给。对学生善诱，从游者众，成材亦多。

二、仁人贤吏

车腾芳，海丰教谕，是清介的典范。他公私分明，在官七年，与知县庞屿十分友好，每晤谈竟日，却未尝涉及私事。庞屿升盐运使，盐商有所谋，重金贿赂腾芳，乞他居中说项，被腾芳拒绝。督学吴鸿曾问及车腾芳的儿孙有功名否，他不借机为子孙请托，答以"诸儿失学，皆散材耳"。吴鸿叹服他的真诚。

居允敬，曾任福建闽清知县，为政廉明。向例输税一概折为现金，官府任意压低钱价，民以为苦。居允敬请示上级，勘平钱价，使民受其惠。当地习俗素来健讼，民间因叹服他的公正廉明，旧习顿革。他居官清贫，次子卒于郁林州判任上，儿子的家属侨寓桂林，因生活困苦，无以自存。广西巡抚闻知，感叹："廉吏之后，何落拓耶！"清末广东著名花鸟画家居巢，为居允敬孙。

尹泳，性孝友，抚养遗侄及孀姑子女如己出。饥荒年，抚恤族人揭不开锅者四十余口。疫年，施棺数百具，于广州城东、北两门外购地为义冢。还在富室中率先倡议兴建学宫、修葺神庙、修筑桥路。

凌旭升，擅长医术，巡视县中，见民有疾病，亲为诊治，施以方药。县中妇稚不称他老爷，而是叫他为"凌阿婆"。晚年任彬社书院主建，书院落成，乡人将邻庙神像都搬来列于堂上。凌旭升得知此事，下令将神像撤出，才肯入内行礼。他与两广总督邓廷桢为同年进士，非公不进谒。卒后，家徒四壁，邓廷桢敬佩其义，倡议同僚与地方士绅集资抚恤其遗孤。

冯谦，行孝友之道，秉正嫉恶。乡中有无赖诱骗乡人加入拜兰花会，冯谦依据乡规予以禁止并面斥其非。冯谦之弟被无赖以石击死，无赖赂官求免，谦毁其家为弟伸冤。

漆璘，字仲琛，号东樵，嘉庆三年(1798)举人。东莞县令聘其阅县试卷文，有人私下谒求他评以好名次，并以祝寿为名，送上三千两银子，漆璘怒掷其名片，叱喝他说："你这是污辱我！"拂衣而去。

吴孟旦，字旭亭，雍正元年(1723)拔贡。广东学使惠士奇颇为赏识孟旦，后来惠士奇被罢官，穷困潦倒至卖居屋度生，吴孟旦率同人赎还给他。惠士奇死后，他为其守丧三年。

第四章　激变中觉醒的人物

鸦片战争以后，清代进入晚期，历史学界划分中国社会自此进入近代史时期。这一时期的广州，开始了步履蹒跚的近代化进程，特定的地理和历史地位，造就了此地的独特之处。接受了鸦片战争的洗礼，广州既是反对外来侵略的前沿阵地，也是接受西学东渐与外来文化加速融合的地区。其后，经历了太平天国、洪兵起义的风云激荡，浸润了洋务运动、教育改革的气象，此地更成为维新变法运动的摇篮，孙中山领导革命党人推翻清政权武装斗争的先发地。在如此大变革大动荡的时代背景下，当地涌现出表现更为多样的各种人物，终令广州在中国近现代历史舞台上具有更大的影响力。他们中，有能吏良臣、卫国英雄，有文坛隽秀、学界英才，也有思想先驱、革命志士。在人物长廊中可以看到，不少人物不仅是驰骋政坛的明星，还是文化领域的通才；一些富商大贾，同时也是儒士文人；一些技艺高超、胆略过人的武人，退役之后主持书院讲席，作育英才。这一现象，反映了这一时期的岭南精英人物，在经世致用的指导思想之下，达到了一种前所未有的全面发展的境界和水平。

第一节　济世良才

晚清时期，科举入仕在番禺已是常事。秉承岭南的优良学风，任官者有不少是经世致用之良才。

梁同新(1800—1860),其父梁经国为十三行中"天宝行"行商。他是梁家登科入仕的第一人。他连续十年应参会试,于道光十六年(1836)考取进士,改晋翰林院庶吉士、散馆授编修,历充国史馆协修、纂修和总纂。梁同新于道光二十六年督湖南学政,其间录取的罗泽南、刘坤一、谭钟麟、陈士杰等,日后皆为栋梁之材。鸦片战争后,英国人屡次要求进入广州城,他上疏力陈对外夷要示以威德,毋使外国见轻。咸丰六年(1856),同新眼见南方粮食歉收,疏请由上海进口洋米以充实京仓,保证民食供应。他前后上十余疏,皆切于时务。咸丰七年,晋升为顺天府尹。

侯度(1799—1855),字子琴,以举人署广西河池知州。河池地处万山中,原先并未筑城郭,盗贼时犯,他因险筑栅以为防御,组织保甲团练以自卫,地方赖以安宁。

张祥晋,张维屏之子,道光十七年(1837)举人。咸丰元年(1851),黄河在江苏丰县北岸决口,他奉请将江苏滞留漕米30万石用于赈济灾民,百姓得存活者甚众。太平军北上时,他曾极力举荐向荣为统帅,并为京师防卫出谋献策,又为僧格林沁围剿李开芳效力。英法联军侵占广州时,他化装成商人由上海乘轮船潜入广州,谒见两广总督、广东巡抚,参谋复城之计。

冯询(1792—1867),字子良,世居广州。年幼时跟张维屏问道学诗,甚有心得。清道光年间,南国诗社和西园诗社在广州最负盛名,冯询青年时代就是西园诗社的新秀。道光二十五年(1845)中进士,授江西永丰知县。他勤于政事,凡遇勘验办案下乡,馆舍、夫马、饭食皆自备,不扰累百姓。德兴县民聚众抗粮,他单骑劝散民众。吴城地区存在大量外来人棺柩,他下令就地掩埋,并订立章程,以保障此事有长久机制。太平军围攻南昌,他固守在省城顺化门93天直至解围。

姚华佐,历署长沙、善化等县知县,有政声。署郴州直隶州时,他捐俸修缮城垣,提高书院学子补贴,购置种子教民播植麦子,郴州人称为"姚公麦"。在凤凰厅同知任上,下谕禁止土人欺侮入境走贩的苗民。镇兵强悍,与驻军发生纠纷,总督准备派大军弹压,被他劝阻,他携一老仆,前往现场相劝,结果是镇兵弃械而走,不动干戈而平息事件。归里守孝时,正遇上林则徐赴粤处理鸦片事宜,林同徐对他深为器重,一再请他出谋划策。服满,升用署汉黄德道(今湖北汉口),到任捐廉赈灾,全活无数。

潘亮功,番禺西山乡人,道光十九年(1839)举人。英军入侵广州时,两广总督琦善计划凿石砺山(今莲花山)塞海以堵截英军攻势。石砺山是省城和县南数十乡之屏障,岂能妄动工程?潘率众具呈上官,痛陈利弊,终于使当局放弃此计划。太平天国运动爆发,他与沙茭士绅商议办团练以捍卫乡土。又提议建贲南书院以兴教育。授湖北罗田知县,在罗田县内险要处建碉楼七座,缮治两乡寨堡,使陈玉成所部太平军不敢进入罗田。后升随州知州,捻军攻打随州,他指挥军民坚守历四个月,得僧格林沁部赶到解围。调署武昌期间,"有祝、陈两姓争湖构讼,自康熙以来,几二百年案不能决。亮功履任,勘明湖地,一讯即结。"

陈泰裕,从征粤西,以功历任龙州同知、凌云县知县。在龙州智擒山霸李相球,倡建同知公署,治事案无留牍。他廉洁自守,却被嫉者中伤而罢官。

张文泗,咸丰二年(1852)进士,为人淡泊名利,不惜辞去刑部主事一职归家侍奉双亲。南雄州人重其声望,延聘他为道南书院讲席。他的教学,以通经致用为主。他治事明敏,操守不苟。后来在某县任事时,因地方瘠苦,他自己亏损很多,正遇有打官司意图出重金行贿者,他不顾家人诉苦,坚持不受贿。曾国藩称他为循吏,准备向朝廷特别荐举提拔他,他却得急症逝世。

姚国庆,国子监生,以知县分发河南试用。咸丰七年(1857),在河南参与镇压太平军;咸丰十年,从军镇压捻军。同治八年(1869)改署光州知州。光绪年间曾捐廉赈济晋豫灾民,并召乡绅集资兴修光州故夹潢水利工程。又劝民积谷备荒,倡捐扩建试院。

曹秉濬,同治元年(1862)进士,选翰林院庶吉士,散馆授编修。同治十三年,任江西南康知府。城内有蓼花池,环池有田万余亩,居民数千家,每到春季池水涨溢,周边居民深受其苦。秉濬分段疏导,增设石坝辅助蓄泄,终于祸患消除。鄱阳湖风高浪急,舟船常有覆溺之虞。他在鄱阳湖一带添设救生船，游弋救援，存活无数。政事得暇，他即往白鹿书院讲学；又建庐秀书院于丫髻山。在赣州知府任上，总兵部下有兵卒劫民财犯奸者，他亲往擒之，将其绳之以法。

曹秉哲，与其兄曹秉濬齐名，时称"二曹"。在甘肃兰州任上，整顿茶厘，民受其益。任河南彰、卫、怀三府河务兵备道时，正逢辖境决堤，水势汹汹，他毅然渡河接印视事。因城久失修，城堤多穴隙，他立即收购棉衣数百件、铁锅数十具，填覆后立即压上土，堤乃稳固。水灾中，先后拯救出不下十万人。雨仍不止，他坚守堤上，与城存亡，感动各方，终于齐心协力而使城池得保安全。

刘锡鸿，字云生，年轻时在广州参加过抵抗英国侵略的战争。咸丰年间任刑部员外郎。他思想保守，极力反对仿造外洋船炮、训练新式军队、发展工商业。1876年，任驻英副使，因与郭嵩焘意见不合，不久改任驻德正使，其间留心德人筑造炮台之法。回京后总理各国事务，致力于炮台建设，却极力反对开铁路之议。1881年，刘锡鸿奏劾李鸿章"跋扈不臣"，未料祸及自身，不久即被革职。著有《英轺私记》《刘光禄遗稿》。

黎炳森，同治元年(1862)举人。任职广西永宁州知州时，恰逢土匪作乱，盘踞四十八峒，他亲冒矢石，平定匪乱。永宁土地贫瘠，他教民种树，捐资建桥，建书院，恤狱囚，清积案，使地方出现一番新气象。炳森性廉介，虽长期担任地方要职，身后却萧条有如寒素。

郑恺，咸丰年间以军功进仕途。同治二年(1863)升补竹谿县知县。竹谿县毗邻川陕，土地贫瘠，山深林密，易聚集盗贼。他带领当地百姓发展农牧业，筹谋积储，规划险要，严设关防，办保甲，联乡团，邑境大治。他还教民以海带汤治疣赘病。光绪初年回粤，襄助李文田① 筑复三水大路围决口。工程完成后，他因劳作过度而病逝。

柳芳，光绪六年(1880)进士，选翰林院庶吉士，散馆补湖北来凤县知县。来凤原为土司所在，雍正间始置县，志载其地"苗疆荒远，土瘠民刁，

---

① 李文田(1834—1895)：字仲约，广东顺德人，咸丰九年(1859)探花。官内阁学士、礼部右侍郎。

号称难治"。他到县后，裁去门丁，自居于县堂后小室中，在大堂上悬挂一面锣，有老百姓击锣，他即升堂审理，不假手于胥役讼棍，清结了数十年的积案。在崇阳知县任上，因他为官清廉，相随多年的役从舞弊不遂，竟企图刺杀他。湖广总督称他为"湖北第一良吏"。

黄修健，光绪十九年(1893)署商南知县。当地盗匪猖獗，他彻夜巡查，深受人民爱戴。任武功县知县时，倡办赈务，成效大著，获赏戴花翎并加四品衔。

梁鼎芬(1859—1919)，字星海，号节庵，世居广州城内榨粉街。18岁中举人，与于式枚、文廷式同受业于著名学者陈澧之门。22岁中进士。26岁时中法战争爆发，他上书请杀李鸿章，结果被连降五级。罢官之后，梁鼎芬当过惠州丰湖书院、肇庆端溪书院、广州广雅书院① 山长。1892年起入湖广总督张之洞幕府，主持湖北全省学务处，培养文武人才无数。1907年弹劾庆亲王奕劻、直隶总督袁世凯，被传旨申饬。清帝逊位后，梁鼎芬如丧考妣，他自命为大清的孤忠，为光绪帝守陵，后来还当了溥仪的师傅，参与张勋复辟。

这一时期，番禺高第街许家，子孙蕃衍，科名鼎盛，粤称世家。许家在近代出了几位地位显赫的人物。

许祥光(1799—1854)是许氏家族第一个进士(道光十二年)，自小在私塾中浸淫，博览群书而文采风华。1841年英国舰队进犯广州，三元里爆发抗英事件。

升平社学曾在三元里抗英事件中扮演重要角色

---

① 广雅书院：时任两广总督张之洞所创建，设于广州城西彩虹桥外，1887年开工，次年夏天竣工开学。到19世纪末，广雅书院与湖北的两湖书院、自强书堂，上海的南洋公学并称为全国四大学府。

"升平社学"及筹办军需的"劝捐局"先后出现,许祥光被公推为"劝捐局"经理,成为广州人民抗英运动领导者之一。许家先后捐军需六万余两,又在南湾筑建九龙城寨防御工事。为此,清帝表彰许祥光为"议叙以道员即选"。1849年,许祥光发动民众,最终迫使英军放弃入城。1851年选授桂平、梧州盐法道,在与太平军的战斗中"连日获捷",朝廷"赏布政使衔"。1854年,在广西梧州任上的许祥光因操劳过度而亡。

许应鑅(1820—1891),许祥光子,咸丰三年(1853)进士,不久出任江西临江府知府。当时江西临江、抚州等地,连年战乱,许在任上办了许多利民实事。他教导当地流民种植柑子,所获之果实肥美异常,遂有"许公柑"之称。他创设蚕桑局,躬自督教,蚕利大兴,成为当地重要产业。他在江苏设沙洲局,推行垦荒政策,创储丰裕,被百姓号为"许青天"。恢复民生的同时,他也重视文教方面的工作,主持修纂《抚州府志》即是许关注的人文大事。因为成绩斐然,升任浙江布政使。1889年,浙江大灾,朝廷向浙江催缴此前欠下的解银42万两。痛感民间疾苦的许应鑅不忍人民再受苦,便采取消极对待的做法,继续拖欠朝廷赋税。不久,许受到弹劾,被"开缺来京"。在返京途中,许突发病故。他平生清介自持,任官三十余年,俸余用于周济贫乏,不置产业。

许应锵(1837—1896),许祥光子,同治甲子年(1864)举人,以知县分发湖北,后调赴安徽,历办苏浙皖赈捐。因成绩突出,升任直隶知州、候选知府,再升道员。中法战争期间,他同广东籍的翰林侍读学士李文田筹办团练。他严以律己,有香山某商拟筑沙田,乞其出面说情,许以事成以半相酬,许应锵答道:"吾忠孝传家,只有心田一片,活壤千顷何为?"许应锵因而被誉为"清廉干吏"。

许应骙(1832—1903),许祥光侄,道光庚戌年(1850)进士。光绪年间以翰林院侍读学士为甘肃学政,官至工部尚书、礼部尚书,充总理各国事务衙门大臣。在维新运动中,许应骙和恭亲王奕䜣选址办理京师大学堂(北京大学前身),成为戊戌变法中硕果仅存的政绩。1898年7月,礼部主事王照请光绪帝游历日本等考察各国情况,尚书许应骙不肯代递,最终被光绪帝撤

职。变法失败后，他重新得宠，擢升为闽浙总督。在厦门时，他创立"保商局"，保护出洋回国华商，促进了福建民族工商业的发展。

第二节　佐幕之才

常言"绍兴师爷"，其实在粤地也有一批因科场不售而入幕者，他们本身也有经世致用之才，因熟悉地情民意和官场利弊，对官员之治政有很大影响。

张文鉴，屡试不售，乃求幕职。始客肇庆府，时土匪扰乱，他建议擒治盗魁，解散胁从，事平。后入两广总督幕，先后佐毛鸿宾、晏端书、劳崇光、刘长佑、瑞麟等多名总督。他总理一切文牍，只延用二人相佐，无冗员，无靡费，不似后世文案动辄几十人。以才保荐候选知县加同知衔，却不乐为官吏，曾说："州县亲民之官，责任重大，治理也难，稍不留意，滋生弊端，非必贪官害民，清官亦害民，糊涂官害民，精勤官亦害民。"此可谓清醒至明之论。

陈其锐，先世浙江绍兴人，祖世熙游幕粤东，遂入番禺籍。其锐精治钱粮。道光二十八年(1848)，户部咨行清厘，广东财赋繁多，积数十年案牍，当地官吏相顾畏难。其锐治其事，查明积亏140万两银子的原因，他向巡抚叶名琛提出建议数千言。巡抚咨部准行，于是广东积累豁然。又清理四百余宗积案，一批受家人连累而被羁押的在押者得以释放，可谓功德无量。

任寿昌，善理财。嘉庆、道光以来，盐政大坏，盐商欠款久不能偿，纵然官府逮人没产，还是抵不了债。寿昌向广东盐运使进言，将原来的按年计税改为按月征入，从此亏不重积，商不破产，盐商感服。光绪年间，当局计划在珠江筑堤拓地，寿昌力争之，提出宜浚不宜壅，始免珠江壅塞之患。又以己资施种洋痘，复施放粮食、棉衣、药品、棺木给贫民，百姓对他甚感恩德。

徐灏，字子远，自号灵洲山人。十八岁佐南海县幕，断案之速甚于老吏，由此声名鹊起。咸丰七年(1857)，按察使周起滨隆重聘其入幕，凡节府大政，莫不资以策划，决狱明断。两广总督劳崇光，由广西转移到广东时，第一个拜访的就是徐灏，并延请他为上宾。当时两广军事倥偬，各郡县采用他的献策为多。朝廷为筹措军费，计划在广东创设"米谷捐"。徐灏据理力争，终使朝廷下令谷米永不抽捐。论者以为利国福民，其功不在平乱之下。广西巡抚张凯嵩驻军南宁，派人邀徐灏到广西，任同知加知府衔，负责讨贼专职。有次他送一份军事行动的文件给某提督，仅携一仆潜行，经过贼垒时，与巡逻者笑谈而过。事后张凯嵩亲自迎接他回营，赞说他真有胆略。徐灏在桂林时，清理积压二三十年来为部吏牵制搁置的积案，奏结三百余起。后外放为柳州府通判、陆川知县、庆远知府，皆有政声。他遍设义塾，收苗民子弟，择良士训之，革除广西苗民夺掠杀人的习俗。徐灏还是一个博学多才的大学问家，张维屏称他"博采通人"，只可惜"不遇于时"。梁鼎芬纂《番禺县续志》说："灏之所言，有为今日科学家所未及者。其为学，覃思博辨，戛戛独造。"谭莹称其"具万夫之禀通"。广西巡抚苏凤文因僚吏不读律，邀请徐灏著《名法指掌图》作为指导。另有《说文部首考》《象形文释》《说文笺注》《通介堂经说》《律乐考》《通介堂文集》《灵洲山人诗录》《九数比例》《算学提纲》《蚕桑谱》《洞若观火渊余录》《攜云阁词》。徐灏久居大吏幕府，风节自励，收入都用于公务，死后家无余财，靠巡抚拨出官银相助，才得治丧，所存只有数千卷书。

汪瑔，字玉泉，有文名，粤中文士诗文之会，他常列第一。咸丰三年(1853)，入曲江县令五福幕，五福颇赖其助。他和五福献策，以火箭射围城的洪兵之船，而得守城。粤中水灾，他请省里启用公帑赈灾，开此先例，此后州县灾歉，都得以向省请求拨款赈助。汪瑔生平博览群籍，尤长于诗，造乎自然，不专一体。著有《无闻子》《松烟小录》《旅谭》《随山馆尺牍》。

丁杰，道光二十九年(1849)举人，佐长乐县(今五华县)幕。当地遭遇水灾，米价飞涨，他半夜起草向上级请发仓谷的文告，同时向县令建议先行开仓救民防乱。游幕乐昌时，有商舶在邻县乳源被劫。丁杰接到报案后，提出缉盗无分畛域，此案赃多，一时未能销去，速缉可获，再令商人往乳源补报案，果赃贼并获。咸丰七年(1857)，分发福建建宁府，知府拨给他兵勇数百名与太平军作战。他认为新招之兵"宽则心骄,严则情涣,虽千万兵如无兵",于是另招原为茶商护勇、诚朴有技者四十人,并亲自领兵作战。大小十余役,大挫太平军,后一度主动迎击石达开部,斩首百余级。曾国藩闻其名,发文调他购办开花炮,解赴攻打南京。清军攻陷南京后,丁杰获赏花翎加按察使衔。不久归粤,掌教韩山书院。

第三节 勇将英烈

这一时期入传人物,有不少是在战乱中英勇作战者。这些人参战动机不同,或为忠于朝廷,或为起义抗暴,或为保乡卫土。从今天的角度看,传主中的将领,其作战对象,有侵华的英法联军,也有太平军、红巾军①,以及被当局视为各类"盗贼"的反抗武装。近代社会波谲云诡,时势变幻无穷,同一个人先后面临不同作战对象是常有之事。传统的志书,以忠君、爱国、捍土为主导思想,传主的观念不免打上时代的烙印。以今时的眼光去评判前人,固然要意识到个中的局限,也应注意到传主报国保土、维持乡间太平、英勇作战等值得肯定的精神。

刘殿相,嘉庆六年由行伍入香山左营效力,出洋征剿海盗著有劳绩,升本营千总加守备衔。嘉庆十三年(1808),殿相率船围剿万山、孖洲,斩贼无算,俘获三百余人。次年二月,殿相在揭阳迎击海贼,连战数日,至死犹手刃数贼。

陆殿邦,穗石人,嘉庆二十四年(1819)举人,曾任吴川县训导,后归乡奉养母亲,同时留心当世之务。道光二十一年(1841),时任两广总督耳闻其名,具礼拜访。殿邦为之筹划海防之策。洪兵起义时,他与何若瑶创设团练局以卫乡土。后因功任高州府教授。同治元年(1862),洪兵围高州城,他

---

① 红巾军:咸丰四年(1854)夏,在太平天国运动的影响下,广东天地会发动起义。起义军自称"洪兵",即洪门造反之意。因以红旗为标志,亦称"红巾军""红兵"。起义者主要是农民和城乡其他劳动者。

镇定自若，坚持给诸生上课，初一十五必穿着整齐，集合诸生宣讲圣谕及四子书，人心赖以安定。

崔自超，员岗人，道光二年（1822）举人。鸦片战争期间，员岗地区治安混乱，匪类乘间窃发，他首倡联乡为团练。当时有六十多名劫匪途经员岗被乡人抓获，因广州被英军所围，不得送官，他当机立断，令乡人将贼人尽行沉海。贼党闻知，纠合三千余人攻员岗，他组织乡民坚壁不动，会合各乡大溃贼众，由是乡间得以无事。

陈泰初，道光二十五年（1845）进士，例选广西平乐府知府。时值太平军北上之后，地方残破，烟火萧条，而平乐尤甚。泰初力陈平乐为梧、桂两州通衢，亟宜固守。他修造炮火，增募丁勇，平乐守备由此稳固。经过他的周密策划，清军收复了被当地反抗武装占据的永安城。

姚麟，能文能武，读史能诗，由武生入营充马战兵，所持藤牌重四十余斤。他知人善任，名将冯子材、戴文英曾为他的部属。补高州都司时，"高州盗"凌十五聚众万余，数百官兵被围，他运矛力战，为这数百官兵解围。其后转战道州、长沙、武昌、安庆、江宁、上海、镇江、九华山等处，屡立战功。调守镇江下蜀街时，在巡哨中遇太平军，迎战而死。

崔连升，员岗人，出身于文学世家，连升独充行伍。广东巡抚朱桂桢见其廉谨，颇重之。咸丰四年（1854），连升在与洪兵作战中，随营收复佛山、新造、顺德、肇庆等地，换五品顶戴，以守备用。不久即率兵往广西平南作战，当地山岭险峻，滩泷湍恶，客兵不习地利，连战不利，他积劳成疾。接替者既至，本可返回，但他慨然说："吾不得一胜，何以复命！"遂尽力督阵至死。

苏海，棠下人，娴武艺，晓兵法。道光二十一年（1841），统水勇防御英军，以功得六品顶戴。洪兵起义时，苏海参与保卫省城及进剿佛山一带洪兵，先后克复新造、陈村、顺德、英德，解韶州城之围。咸丰六年（1856），英军侵犯广州，苏海于白鹅潭、虎门、狮子洋各地与敌作战，迭有击获。七年七月，苏海率军救援梧州，在德庆与洪兵作战被俘，不屈死之。

吴全美，字碧山，原籍顺德，世居番禺"河南"龙溪乡。道光二十九

年(1849)广东洋面盗起,他应募为团练勇目,因习水战,屡获巨盗,升补千总。咸丰初年署水师游击,讨平过抚州境的儋州土匪刘汶楷等。咸丰三年起,转战福建、江苏、浙江,积功擢浙江温州镇总兵。此后在与太平军的对战中,全美所率之舟师,克芜湖、牵制敌军、遏敌北窜,为清军战胜太平天国创造了有利条件。同治三年(1864)升福建水师提督,三年后改署广东水师提督,悉仿西洋样式改建虎门各路炮台。又三年,调署琼州镇总兵,亲赴海口各炮台殚心布置,严防法军入侵,后卒于防所。

黄廷彪,字豹伯,人称彪虎,原籍顺德,世居广州番禺溪峡乡(今属海珠区海幢街)。年少时好弄枪棒,臂力过人。一次廷彪随父经商过南洋,遇海盗上船企图洗劫,他便与船员商定制贼办法,勇敢果断地将海盗全部擒获。道光二十年(1840),廷彪参加水兵训练,充当捕盗兵,不久即保蓝翎六品军功。当时伶仃洋面不断有海盗劫掠商船,廷彪随水师营出剿,斩杀海盗35名,活捉贼首归来,自此名声大震,人皆以"彪虎"称之。廷彪除武艺、胆略过人外,还注意研究地情、海情、水文、天文、气象、潮汐涨落、风势上下,以搜索贼踪。常口讲指画,所言必中,故有军中神机妙算之称。而每次捕贼,他总是缠头跣足,与士卒同甘苦。所获匪艘资财,尽散于众,故士卒肯用命。咸丰、同治年间,广西贼盗迭起,廷彪随陆路提督昆寿前往围剿,攻克浔江、梧州,擢升为副将,并赏给"伲勇巴图鲁"称号。回广州后,廷彪任海门营参将,协助巡抚蒋果敏指挥训练兵船,并装造"镇涛""安澜""绥靖""静波"四艘炮船,这是广东第一批轮机炮船。廷彪调任高雷廉州镇总兵后,又创建了雷州绿营义学,凡兵丁子弟皆可就学,由此也培养了一批人才。当时高州试院狭窄逼仄,他提出割镇标操场余地扩大试院,使寒士得庇广厦,受到当地人民的爱戴。

钟镇藩,字翰屏,萝岗水西乡人,精技击。洪兵起时,镇藩擒匪十一名,萝岗因此得以安宁。咸丰十一年,镇藩中武举人。他虽是武人,却很敬重儒者,乡邻有纠纷,他都能公正持平地调解。当时茅冈与横沙械斗不断,在他排解下,两地握手言和。

邓世昌,福州船政学堂毕业后,在福建水师服役,先后任运输舰"琛航"号大副,"海东云""扬威"舰管带。李鸿章筹建海军,特调其到北洋水师,赴英接收"致远"四舰,并任"致远"舰管带。甲午战争爆发,中日海军主力在黄海大东沟激战,邓世昌指挥"致远"舰与敌鏖战,击中敌舰多艘。为保护受重创的旗舰"定远"号,指挥"致远"舰冲入日舰阵中,以一敌四,弹尽,下令撞击敌舰"日野",未成功,被击沉。落水后拒绝营救,与"致远"舰官兵223人壮烈殉国。

潘灼文,字荆樵,"河南"人。他由行伍出身,先后捕获剧盗四百余名,总督奏保他为候补游击。光绪二十九年(1903),因捕获悬红四万元之匪七名,以副将留于广东外海水师补用,赏给"锐勇巴图鲁"勇号。这年,他随同水师提督往新兴县招降剧盗八十三名,续缉获土匪八百三十余名,总督周馥奏保他为总兵。光绪三十三年,补授广东碣石镇总兵。

何贵龙,字厚翊,本善乡人。同治十三年(1874)进士,殿试奉旨以蓝翎侍卫入直乾清门。光绪六年(1880)起,贵龙在广西任职,此后二十余年间,历任巡抚皆以其勤谦谙练,深相倚重。回到广东后,历任总督亦相器重。他居官廉能,又不避嫌怨,肯为失业无告之民请命。当时有恶棍欲将沙湾大鹏濠的四十余顷沙田充公,他不为私利所动,将实情禀告上司,最终将沙田归还原业主。

这一时期,地方武装的团练也在历史舞台上充当了一个重要角色。

谢华远,咸丰年间洪兵起义时备受逼胁,始终不妥协。洪兵退后,他督团勇搜捕"余匪"三千余人。英军攻入广州城,他慨然率团勇赴团练局参加抗英斗争,随同官军进攻城西门至宜民市[①],后受重伤而亡。

钟其耀,字德赞,号晓峰,萝冈乡人。尝于乡中结丽泽社,以劝善规过为主,兼及文字切磋。屡试不第,绝意进取,专意课子。其为学主不欺,举动必循礼法。咸丰年间,钟其耀在波罗周围地区组成团练局"清平社",以

---

① 宜民市:康熙年间,清政府在广东推行"迁界禁海"政策,迁入的渔民暂行在泮塘西村附近寄寓。位于司马涌、彩虹楼与广州西门之间的第一津因为地点适中,成为摆卖鱼虾、桨橹等商品的圩市,以后又逐渐建起房屋、店铺,成行成市。人们便约定俗成叫这个移民产品的集散地为"移民市"。后来,清廷改"移"为"宜"。

联族众、御外寇为旨，洪兵不敢犯，阖乡晏然。邻乡闻警乞援，清平社立遣社勇出境援剿，于是清平团练名噪一时，甚至与东莞、增城等地的团练结成联盟。陈澧避乱居萝冈，也称赞其乡俗之美。

何玉成，慕德里司萧岗乡（今属广州市白云区）人，道光十一年（1831）举人。早年家贫，以教书为生，并在乡组织怀清社，维护地方治安。1841年5月，英军窜扰三元里。他柬传番禺、南海、增城等地增援三元里，并在三元古庙与各乡社学的爱国士绅举行抗英会盟，被推举为各地联合抗英的指挥者。事后呈请两广总督建立忠勇祠，以慰忠魂。1842年，玉成协助番禺士绅何有书等扩大团练组织。十一月，广州人民因英兵开枪打死平民三人而怒烧英商馆，何玉成随即组织社学团练千人驻扎在小北较场，使英人不敢报复。

邬夔飏，出身于家财殷实的南村。他继承祖业，修筑祠墓，积置尝业，复建义祠，供奉族中无后者，甚至低价卖出自己的大量谷物以提供救济。洪兵事起，他倡议大箍围各社团练壮大武装，并捐资助饷银四万两，夹攻围攻广州之诸路洪兵，保乡护境。

梁纶枢，黄埔人，梁经国之子，道光七年（1827）承袭天宝行洋商。他多次捐输供政府建设河工、海防，虽商务日困，家业日蹙，仍筹饷设团练局募勇与洪兵作战。英军占广州城，他与绅士伍崇曜、俞文诏等连日进城，在观音山与洋人谈判，多方劝说其撤出所占衙署、贡院。此后，地方长官每有大事多登门咨询。

黎炳瑞，南村板桥人，黎遂球之族孙。善作曲，尤好游山水。1854年，红巾军起事，黎炳瑞在乡间创"蓼水社学"，以维持地方治安。在他引领下，清军擒获红巾军四千余众。黎炳瑞认为战乱之后，必有饥荒，预早捐家财购粮储备。后果如其所料，炳瑞乃出谷平粜。1857年，英国侵略军攻陷广州，黎炳瑞拟组织团练抗击，但经分析形势后，终认为难相抗衡。同治年间，黎复漫游南粤名山大川，混迹道士间以寄志。

由于历史观的演变，旧志中未收录的红巾军方面的将领，在新方志中终得以列传。

甘先，鸦湖乡岗尾村（今属广州市白云区）人，祖辈以务农为业。1841年5月，十六岁的他参加支援三元里人民抗英斗争，在牛栏岗英勇杀敌，被誉为少年英雄。后加入当地反清组织"天地会"，成为首领之一。1854年，在花县远龙墟起义，翌日攻占县城，以太平天国"正命天王"名义张贴榜文。随即率队与李文茂会师。起义队伍称"洪兵"，又称"红巾军"。红巾军兵分三路围攻广州城。甘先在北路率部经萧岗，与清军大战于三元里，毙敌百余人。后又率部攻取从化县，杀知县李福培，声威大震。两广总督叶名琛乞求港英当局援救，并调集宝安、新会等地大批营勇反扑，甘先率军撤至湖南郴州，受阻折回花县，后被俘获杀害。

周春，绰号"豆皮春"，龙归镇（今属广州市白云区）人。1854年，在沙亭岗聚众响应天地会起义，自称"大都督"，旋即与李文茂、甘先、陈显良等各路义军联合围攻广州。次年率部由韶关入湖南，继而至江西，与太平军会师于新昌（今宣丰县），自此归并太平军，但仍自树旗号，成为太平军中独树一帜的"花旗军"。曾率军攻临江，占奉新、安义，驻吉安。曾国藩奏称，粤军以周春部人数最多，又曾在信中提及周春颇有名望。周春因作战英勇，屡建功勋，获封怀王。1863年，率军进逼镇江，谋北渡长江，为清兵所阻，复联合李世贤部再进攻镇江，仍受阻。天京陷落后，其事迹不详。

陈显良，酸枝家具工人，失业后捞捕鱼虾度日。1854年7月，受太平天国迅猛发展的鼓舞，广东天地会首领陈开在佛山发动起义。陈显良在番禺新造响应，称"统领水陆兵马众大元帅"。不久义军进驻燕塘，势力扩大，队伍增至万余人。七月十六日，陈显良率部，配合城北红巾军李文茂部从东路围攻广州城。义军一度攻至广州城东门外五里，因燕塘遭袭，不得不撤回新造。闰七月初六，显良再次率军攻打广州城。途中，猎德炮台清军发炮阻击，但仍未能阻挡红巾军前进，红巾军直攻至城下竹丝岗。此次围城战斗持续三日，由于广州城墙高大坚固，红巾军武器装备落后，又缺乏统一有力的指挥，多次攻城，均未能取胜。此后清军开始反攻。显良曾以统领水陆兵马众大元帅名义，向英、美、法三国驻华领事发出照会，申明红巾军立场。后率部进入江西，参加太平军。

　　颜浩长,唐厦乡(今属广州市白云区)人。贫苦农民出身,爱好武艺,练就一身本领,绰号"定拳长"。1841年5月,三元里人民抗英斗争中,浩长率领义勇军多名,据传他在牛栏岗附近杂葬岭杀死英军陆军少校毕霞。洪兵起义后,颜浩长被视为反清人物,幸而在乡民掩护下逃逸。三年后方回乡,仍以耕田度日。

第四节　孝义典范

　　入志人物中,践行礼义道德的典型人物占了很大比例,有很突出的地位。陈文琪,平时不苟言笑,正步而行,遇雨亦不快跑。即使父母亲丧期已过一整年,仍坚持蔬食水饮,遵照礼制睡草垫子,枕土疙瘩("寝苦枕块"),以致毁形失色,瘦瘠不堪。家人劝说不了他,只好请来乡中有学问者责备他这是不慈不孝的行为,这才稍节其哀。陈胜谦,家贫,贩果蔬为业,天性孝友。父死,谦日夜哀号;母卧病两年,便溺洗涤,谦事必躬亲。母亲过世后,胜谦因过度哀伤而病,两年后也去世了。马礼绣,事母孝,遇事必禀命,朝夕奉养无缺。母有疾,礼绣必亲调药;兄弟亲戚贫乏者常周恤之。他精于医术,到了晚年,遇有危症者,虽暮夜必往救。

　　古代官方为树立典型,收录了一批在今人看来无法理解的事迹。如刘蕙芳,割右臂肉为母治病,割左臂肉为父治病;陈金富,割臂肉供生病的父母进食;胡燕芳,割股和药以治母病。这些做法显然不科学,但在古代却是官方极力宣传的践行孝道的典型。

　　列传人物有为人厚道,不争纤介,损己利人者。高逢清,有人将房宅抵押向他借贷,过了十年,借贷者直至去世仍无力偿还,其子在高家为佣,逢清便将房宅退还,并把贷券烧了。有人和他合资做生意,实际上仅是他一个人出资,结果资本荡然无存,他也淡然处之。后来他家道中落,子孙找出族戚借贷未还的借券十数宗。他说,这些人都是故旧,久而久之自己也忘了,便将借券烧掉。族人有贫不能葬者,他予以收殓。邻人指责他家围墙侵界,他勘测后发现实际上是邻墙反侵过界，他也不与计较。李汇祥，经营米肆为生，不作囤积居奇之计，出入务求平允。平生好周济他人之急，曾奋身抢救溺水小童。他以读书明理训示子孙，无疾言遽色。居屋后多植果木，邻人觉得树枝遮碍视野，乘夜砍伐殆尽，他一笑置之，不加责置。韩兆祺，市桥乡人，热心公益，倡建义祠，祭祀族内无后者，创设书舍以惠贫儿。光绪初，市桥乡各族绅董因公款管理起争构数载，在乡绅中，他年纪最小而独孚众望，被共推为管领。他对原有的管理方法进行改革，加上办事公平，纷争很快得到平息。姚巨显，字蕴章，杨箕村人。光绪三十三年（1907）举人，这是杨箕村史上第一位举人。当时鹿步司有一现象，司内各乡种植致富之后，械斗讼狱不断，以至财产俱穷息。然而稍待休养，财产如旧，械斗又起，如此乡益贫而俗益悍。巨显认为原因就在于人不知学，故而他倡捐巨资，创立义学，使乡间子弟皆就学，以此倡文风、易悍俗，而各乡斗风亦渐平息。

还有一些士绅，忠厚待人，赈济乡里，为乡里排难解困，热心宗族公益，他们也是志书极力推崇的典范。如东平社学创办者钟逢庆，道光十二年（1832）举人。他热心公益，处事公道，在本乡有极高威望。乡中凡桥梁、道路废圮，必捐资修建。叶衍桂，事亲以孝闻，地方善举知无不为。广州旧有恤嫠局①，由官方经理，冒名者多。衍桂与士绅筹划，改官办为商办，并严订章程，慎防流弊。经此改革，恤嫠局集资九千余金，又以局款购得某处沙田，其租金作为机构资金来源，历久无虑。张殿铨，岐山乡人，其家以经营茶行致富。乡中修桥铺路等公共事务，他都积极参与。1844年，殿铨合福田、龙津、碧山、兰陵、新村、石涌六约捐资创建了螺阳七约社学。何汝桓，咸丰十一年（1861）举人，历主榄山、丰山、禺山等书院讲席。在禺山时，兼办省城团防救火事宜。当局因公用经费不足欲放宽赌业，他极力反对，此事遂作罢。他平生廉介，束修之外一毫不取，因此颇受人敬重。民间传说他死后为潮州韩文公祠土地神。

---

① 恤嫠局：阮元于道光元年在广州设立的公益机构，旨在救济贫寒寡妇。

第五节　学府兰桂

学海堂是两广总督阮元于道光四年(1824)在广州创办的一间书院。书院位于广州城北越秀山,它是当时广东的最高学府。这间书院聚集了不少人才,在岭南教育史上占有重要地位。

学海堂实行集体学长制,学长的主要职责是出题、考核、评卷。书院内的大小事宜均由八位学长共同商议决定。专课肄业生制度,是学海堂的另一特色。八学长根据品行、志向和学习成绩,在学生中遴选若干名额。专课生进堂后,可以在《十三经注疏》《史记》《汉书》《后汉书》《三国志》《文选》等书中任选门肄业,并在八学长中任选一位导师。专课生每届以三年为期限。1834年,学海堂首次招收专课肄业生十名。学海堂的学长、师生,有不少杰出的人才。梁启超在考中秀才后就曾进入学海堂读书。

陈澧(1810—1882),字兰甫,学者称东塾先生。道光十二年(1832)举人,六应会试而不售,以大挑二等选授广东河源县训导。陈澧为学海堂第一届专课肄业生,后掌广东学海堂长数十年,晚为菊坡精舍①山长,文廷式、沈曾植等均曾问学。他在各个文化领域都取得了很高的成就,举凡骈文、填词、天文、地理、乐律、算术,无不研究。陈澧的治学成就,代表了晚清岭南学术的全面水平。

郑灏若,嘉庆十八年(1813)拔贡生,为学海堂识拔最先者。他提出明初诸儒皆朱子流裔,学术之分自白沙、姚江始。白沙之学虽孤行独诣,究其传,实与朱子不远。灏若工诗及骈体文,时人称赞他的诗丽而不靡,不雕琢而自工。

侯康(1798—1837),自幼好学,家中贫困,其母向人借钱为他购

---

① 菊坡精舍:1867年广东巡抚蒋益澧倡办,旨在纪念南宋名相、粤人崔与之(字菊坡)。地址在广州城北越秀山麓的长春仙馆。菊坡精舍招收粤秀、越华、羊城等书院的肄业生入院深造,属高等学府性质。

《十七史》,对此来之不易的书籍,他翻阅至卷帙都烂了,由是精通史学。道光十七年二月,补学海堂学长。侯康精于注疏,通诸经,尤长于史学,原拟补撰《后汉书》至《周书》十史艺文志,因英年早逝,仅成后汉、三国两志,但仍获得学界的广泛赞誉。梁启超甚至将其与钱大昕补志相提并论。史澄,幼时受业于侯康,道光二十年进士。他曾在肇庆的端溪书院和羊城的粤秀书院掌教,还致力于地方史志的编纂出版。《广东通志》《番禺县志》《广州府志》等志书的总纂、总校工作,花费了他十多年的心血和精力。

谭莹(1800—1871),幼年勤奋好学,博览群书,善诗文,尤工于词赋。1844年中举人。谭莹生性坦率,刚直不阿,淡泊仕途,不求钻营,唯倾心于教书育人。曾主持学海堂、粤秀书院、越华书院、端溪书院数十年。任学海堂学长期间,倡导以经史及汉魏六朝唐宋诗文为主的讲学宗旨,不搞应科举考试的时文制艺,力主打破汉学与宋学的门户之见。他曾协助伍崇曜校刻典籍巨著《岭南遗书》《粤十三家集》《楚庭耆旧遗诗》《粤雅堂丛书》《舆地纪胜》,参与过《南海县志》及《续修南海县志》的纂修。

陶福祥(1834—1896),光绪二年(1876)举人。弱冠即从陈澧受经学,灼守陈澧所主张的汉宋学术无偏重,不当立门户之说,尤精于目录、校勘之学。同治十一年(1872)选学海堂专课肄业生。光绪五年七月补学海堂学长,十三年主讲广州禺山书院。针对当时流弊,他对门人说:"读书难,著书尤不易。前人著述已多,学者要在善读,如轻言著述或摽窃陈腐,或更离经叛道,必致贻误后人。"他的门人多俊才,最为突出的是梁鼎芬、杨裕芬。福祥在禺山书院时,参酌学海堂、菊坡精舍的章程,改变书院原来制艺试帖课士的做法,加课经史、性理、词章。省外生徒争相就学,一时称盛。张之洞创办广雅书局,延请他任总校,正伪订谬,所刊咸称善本。张之洞移督湖北,设置两湖书院,函电招其前往。他前往商定规程,评校课卷,三个月后以病告归,回粤没多久即去世。

沈世良,咸丰八年举为学海堂学长。其一生虽然只有短短的三十八年,但博得岭南诗坛的极高赞誉,与叶衍兰、汪球合称"粤东三家"。张维屏称其骈文诗词藻思丰赡;陈澧称其诗才沉丽,直逼李商隐。

林国赓,穗石乡人,学海堂专课生,从陈澧受经学。他在南海孔家设教馆,孔家岳雪楼藏书室藏书甚丰,因此得以恣览群书。后考取八旗官学教习,举为学海堂学长。中举后,被两广总督张之洞延聘执掌广雅书院史学分校。张之洞调任湖北,聘他任教两湖书院分校,并说这是要"使岭学流入中原"。向来皆说中原文化优势传入岭南,岭南吸收北方文化之长。张之洞的这一说法,在岭南文化发展史上无疑是一个转折性的事件。林国赓中进士,两代帝师翁同龢称其为"岭南隽才"。他淡泊名利,以父病乞归。主讲端溪书院时,批答课卷常是娓娓数千字。他的治学主张是"经学非见之实用,则无裨于世",所以常常以史证经。林国赓尤为关注中外形势,这与战事频繁的时局是分不开的。这样一种经世致用的学风,正是岭南学风之体现。他为孔氏校理《北堂书钞》,爬疏剔抉,搜辑佚史八百余种,书稿积满两大箱。林国赞,国赓之弟,学海堂专课生,肄业于菊坡精舍。他读书刻苦认真,尤喜读史书,陈澧称赞其"博闻强识,考史之学,罕出其右"。光绪十二年,举为学海堂学长。陈澧称赞林氏两兄弟:"二林,国之宝也。"

　　漆葆熙,家贫,授徒馆于广州河南潘氏①家。潘宝鐄(光绪年间翰林院编修)、潘宝琳(翰林院庶吉士)、潘宝珩(举人,民国曾担任广州电力公司经理),都是他的受业弟子。他先后肄业于菊坡精舍、学海堂,精研《说文解字》、舆地之学,为陈澧所称赏。张之洞创建广雅书院,葆熙考选入院,肄业列高等,补任斋长。光绪十七年中举人。有人以万金请他作会试枪手,他坚决拒绝。主长宁县桂峰书院讲席期间,当地风气丕变。长宁县历史上第一位举人梁镇邦,正是出自桂峰书院。

　　俞守义,幼年受业于陈澧,1879年中举。他热心公益,对于地方义举,力任不辞,曾在广州城南水母湾创办崇本善堂,集资设立捕属册金局。1905年科举废止之后,他将册金及资助举人上京会试用的"公车费"拨充教忠学堂经费。他重刻的《地理图》《陶渊明集》,世称善本,陈澧为之题辞点赞。

---

① 广州河南潘氏:指乾隆年间由福建漳州龙溪迁入番禺的潘振承家族。潘有度、潘恕、潘飞声皆出自此家族。

黄子高，少以词章擅名，留心掌故，尤关注桑梓乡邦文献。工于书法，尤精小篆，用笔如铸。曾被阮元聘为学海堂学长。著有《知稼轩诗》九卷。孟鸿光，字蒲生，别署小孟山人。精于小学及金石文字，工篆隶书，侯康、陈澧皆服之。诗作《咏牡蛎墙》（七律十章），于艰窘中特出奇丽，为世所传诵。范公诒，陈澧高足，精于金石之学，虽博取西政、西艺诸籍而折衷中学，著有《水经注书目碑目存佚考》《粤东金石录补证》《宋元刻汉书考》《洁庵文集》。陶克昌，笃雅嗜古，诗笔清丽婉约。他在学海堂重刊《海云禅藻》，后人考明遗老逸事，多取材于此。

学海堂学长多工骈体文，突出者如谭莹。其他如虞必芳，为骈体文沉博绝丽，张维屏见其文曰"乾坤清气，独钟斯人"，曾往拜会他，称他后生可畏。谭莹亦自叹不如。吴洠，工诗及骈体文，下笔千言，才清词瞻，独不喜为制艺。由于乡试屡不中，因此为人作书记。这种学问、文采甚高而不屑和不善于科试的现象，在番禺文士中较为常见，这也是岭南文化的一种特有现象。

学海堂的学长并非只长于教学，学问精专，在经世致用方面同样有杰出的表现。这其中，杨荣绪是一个典型，他擅文字学，沉博古雅，博览经史，尤精于说文之学，专主篆籀，与卢同伯、桂文耀、陈澧合称"四俊"。1835年，杨荣绪被推举为学海堂学长。他授徒十年，讲经必讲注疏，从学者常过百人。榜眼许其光、探花李文田、状元梁耀枢皆出其门下，一时传为盛事。1853年，杨荣绪高中进士，改翰林院庶吉士。同治年间，补湖州府知府。此地长期为太平军据地，昔日富庶之地，今日满目疮痍。荣绪采取一系列恢复民生之善后事宜，包括创办育婴堂收容弃婴；招集流民，给贫者以桑苗；兴修水利；创办书院。他提倡廉俭，身为知府却过着平民一样的生活，仆人出门只能走路，乃至于下属要在府门卖瓜果。另有李光廷(1812—1880)，石门乡人，咸丰二年(1852)进士，曾主讲禺山书院。同治元年执教肇庆端溪书院，次年补学海堂学长。工诗及骈散文，尤精研史学地理。晚年以抄书自娱。平生著述甚丰，有《汉西域图考》《广元遗山年谱》《普法战纪辑要》等。仪克中，少时已有才气，读书破万卷，过目成诵。嘉庆二十二年(1817)阮元修《广东通志》，克中搜访碑刻，多翁方纲《粤东金石略》所未著录者。

道光十四年(1834),他受广东巡抚委托,至芦苞河疏通灵州渠,积劳成疾,小愈又主持建惠济仓,达旦不寐,疾发而卒,年仅42岁。陈璞,幼年时师从黄培芳①,咸丰元年中为举人,后授江西安福知县。他劝课农桑,每次下乡,只带一二老吏相随,遇有人投诉,就地研判。陈璞凡事亲力亲为,致使吏役不能狼狈为奸,痛骂"数十年无此苛刻官",百姓则翘指称赞"数十年无此好官"。同治二年,时任广东巡抚郭嵩焘听说其名,再三礼聘其参议军事。陈璞诗、书、画俱佳,与黎简、谢兰生并称"画家三杰"。许其光,肄业于学海堂,道光三十年榜眼,咸丰五年参与编纂《文宗实录》。他性情耿直,遇事敢言,不避权贵。外放为广西思恩知府时,他不遗余力"剿平土苗各匪"。后改官直隶候补道,深得直隶总督李鸿章器重。许其光女婿,正是李鸿章四弟之子李经叙。李经叙在李鸿章幕僚伍廷芳的提携下,两次出洋任秘鲁和墨西哥公使代办。

第六节 硕学达人

晚清为岭南文化的鼎盛时期,在番禺更涌现出一大批学问精深、诗文皆佳的学者。他们重视搜集、整理乡邦文献,关心时务,有经世致用之才。

何若瑶,道光八年(1828)举人,七赴礼闱而成进士。所著《两汉书注考证》纠正了前人两汉书注中的失误,考证翔实,学术成就甚高,是清代朴学的代表作之一。王先谦的《汉书补注》《后汉书集解》,均引用了何若瑶的《两汉书注考证》。张之洞主政广东期间广雅书局所编《广雅丛书》也收入该书。

周日新,以进士分湖南临湘县知县,因母不愿远行,遂辞官归家授徒养母。他在广州开馆,每年从学于他的有百余人。他担任过禺山书院主讲,门

---

① 黄培芳(1778—1859):广东香山县荔山(今属珠海市斗门)人,明代大学者黄佐的八世孙。中乡试副榜后,屡试不第,遂属意讲学授徒,从事教育。与张维屏、林伯桐等在广州成立"希古堂",提倡新学风,实行"激励人心为本"的改革。

下成材的有鲍俊（道光三年进士）、陈元楷（道光三十年进士）、叶炳华（道光三十年进士）、蔡应嵩①、梁国琮②、梁国瑚。

陈其锟(1792—1891)，字棠溪，道光六年进士。朝廷正要重要他（"以军机章京记名"），他以母亲年事已高为由辞官归里，此后主讲羊城书院三十年。他慧眼识英雄，谭莹、李光廷、许其光在发迹前已为他所赏识。1834—1835年间，广州发大火，饥民惶惶，其锟创议设惠济仓赈恤灾民。他涉猎甚广，精鉴古，通琴理，诗文词皆博，书法直逼欧阳修，举凡洋务军务、筹兵筹饷、修文庙、办团防，无不竭力筹划。著有《陈礼部文集》《含香集》等。

许玉彬，为吴兰修弟子。一生好诗词、书画、古器，尤喜收藏书籍，藏书精致，其书架清洁、案头明净，收藏的图书崭新如故。许玉彬与沈世良收辑自五代至道光年间粤籍词人六十余家，集为《粤东词钞》。作为广东第一部通代词选，《粤东词钞》在岭南文学史上有其重要价值。

潘正炜(1791—1850)，广州十三行外贸行商潘家第三代继业者。1841年，英军勒索广州当局缴交赎城费，潘正炜捐白银64万两。1849年，在英军即将进入广州紧急关头，潘正炜与许祥光、伍崇耀等联集居民，广张声势以拒英人入城。他既是个十分有作为的商人，也是有名的书画鉴藏家。潘氏建有"听帆楼"以收藏书法名画，一时名流群集于此。他编撰的《听帆楼书画记》《听帆楼续刻书画记》等书，著录了唐宋至明清众多的精品书画，在鉴藏界具有重要的学术价值。

潘仕成(1804—1873)，字德畲，为潘正炜族侄。道光十三年(1833)参加顺天乡试，中副榜贡生，后因捐巨款赈济北京灾民而获赐举人。潘氏曾以经营盐务、洋务为主，后承办海防军工，遂成巨富。1830年，潘仕成在荔枝湾购下方圆数百亩地，建成"岭南第一名园"，题名为"海山仙馆"。他花费巨资刊刻的《海山仙馆丛书》，集纳他毕生所藏历代名家的法帖字画，至

---

① 蔡应嵩(1815—1864)：惠州府归善县(今惠东县)人，与郭嵩焘、李鸿章、沈葆桢同为道光二十七年(1847)进士，后加入曾国藩幕府，为湘军筹办军饷。
② 梁国琮：字俪裳，道光十八年进士，授翰林院编修，为梁鼎芬十四叔祖。梁国琮工书法，尤擅行书。梁国瑚为道光二十一年进士。

今仍传为学林佳话。

赵齐婴(1825—1864),好古学,尤好考究地理,著有《汉书西域传图考》。同治三年(1864),朝廷令各省绘制地图,广东省由邹伯奇、陈澧、徐灏及齐婴统筹此事。齐婴昼夜钩稽,因劳累过度而逝。

陈希献,石楼村人,初习白沙之学,晚年更服膺吕祖谦的"变化气质"及朱熹"克己须从难克处克将去"二说,对古今人物事变、政治得失,皆能洞悉其隐微而知其体要。鸦片战争中,与乡绅筹防周密,民赖以安。他为督修邑学贡院,迁建禺山书院,编纂同治版《番禺县志》等事务,鞠躬尽瘁,而不受薪资。著有《诗教摘粹》《事余随笔丛稿》。其侄陈景鎏(1844—1899)为光绪六年进士,选庶吉士,散馆授编修。国史馆编纂向来以功课多少依次递补,投机取巧者必多凑字数以邀功,唯独他做到文省事增,记述严核,虽涉及显要也不畏惧。某显要官员曾被监察官员弹劾,景鎏作传时,直书其事,不加修饰。此官员之门生及部下甚众,其子亦身居要位,托人百端说情,请他讳饰。他说送稿后删削权不由我,未送稿则一字不可易。他在国史馆编纂甚多,本可以补总纂,不料别有用心者贿赂书吏将他的劳绩尽抢去,他亦夷然不介意。陈希献孙陈崇鼎,光绪年间举人,曾创办召棠两等小学堂(石楼中心小学前身),曾参与民国版《番禺县续志》的编纂工作。

陶邵学(1863—1908),光绪二十年进士,授内阁中书。不久即因病返粤,主讲肇庆星岩书院。时值甲午战争,潮流兴西学。邵学调和其说,提出今之学者当以新学证旧学而得其本真,"惟能通古学而不愚,始可以持世变而不惑"。由此可见,他所持的仍是中学为体,西学为用的立场。他知道在当时的局势下不可能有所作为,遂绝意仕进,惟以道艺与其徒相切磋。1905年,肇庆府中学堂创立,陶邵学出任首任监督(即校长)。他热心教育,办学严谨,两广总督岑春煊亦称赞其治学有方。著有《续汉志勘误》《琴律》《颐巢类稿》等。

朱启连(1853—1899),十九岁时随汪瑔学习诗文。善草隶书,尤好雅琴。陶邵学评他性行似元结、文学似陈师道、艺术似姜夔。陈宝箴说像他这样的性格文才,世所罕见。著有《棣坨集》《棣坨外集》《琴说》《琴谱》。其子朱执信为近代民主革命家。

叶衍兰(1823—1897)，咸丰六年(1856)进士，官至军机章京。晚年辞官归里，为越华书院主讲。衍兰与汪瑔、沈世良称"粤东三家"，人称"南词正宗"。其诗以咏鸳鸯得名，尤善填词，体格绵丽。工小篆行楷，摹古人书往往乱真。间作丹青，亦嫣然深秀。他精于绘像，费时三十余年摹学者像，并为这171人附上小传。其孙叶恭绰于1928年将此集交商务印书馆影印出版。

晚清时期，中国面临新旧社会的转型，岭南得风气之先，出现了一批积极引进西方科学技术的知识分子。凌步芳，凌边村人，光绪十七年(1891)举人，两次会试不中后潜心自学数学。在西学东渐的背景下，他较多接触西方文化，视野开阔，喜谈中外政治。著有《割圜通义》《算学答问》《火器说略》《指数变法》《微分详说》《积分详说》，合称《百砚斋算稿》。梁国炽，字辉上，黄埔人，以监生屡试不中而经商，成为天保行股东。嘉庆年间，天花猖獗，国炽以重金购西人种牛痘法习之，天花之患因此得以控制和防止。"至今人人知种痘，中国得免痘患，自国炽倡之也。"凌朝赓，金鼎村(今广州市黄埔区长洲街深井社区)人。出身巨富，生性乐善好施，好钻研新鲜事物。咸丰初年，广州地区战事频仍，灾民流离失所，朝赓开仓捐米数万石，救民无数。以此，义士之名传遍远近。当时海山仙馆翻译印刷西方数学、工业等书籍，朝赓与西方友人四处搜集资料，日夜研究汽船、水雷的制作。他曾向钦差大臣上书，陈述以水雷破敌舰之策，又制成帆船行驶于白鹅潭。船只机件灵活快捷，可惜战中未被采纳使用。朝赓死后，所研制的水雷被搁置在一边，当时无人知晓。凌朝赓之子凌福彭，光绪二十一年(1895)进士，历任户部主事兼军机章京、天津知府等职务。凌福彭之女凌叔华，是民国时与林徽因、冰心齐名的才女。

第七节　艺坛英华

岭南画派的祖师居巢、居廉，后世以"二居"并称。二人先是入广西按察使张敬修幕下，在桂林从学于江苏画家宋光宝、孟觐乙。后随张敬修返粤,寓居张氏在东莞的宅园可园中近十年。张氏去世后,二居返番禺隔山乡(今属广州市海珠区),筑十香园。居巢逝世后,居廉以卖画为生,兼设帐授徒,门生多来自两广、福建。岭南画派创立者高剑父、高奇峰、陈树人均出其门下。居廉初从居巢学画,既有天赋,又匠心独运,将素描、写生与宋光宝、孟觐乙的绘画风格技巧融汇,糅合成撞水法、撞粉法,成为岭南画派的一大特色。居廉诗词篆刻俱精,尤擅花卉、草虫、山水、人物画,风格妍丽,韵秀清逸。

民间艺人的技艺,在旧社会被视为社会下层的雕虫小技,事迹不为旧志所载。新社会对民间艺人越来越重视,新方志始有补述。音乐曲艺方面,最著名的有何博众,因排行第四,人称"博众四"。先祖为中原音乐世家,五世祖何起龙曾任太常寺卿,主管宫廷礼乐。何博众自幼深受家庭熏陶,拜名师黄熤南门下学琴艺。他多才多艺,尤精通十指琵琶,演奏技艺灵活多变。他在家乡沙湾三稔厅会集酷爱音乐的朋友,开展民间音乐的演奏、创作和研究活动,培养出众多粤乐人才。何博众创作了《雨打芭蕉》《饿马摇铃》等粤乐早期代表性作品。粤乐名曲《赛龙夺锦》原始手稿也出自其手,作品富有浓厚的乡土气息。他弹奏的琵琶曲《十面埋伏》,曲从情变,悦耳动人。何博众还精通粤剧唱腔,培养出名旦何章(艺名"勾鼻章");对文学、美术及本地民间艺术亦有造诣,擅绘水墨牡丹,还设计过飘色①《白鹤拉纤》(也有的说法叫《白鹤拉竿》)。

久负盛名的沙湾飘色

---

① 飘色:又称抬阁、走阁、高台、彩架等,是流传于我国中部及东南沿海广大地区的一种民间艺术形式。"飘"即飘在空中,"色"即景色,飘色就是飘起来的景色。传统的飘色多用二岁到十二三岁的小孩作"色心",扮成民间故事、历史典故中的人物,或佛、道神像等。

武术方面,铁桥三有特殊技艺,是晚清广东武坛"十虎"之首。铁桥三原名梁坤,生于嘉庆十七年(1812),自幼爱好武术,曾拜少林寺觉因大师为师。觉因是洪拳名家,誉满大江南北,铁桥三在他悉心指导下,经数载苦练,尽得洪拳精髓。在此基础上,他还自创了闻名中外的铁线拳。相传他扎起马步,运气内功发力,能让脚下阶砖开裂,地板陷下。他双臂平伸,能挂起四个大汉,步行数十步而面不改色。铁桥三晚年在广州开办武馆,广交豪杰,除恶扬善。

壁画、灰塑、砖雕、石雕,是岭南建筑装饰的特色工艺。咸丰、同治年间,来自沙湾的黎文源尤擅长于壁画,善画人物、山水、花卉、鸟兽。清廷修颐和园时,他曾以善壁画赴京应考,后派任"内廷供奉",在清宫从事壁画工作。他的技艺,传给黎普生三兄弟和杨瑞石等人,广东的四大名园、广州陈家祠等处的艺术建筑,都有这些人的参与。杨瑞石(1836—1908),沙湾紫坭乡人,早年有志于泥水画工,后师从黎文源,画艺益精,所绘《柳燕》《教子朝天》《八仙图》等,惟妙惟肖。光绪三十四年(1908),市桥白鹤社重修社坛,聘他绘画,彼时他已72岁。在完成壁画《柳燕》时,杨瑞石不幸从工作架上跌下来,因伤病逝。

第八节　侨务翘楚

晚清华侨事务、对外交往增加,番禺也出现一些外交领域的杰出人物。

胡璇泽(1816—1880),番禺黄埔村(今属广州市海珠区)人,1830年随父往新加坡经商,不数年,产业益增,声名鹊起。同治八年(1869),清廷委派他为新加坡领事官,他托词"不习吏事"不就。光绪三年(1877),清廷再次任命他为新加坡领事,以道员选用,准其兼受外国官爵并佩戴宝星。中国于外洋设领事官,胡璇泽为第一人。他还兼任俄、美、日驻新加坡领事。各国政界对他均礼遇有加:新加坡政府委任他为立法议会非官方议员、行政委员会特殊委员,英国女王授予他C.M.G三等勋章。在别人看来,这是他

的荣誉。他却说,他们敬的不是我胡璇泽,而是吾国之威灵而已。他的道德、才识为各国元首、公使、绅商所钦佩,涉及新加坡华侨的重要事务,必先咨询他的意见再酌定,如华人罢市、互相斗杀,皆由其出面调停。美国旧金山华人为黑人所困,他与美大使辩论,使数十华人得脱于罗网。他心怀乡邦,捐巨资回国以建宗祠,助军饷,赈饥贫,对流落他乡者给路费返乡。逝世时,中、俄、日三国领事馆皆下半旗志哀,清廷赠给他"太仆寺卿"衔。

周汝钧(1858—1906),番禺县南乡(今广州市白云区江高镇南岗村)人,学海堂专课生。1892年高中进士,官刑部主事。当时国家正处多事之秋,汝钧锐意讲求西法,在京与诸名流同结"健社",延聘洋人教习外国文学。1898年,主讲香山榄山书院,兼学海堂学长,被推举为城北十八社团练局局长,地方赖以为安。1901年,南海、番禺、顺德旅美旧金山侨商聘他为会馆董事。时遇南海、番禺、顺德三地侨民与恩平、开平、新会、台山四邑侨民发生争执,他居中调解,侨民感服。1902年随伍廷芳出任旧金山领事署随员,署理总领事。以前的领事,要求侨民有事须呈文进见,他则让商民随时进见,不拘禀牍,尤得华侨之心。回乡后,东莞邑绅又聘他为师范学堂监督兼总教习。

第九节　反清志士

对于民主革命的志士,《番禺县志》乃至民国初年坚持遗老立场的梁鼎芬纂修的《番禺县续志》均未记载,新方志方作补记。

史坚如(1879—1900),早年就读于格致书院(岭南大学前身),1899年在香港加入兴中会,后东渡日本,在东京拜访了孙中山。1900年,史坚如受命在广州发动兵变和联络会党、绿林,以策应郑士良在惠州发动起义。他变卖家产,积极筹备,事未就绪而惠州起义已先发动。为解惠州之危,史坚如谋炸广东巡抚、代理两广总督德寿。10月28日,他率数人暗挖地道直达总督衙门,引爆炸药。因不熟悉燃放炸药技术,只炸塌抚署后院围墙一角,德寿从床上被震落未受伤。史坚如欲乘船往香港，途中被捕，不屈而被处斩刑，英勇就义，年仅21岁。孙中山称誉他是"为共和殉难之第二健将"（乙未广州起义失败后壮烈就义的陆皓东是"为民主革命捐躯第一人"）。

黄小配(1872—1912)，又名世仲，番禺大桥乡(今属广州芳村区)人。早年曾在保皇党于新加坡办的《天南新报》当记者、编辑，后与保皇党决裂。1902年，发表《辩康有为政见书》及讽刺小说《大马扁》，名噪一时。1903年回香港后，加入陈少白创办的《中国日报》为记者，随后与郑贯公合创与《中国日报》合称三大革命报刊的《世界公益报》和《广东日报》。随后加入同盟会，与郑贯公合作创办《有所谓报》（又名《唯一趣报》）。他撰写的长篇小说《洪秀全演义》，对反清起了积极推动作用。1911年参加"三二九"广州起义，一个月后即在广州《南越报》上发表连载小说《五日风声》，全面而又生动地叙述了"三二九"起义始末，把真相公之于众。小配尚著有《陈开演义》《宦海潮》《岑春煊》等小说。他还长于戏剧创作，曾与香港记者多人到澳门组织优天影粤剧团，多演新编时装粤剧，寓革命宣传于戏中，时人称为"志士班"。1912年民国成立后，任枢密部参议和民团总局局长，后被代理总督陈炯明下令拘捕。同年5月3日被接任的都督胡汉民下令枪决。

第五章　风云变幻中的人物

民国时期，广州经历了从辛亥光复至1949年广州解放近38年的历史。在此历史长河的瞬间，广州发生了许多惊天动地的事件：这里是孙中山领导护法运动的大本营、第一次国共合作的中心地，既经历过国共合作破裂、抗日战争和第二次国共内战等激烈动荡的历史阶段，又有陈济棠主粤的相对稳定时期。

在这样一段政治舞台风云变幻的历史期间，时势造英雄。尤其是其中的政治人物，占了很大比例，既包括民主革命的先驱、抗日救国的英烈、中共革命烈士，也包括各类身陷政治漩涡的人物。此外，在文化领域也活跃着岭南文化的各种传承者；在经济领域，有一批艰苦奋斗、勤勉经营、努力发展民族经济的创业者。特别要指出的是，民主革命中的一些革命党人，本身既有着追求共和的革命激情，敢洒热血，胆识过人；又多才多艺、学识过人，在文化领域也有傲人成就：他们是革命先锋，同时又是文化巨人。

第一节　革命先驱

广州是民主革命的策源地，作为策源地的标志，一是有先觉的理论，二是有先驱的人物，三是有先发的事件。在番禺历史人物中，就有一批民主革命的先驱者。

胡汉民(1879—1936)，1903年与吴稚晖、钮永建东渡日本，入东京弘文学院师范科学习。不久即退学回国,先后在梧州和香山任教。1904 年冬再赴日留学,翌年参加同盟会,跟随孙中山奔走于越南、香港等地。孙中山在南方发动的六次起义,他都参与策划、筹款或接应。1911 年 11 月广东光复,被推为都督。孙中山就任临时大总统,他为秘书长。孙中山辞去大总统职,胡汉民复任广东都督。因主张彻查宋教仁被刺案,被袁世凯撤职。此后往返上海、广东、日本等地,追随孙中山参加反袁活动。1925 年孙中山北上,他留守广州代行大元帅职权。廖仲恺被刺后,出使苏俄,被排挤出权力中心。1926 年返广州,倾向"分共"。南京国民政府成立后,蒋介石根基未稳,借助胡汉民在国民党内的地位,排斥异己,由此开始了"蒋胡合作"。1931 年 2 月底,蒋胡分裂,胡汉民遭扣押。"九一八"事变后,获释避居香港,其后赴欧洲考察。

汪精卫(1883—1941),早年就读于日本法政大学,1905 年参加同盟会,被推选为评议员,一度任《民报》主编,与保皇派论战。宣统二年(1910)因暗杀摄政王载沣被捕。武昌起义后获释,参与南北议和,继而与杨度等组织"国事共济会"。"二次革命"失败后,赴法读文学。1919 年回国,任广东教育会会长、广东军政府高级顾问、国民党中央执行委员,是孙中山遗嘱起草人之一。1925 年广州国民政府成立后,任国民政府主席。1927 年在武汉发动"七一五"政变,此后一度出国考察。1931 年蒋介石与胡汉民合作破裂后,转而寻求与汪精卫合作,其间汪出任南京国民政府行政院长、外交部长。抗战期间,出任国民党副总裁、中央政治委员会主席、国民参政会议长。武汉、长沙失守后,与日本达成密约,发表"艳电",公开投降日本,成立伪国民政府,沦为日本侵华帮凶。

朱执信(1885—1920),生于名儒之家。在广州教忠学堂读书时与汪精卫、胡汉民、古应芬等组成"群智社",寻求救国之道。1904 年留学日本后,成为同盟会第一批会员,被选为评议部议员兼书记,担任同盟会机关刊物《民报》编辑,与保皇派展开论战。他发表的《德意志社会革命家列传》《论社会革命当与政治革命并行》等文章,介绍了马克思、恩格斯的革命活动,翻译了《共产党宣言》十大纲领和《资本论》的有关内容。1911

年"三二九"广州起义中,朱执信被后到的选锋队员误伤,血染沙场。起义失败后,朱执信先后派人刺杀广东水师提督李准、广州将军凤山。民国成立后,先后担任军政府总参议、广阳绥靖处督办、广东核计院院长、军法处处长等职。"二次革命"时,朱执信奔走南洋,为讨伐龙济光筹款。1920年在调停虎门要塞驻军与民军冲突时被流弹打中牺牲,年仅35岁。孙中山曾说"执信是革命中的圣人"。

杨襄甫(1855—1919),祖籍番禺南步乡,基督教人士。早期与孙中山在博济医院学医,后致力于宣教。1879—1909年,先后主持佛山走马堂8年、广州沙基堂(惠爱堂前身)14年,彼时在香港学医的孙中山常来沙基堂与他相叙。1895年广州起义失败时,孙中山曾避难于杨之处所。他志在"人格建国",曾在城西设大光书楼,广收学子,并在仁化、乐昌等10县组织买书团。他提倡华人自养自传,筹款兴建丛桂新街礼堂,这是广州市教会自养之始。1908年起,任广州慈善会总理;1909年,受封为牧师,与谢恩禄等组织广州青年会。1911年,与刘子威等组建光华医院。1915年,任协和神学院教授。著有《释疑汇编》《四教创世考》《旧约圣经纲要》《大秦景教碑文颂考正》《两粤水灾善后策》。在冯自由所排列的"兴中会前半期之革命同志"名单中,杨襄甫排名第五。

古应芬(1873—1931),字勷勤(亦作湘芹)。1905年加入同盟会,1907年日本法政大学速成法政科毕业。回国后任广州法政学堂编纂、广东省咨议局书记长。1911年参与策划广州黄花岗起义。辛亥革命之后,先后追随孙中山南下护法,组织中华革命党。1917年,军政府成立于广州,孙中山任大元帅,古应芬则担任大元帅府秘书。1922年,陈炯明叛乱后,古应芬追随孙中山,撰有《孙大元帅东征日记》一卷。1925年,广东国民政府成立,古应芬当选为国府委员,兼任广东省财政厅厅长;8月,任国民政府财政部部长。1931年宁粤分流之际,古应芬因牙疾去世。1934年,广东省政府将广东工业专门学校、广州市立师范学校(华南师范大学前身)合并为广东省立勷勤大学,以示纪念。

胡毅生(1883—1957),胡汉民族弟,1903年赴日本留学,与冯自由等组织横滨洪门三合会。1905年参加筹备同盟会,是同盟会最早的会员之一。1907年参加钦廉及镇南关起义;1910年与赵声、朱执信等策动广州新军起义;1911年"三二九"起义时,胡毅生与陈炯明未按计划参加起义,遭到黄兴和其他党人的指责。武昌起义后,胡毅生、朱执信在顺德从圩发动民军起义。广州光复后,指挥水师绥靖东江、西江与北江水道。"二次革命"后赴日本,参加中华革命党。1917年,孙中山组织护法斗争,在士敏土厂设立大元帅府,胡毅生任士敏土厂总办,负责拱卫大元帅府。1922年6月,陈炯明炮轰总统府,胡毅生登永丰舰谒见孙中山。1924年国共合作,胡毅生对此极为不满,与朱卓文沆瀣一气,污蔑中伤联合战线。1925年因涉嫌"廖仲恺案"避居香港。1926年,因政治失意,皈依佛教密宗。1951年去台,任"总统府国策顾问"。1957年11月26日在台北逝世。

徐绍桢(1861—1936),光绪年间举人,曾任统领、总兵、江北提督等职。1905年任新军第九镇统制。1911年响应武昌起义,被推为江浙联军总司令。1912年,中华民国南京临时政府成立,徐任南京卫戍总督。此后,历任参政院参政、广州卫戍总司令、孙中山总统府秘书长、广东省省长等职。徐生平酷爱阅读、著述,精通版本、历算、汉宋儒学,曾筑藏书楼"学寿堂",至辛亥革命时已储书二十余万册。晚年致力著述,著有《共和论》《四书质疑》《三国志质疑》《勾股通义》《六书辩》等。

夏重民(1885—1922),赤坭西边村(今属花都区)人,出生于贫苦农民家庭。早年就读于广州义育小学、广府中学,后东渡日本,留学于早稻田大学。1904年,美国胁迫清政府签订《中美华工条约》,旅美华侨联名上书清政府,要求废约。清政府拒绝这一正义要求,激起各界人民的抗议。重民在广州积极参加抵制美货的活动,遭逮捕入狱。此举激起国人公愤,函电谴责,迫使粤督将他暗行释放。留学期间,重民加入同盟会,课余参加革命宣传,常在《日华新报》撰文痛斥叛党变节之徒的罪行。1911年,重民回国,任上海《天铎报》撰述。1914年,孙中山派重民为中华革命党加拿大联络委员,并任该地《新国民报》主笔。未几,他组织并率领华侨义勇团及航空队回国,时居正为中华革命东北军总司令,任重民为该军华侨义勇团团长及航空队司令，率队进取山东，克复济南、潍县等数县。1915年，大元帅府在广州成立，桂系军阀莫荣新反对孙中山，重民离穗赴港创办《香港晨报》，揭露其奸诈阴谋。后又赴上海组办《上海晨报》，以报纸为战场与军阀进行斗争。1920年，广州克复，即没收桂系机关办的《中华新报》，改为《广州晨报》，重民自任社长。1922年6月，陈炯明炮轰总统府，重民遭杀害。1924年，大元帅府追赠重民为陆军中将，孙中山写有《祭夏重民先生》一文，文中有"黄岗先烈，花邑尤多，君生是邦，气同沆瀣"等句。

潘达微（1881—1929），鹿步司车陂乡东圃（今属广州市天河区棠下街）棠东村人。其父潘文卿是清末武官，辞官回乡后，曾参与创办广州广仁善堂。1893年，潘达微在求医的过程中认识了孙中山，得其治愈并成为知交。此后他利用父亲的社会地位以及各方面的社会关系，以美术活动为掩护，进行反清活动。1911年广州起义失败后，潘达微冒险求得善堂相助并亲力亲为，将烈士遗骸殓葬。他以《咨议局前新鬼录，黄花岗上党人碑》为题在报上发表烈士殓葬消息，"黄花岗"自此名扬寰宇。民国成立后，他担任广东警察厅所属孤儿院院长，创办广东女子教育院和缤华女子学堂。他还创办过话剧社，自编自导第一出觉世悲剧《声声泪》。他出版的《乞儿呼天报》，是我国首份以乞丐为主要报道对象的报纸。他创作的《小儿滑稽习画帖》是我国最早的漫画题材。

宋铭黄（1877—1938），少年嫁西关某富室子。婚后数年夫死，宋在家寡居。曾读家塾，粗有文化，对革命思潮逐步向往。她工于刺绣，经人介绍任"河南"洁芳女校刺绣科教员。当时同盟会重要分子潘达微、高剑父也在该校任图画教员。宋在两人影响下，加入同盟会。后在"河南"守真阁女子缝纫学校任教习，经常将私蓄捐助同盟会活动。1910年新军起义失败，宋逃亡香港，后奉命回广州为发动武装起义筹款。1911年"三二九"起义，她随高剑父在大南门外发动攻击。后随高剑父等在"河南"宝岗另设机关，密谋刺杀广州将军凤山。广东光复后，宋任广东北伐军女子敢死队队长，亲率队员20余人参加著名的固（镇）宿（州）战役，被誉为"女中豪杰"。北伐军回粤解散后，铭黄与高剑父在上海结婚，后至澳门策划反袁讨龙活动。1916年后，高剑父夫妇致力于艺术革新事业，在沪创办上海女子刺绣院。她的刺绣作品在广东省第一届美术展览会参展，是改革刺绣艺术的范本。1938年10月，宋铭黄因肺病入住香港养和医院调治。当得知日寇攻陷广州，她大呼"吾粤无人，竟使胡马至此！"吐血数升，于10月23日与世长辞。

何克夫(1879—1949)，沙湾人。广东陆军速成学校毕业，1905年留日加入同盟会。回国后任广西讲武学堂教官，先后参加惠州、钦廉、镇南关、河口起义。在广州"三二九"起义中任华侨选锋队队长，起义失败后暂避印尼。辛亥革命后，何克夫回粤任广东省民团总局民团总长、南（雄）韶（关）连（县）军政分府军政总长。孙中山任大总统时，何赴南京任大总统警卫团少将团长。1915年反对袁世凯称帝时任中华革命军广东北路讨逆军总司令。1922年陈炯明背叛革命，孙中山在广州蒙难时，何克夫参与救护。1925年廖仲恺遇刺身亡后，何积极救助廖仲恺遗属何香凝、廖承志、廖梦醒。1942年起任国民政府监察院监察委员。抗战胜利后，任武汉市接收专员、制宪国民大会代表。1949年4月18日，何克夫因积劳成疾致病重住院。当余汉谋等国民党在广州政要赴院探问时，何"病虽沉重，但神志仍甚清醒，频以国事为问"。

许崇灏(1882—1959)，与许崇清、许崇智均出身于广州高第许氏。1904年考入南京武备学堂，毕业后任职江南第九镇步兵营。1910年，许在科学补习所认识黄兴、宋教仁、欧阳振声，三人介绍他加入参加同盟会。辛亥革命前夕，许积极组织镇江新军起义。1911年11月4日，起义成功，他率军截击驻武汉的海军舰队，登上镜清号旗舰与统带宋文尉晤谈，敦促宋率10多艘军舰反正，影响及长江水师所辖100多艘炮艇及扬州缉私统领也宣布起义。不久，任苏浙联军第一支队统领，领兵攻占南京门户天堡城。此后许崇灏辗转到广州，跟随孙中山左右，可谓仕途曲折。1922年，许崇灏为东路讨贼军左翼纵队指挥，成为孙中山的重要军事幕僚。1925年孙中山逝世，许崇灏护送灵柩至太和殿受祭。"廖案"发生后，许崇灏郁郁不得志。1946年许弃政从文，主持"新亚细亚学会"，著书立说。1949年，上海解

曾为蒋介石结拜兄弟的许崇智

放,许历任上海市文史馆馆员、参事室参事、政协委员、民革中央委员。1959年在上海病逝。

许崇智(1886—1965),字汝为,出身广州高第许氏,许应骙为其叔祖父。1901年入福建马尾船政学堂学习,次年赴日本士官学校学军事,与阎锡山、张绍曾为同期同学。在日本,许深受孙中山、黄兴的革命思想影响。1904年回国任福建武备学堂总教习,1906年参加同盟会。武昌起义后,许崇智向福建新军镇统孙道仁晓以大义,逼其起义。1911年11月9日,许崇智为起义军前敌总指挥,宣布福建新军起义。南京临时政府成立后,任陆军第十四师师长、福建北伐军总司令。"二次革命"失败,他赴日协助孙中山组建中华革命党,为军务部长兼革命军福建司令。1915年回国参加反袁起义,任东北军参谋长。1917年随孙中山南下广州,率援闽粤军进攻福建,占领闽南26个县。1920年10月,孙中山重组军政府,许为粤军第二军军长兼前敌总指挥,成为孙中山军队中的嫡系。1925年,许崇智率粤军参加第一次东征,全歼叛军叶举部。后任军政部军事委员会委员,兼广东省政府主席,成为国民政府五名常务委员之一。1925年8月,廖仲恺被暗杀后,因蒋介石借口粤军涉嫌行刺廖仲恺,许崇智被迫"出洋考察"。自此,许崇智跌进人生的低谷,退出政治舞台。

潘文治(1882—1949),鹿步司朱紫乡(今属广州市天河区)人。毕业于黄埔水师学堂,后留学英国深造。归国后,历任永翔、楚豫、福安舰舰长。1922年,陈炯明部叛变,他往白鹅潭护卫孙中山脱险。1924年任海军练习舰队司令。翌年,在家乡组织农民协会,兼任会长。在平定杨希闵、刘震襄的叛乱中，农民协会组织会员做挑夫，协同军队进攻广州。1926年4月，广东省农民协会派罗绮园、潘文治等组成整理委员会，整顿番禺农民协会，并推举潘文治为常务委员。同月14日，潘被任命为海军局代理局长。大革命失败后，潘文治深感国是日非，遂于1929年解甲归田。初到杭州灵峰寺隐居，后日寇侵华，便辗转回到家乡。潘在家乡居住期间，曾多次阻止因水利纠纷而引起的宗族械斗。潘重视教育，早在1936年，即倡导在东圃镇创办东圃小学。广州解放前夕，有些村民轻信谣言而惊慌，潘向村民说："共产党是铲土豪恶霸，没有什么可怕的"，从而稳定了民心。

第二节　抗日志士

日寇侵华的战云浓罩南粤上空之时，番禺民众踊跃抗日，其事迹可歌可泣。

伍观淇(1886—1952)，江高镇南浦乡(今属广州市白云区)人。肄业于两广高等学堂；毕业于将弁学堂后，任新军管带。1909年到保定陆军军官学校深造，毕业后留校任教官兼参谋部科长。1916年袁世凯称帝，他辞职到北京大学旁听一年。1921年携眷回穗，在孙中山大总统府军警督察处任职。陈炯明部炮轰总统府，他奋勇抗击。1926年出任国民革命军第四军少将参议及总司令部办公厅主任，先后兼任广东省政府委员、广东警卫队编练委员会主席等职。广东省政府主席李济深入京时，伍曾代理其职务。1931年任陆军第二军及广东中区绥靖公署顾问。1936年任广东农村合作社委员会主席，在鱼虾窝创立农村合作社，试行耕者有其田政策。抗战初任广东省民众抗日自卫团第一区统率委员会主任、番禺县动员委员会主任。驻广州正规军北撤后，他统率禺北抗日民众武装数千人，在流溪河沿岸堵截北犯日军，击毙击伤日军200多人。广州失陷后，所部编为第四战区第一游击纵队，复改为第七战区第四挺进纵队，伍观淇任司令。经过七年艰苦卓绝的游击战争，伍已将近六十高龄。抗战胜利后，返禺北,为番禺县参议会议长兼禺北建设委员会主任。新中国成立后,伍观淇将所存军械钱财全数交给人民政府。1950年冬,受李济深邀请入京。1952年冬病逝于北京。

黄子炎(1884—1938),字耀登,番禺沙头镇东沙村人。辛亥革命前旅居新加坡、马来西亚,积极参加孙中山在新加坡的革命活动,是同盟会会员。辛亥革命前夕回国,加入革命组织"炸弹队"和"敢死队"。1910年,参加广州"新军起义"。袁世凯称帝后,他撰文抨击国内政局。由于他长得器宇轩昂,又能言善辩,乡里人戏称他为"大炮登"。"九一八"事变后返乡,被推为新仁乡乡长兼东沙小学校长。有一年乡中迎神赛会,父老把神像放在校内,学生无法上课。他愤然将神像胡须扯掉,命人将神像抬走,借此教育学生、群众相信科学、破除迷信。抗战爆发后,他在村中讲演、教唱抗日歌曲。1938年冬,日军在市头登陆,各乡武装民众云集南村与日军对峙,他与蔡又成前往参战,后双双牺牲。

蔡又成(1896—1938),番禺蔡边村人,出生于华侨家庭。少年时代,喜读经史,酷爱《离骚》。省港大罢工时辞职回乡先后在市桥和广州经营"蔡又成米店"。"九一八"事变后,他头戴写有"抗日救国"字样的通帽,身穿绣着"打倒日本帝国主义"的中山装,上街摇铃聚众,宣传抗日。常在来往广州至市桥的渡船上带头募捐,所得款项全数捐赠予抗日将士,并常参与演出抗日话剧。天后诞之日,他向到市桥视察的县长拦车请愿,要求撤销醮事,将款项用于抗日;又只身闯到省政府,要求出兵抗日,并自愿捐献全部米粮支持军队对日作战。1938年农历十月初七,日军在市头登陆,他手握步枪,身佩短剑,腰系手榴弹,与乡民武装到南村阻击,被日军飞机扫射而牺牲。

陈其光(1909—1998)、陈其伟(1913—1938)兄弟,祖籍大石下滘乡。父亲陈焕章是香港海员,后参加同盟会,曾充当孙中山大元帅卫士。1925年,陈焕章参加省港大罢工,举家迁回广州。陈其光、陈其伟于1928年双双考入广东航空学校。其伟后转赴厦门海军航空处、湖南航空处第二队和贵州民航筹备处任飞行员,随后以优异成绩编入空军。1938年2月,日军侵袭韶关，其伟在南雄上空驾驶飞机与日军作战，击落敌机两架，被战友称为"茅鸡"，但终因力量悬殊而牺牲。陈其光1930年编入广东空军服役。抗战时期，任中央空军第五大队第二十八中队（驱逐机队）队长。1937年8月14日，其光率队在句容上空击落日王牌木更津轰炸机4架，致该队司令剖腹自杀。国民政府更将这天命名为"空军节"。9月，其光在太原上空击落日本驻北平空军指挥官兼驱逐机大队司令战机，他自己也在战斗中负重伤。此后他并未得到国民政府重用。抗战胜利后，其光辞去军职，转在中航公司任飞行师。1976年随儿女至加拿大侨居，靠养老金过活。

何端(1907—1990)，沙湾人。原为塾师，曾为大盗罗鸡洪所掳，罗被击毙后，他收聚其旧部，另立飞龙堂。1938年应邀回乡任沙湾抗战大队长，开展抗日斗争。他复办德明学校，更名表正学校（后改为沙湾学校），自任校长、校董。其后历任"俊杰抗日同志社"沙湾分社长、番禺县自卫总队长、中南通讯社番禺分社董事长。1949年，何端向新建立的禺南武工队南线分队捐出武器、粮食，支持武工队为接应解放番禺做准备。新中国成立后，何端离开沙湾，定居澳门。

孔大道，钟村镇冼墩村人。抗战时期任冼墩村自卫常备队中队长，枪杀投靠敌伪的反动集团头目"十五友"；此后组织"复兴会"，任副会长，使该村成为抗日根据地。曾先后被日本宪兵、国民党逮捕，犹坚贞不屈。出狱后孔即返革命队伍，担任禺南西区支前指挥所特派员、三区副区长。1952年，孔大道在"土地改革"中遭诬陷，被判无期徒刑，1958年获平反。

第三节　中共英烈

罗绮园(1894—1931)，石碁镇傍江村人，出生于当地的一个官僚地主家庭。1916年，考入上海同济大学。1921年，在校参加社会主义青年团。不久，回广州从事革命活动，加入共产党，是广东最早的中共党员之一。1923年5月，出任社会主义青年团广东区委候补委员，负责编辑团刊《青年周刊》。国共合作开始，罗绮园的工作重心转向领导农民运动，历任国民党中央农民部组织员、第二届农民运动讲习所主任。1924年8月，他将学员组成农民自卫军，参加平定商团叛乱的战斗。1925年6月，广州、香港工人爆发了声援上海"五卅运动"的省港罢工。罗绮园奉命到石井兵工总厂发动工人参加罢工。接着，出任石井兵工总厂训育主任，培训工人运动骨干。1926年8月，罗绮园主持了广东省农民协会扩大会议，并在会上通过他起草的《广东省农民目前最低限度之总要求》的决议，成为指导当时农民斗争的纲领。"四一五"事变后，罗绮园赶到韶关，成立了由1000多人组成的广东北江工农自卫军，并任总指挥，挥师北上武汉。1927年11月，接替瞿秋白任中共中央宣传部部长。广州起义中，罗绮园率领横沙乡农民赤卫队参加战斗，并担任农军总指挥。1930年兼任中共中央农民运动委员会副部长。1931年7月，中共六届四中全会以后，他开始担任中共中央宣传部副部长。7月25日，罗绮园因生活作风问题遭告密被捕，党组织也遭到严重损失。8月28日，中共中央通过《中央关于叛徒罗绮园、廖划平、潘问友的决议》，决定永远开除罗绮园等人的党籍。不久，罗绮园遭国民党枪杀。

凌希天(1900—1929)，出生于番禺深井村一个小土地出租者家庭。父亲凌伯静曾任北洋政府的国会议员、《求是周刊》主编。凌希天少年时曾就读于广州河南鳌洲的育才书社，不久便辍学到祖父经营、父亲任经理的中药铺当"后生"。凌希天对商业毫无兴趣，而对铺店虐待工人等事不满。18岁离家出走香港，先后在布铺和机器厂当学徒，备受剥削与凌辱。种种遭遇，促使希天对后来兴起的农民革命运动表示同情。回乡后，他号召农民组织农会，提出"向田主宣战"等口号，并印制传单散发。在地主乡绅的压力下，希天只得转战他乡。1924年，希天在石井广东兵器厂任技工，他与工人们团结在一起，反对厂长压制工人。1925年秋，凌希天参加了广州农民运动讲习所开办的农民宣传班，后被派往家乡从事农民运动。这一年，在希天等发动下，番禺县农民几百人列队到广州国民政府请愿，要求取消田亩捐。1927年4月，蒋介石宣布"清共"，凌希天转入地下，继续带领群众坚持斗争。在1927年冬广州起义中，希天作为手车夫工会领导人之一，组织工人担任运送军械等工作。起义失败后，凌希天等人克服种种困难，将起义失败后跑去香港不能立足的一批工人接回家乡安置。针对当时人心浮动、组织涣散的局面，凌希天成立秘密农会和赤卫队，克服困难，坚持斗争。经过不懈努力，禺南各地先后发展了一批党员，成立了一批支部。1928年12月，黄泽南、冯德臣、梁少依三个党员被捕。为营救被捕同志，凌希天不顾个人安危，几次前往监狱探监，并设法托人保释。不久，三人先后被保释出狱。同年年底，希天开始主持广州市党组织工作。1929年10月下旬，凌希天在广州西濠口码头被逮捕，后被枪杀于国民革命军第五军坟场。党的对外宣传刊物《半周宣传大纲》称赞"他是我们同志的模范，工农群众最亲爱的领袖"。

林成佑(1901—1928)，石井镇聚龙村(今属广州市白云区)人。1926年参加村农会，三个月后加入共产党，任村农民自卫军队长。1927年率农民自卫军参加广州起义。1928年1月，林成佑在芳村开会研究工作时被捕，后英勇就义。

黎炎孟(1903—1928)，出生于番禺县新造镇秀发村一个农民家庭。17岁到香港投亲谋生，认识了著名工人运动领袖苏兆征。1924年，因组织船厂工人罢工，被港英政府驱逐出境，回到广州。1925年7月，黎炎孟被推荐参加广州第四届农民运动讲习所学习，并光荣地加入了中国共产党。9月10日，黎炎孟离开广州农讲所，以国民党中央农民部农运特派员的身份，被派到中山县，同先期派来的李华昭等同志，共同领导中山农民运动和党的组织工作。他根据中山县农民运动的实际，写出了长达25000多字的《关于中山县农民问题的报告》系列文章，对指导全省的农民运动有着重要的意义。"四一二"政变后，黎炎孟辗转香港、澳门，做党组织联络工作。1928年1月，黎炎孟和李华昭在澳门向党组织汇报和请示工作，其间被国民党密探逮捕押回中山。在极刑面前，黎炎孟坦荡地说："我死了，革命事业后继有人，最后胜利属于共产党。"几天后，黎炎孟被杀害，年仅25岁。

许卓(1905—1934)，原名许崇耆，出身于广州的名门望族许氏，为许崇智族弟。早年东渡日本士官学校学习，回国后曾在许崇智粤军中做过一段时间的副官长。1924年加入中共，旋到法国留学，在巴黎结识周恩来、邓小平，曾作《中国革命必走苏俄之路》的演说。归国到北伐军叶挺独立团任排长，直取武昌后调回广州。1927年广州起义中，率工人赤卫队夺取观音山军械库。1929年8月奉命到广西桂军中任教导队政治教官，同年10月率教导队参加百色起义，亲率教导队官兵三百多人，击退二千多敌人对百色城的突袭。1931年，任红七军参谋长，率先头部队强渡乐昌河，掩护邓小平、李明瑞等安全过河。红七军前委书记邓小平赴上海向党中央汇报工作时，指定许卓代理前委书记、政委。7月上旬，率部东渡与红一方面军主力会师，参加粉碎第三次反围剿战役。由于红七军非凡的经历，毛泽东代表党中央和中华苏维埃政府授予该部队"转战千里"的锦旗。1932年，红七军与红三军合编为第五师，许卓随张云逸到中央军委司令部工作，任参谋处长。1934年以军委直属代表身份，参加中华苏维埃第二次全国代表大会；3月，许卓前往福建武平检查、布置第五次反围剿准备工作时，遭敌埋伏而牺牲，时年29岁。1944年中共中央有关决议称他为"对革命有功的优秀干部"。

彭粤生(1906—1928)，又名月笙、悦生，祖籍番禺县市桥。1906年出生于一个侨居香港的工人家庭。1923年春，他在广州加入中国社会主义青年团，并受青年团广东区委委托，在香港开展青年运动。1924年夏，由团员转为共产党员，是香港早期的中共党员之一。次年2月，当选为青年团香港地委书记，成为香港青年运动的领导者。1925年省港大罢工爆发后，彭粤生回到广州，积极发动广大青年参加革命活动，支援革命军东征、南征，为广东革命根据地的统一和支援北伐战争，做了大量的工作。1926年3月，任全(香)港罢工委员会宣传学校校长，同时兼任中华全国总工会省港罢工委员会工人纠察训育主任，先后发表了《反帝先锋的纠察队》《为什么要补充纠察队》等文章，肯定纠察队在反帝反军阀斗争中的积极作用。"四一五"事变后彭粤生被捕，与狱中同志秘密联系，准备组织越狱。由于叛徒告密，彭粤生于1928年2月12日被敌人杀害。

陈复(1907—1932)，幼时随父母东渡日本，1919年归国进广州南武中学就读。1922年转往上海复旦中学就读后，开始阅读马克思主义书籍，经常深入黄包车工人中宣传革命思想。1925 年,与廖承志等人被选派到莫斯科中山大学深造,留苏期间加入中共。1929 年毕业回国,被安排到香港《工人日报》任副社长。翌年化名陈志文到天津任中共顺直省委宣传部部长,虽不幸被捕入狱,历尽酷刑而不屈。后来其父陈树人找到罗文干出面周旋,陈复得到保释出狱。不久即被派回广州任中共广州市委宣传部长。1932 年,陈复被国民党当局识破身份,遭绑架后被秘密杀害于南石头刑场,年仅 25 岁。得知噩耗,陈树人撰文《为陈复惨被掳杀报告书》揭露反动当局"黑暗残忍之手段",并含泪泣血写成组诗《哭子复》。蔡元培在挽诗中称赞其"平生真勇在,应不惜糜躯"。曾为陈复战友的聂荣臻评价陈复"很活跃,有能力",更于 1985 年为"陈复烈士墓"题字。

罗大妹(1909—1927),出生于香港海员之家,1925 年 6 月随省港大罢工工人返回广州,担任海员工会宣传员、海员劳动童子团童工部部长。1926 年 7 月,海员劳动童子团成立,任童工部部长,不久加入童子团"领袖班",积极参加各项活动。1927 年 4 月 22 日,她在散发中共广东区委《反抗国民党及反动派残暴大屠杀宣言》时被捕,次日英勇就义,年仅 18 岁。

冯广(1912—1929),黄埔村冯地人,出生于贫苦家庭。父母早逝,他往投在香港当学徒的大哥冯新。兄弟俩相依为命,过着半饥半饱的生活。省港大罢工时回到广州,加入杨善集开办的罢工子弟学校,并被推举为省港劳动童子团总团候补执行委员。1926 年加入共青团,1927 年转为中共党员,参加广州起义。其后在香港、东江和粤中组织工人运动和学生运动,开展土地革命斗争,被选为共青团中央候补委员、两广省委书记。1929 年,因叛徒出卖,冯广在香港被捕,8 月被引渡回广州杀害,年仅 17 岁。

林玩(1912—1945),原名刘珊珊,出生在马来西亚吡叻州和丰埠一个矿工家庭。1930 年入槟城辅友中学读书,参加了马来西亚共产党领导的学生运动。1932 年加入马来西亚共产党。1933 年,在赴新加坡途中因散发抗日救国传单被英警逮捕。半年后回到广州,复被捕,直至 1937 年释放出狱。出狱后曾任中共四会县工委书记,高明县委、台山县委委员。1944

年,珠江纵队配合南下大军挺进粤中,林玩任司令部政治部机关党委书记。1945年2月22日,国民党军队突袭新兴县蕉山村,林玩被枪弹击中,时年33岁。

卫国尧(1913—1944),出生于新滘镇沥滘村(今海珠区南洲街),少时就读于中山大学附属中学,开始接触革命思想。毕业后东渡日本留学。抗战前夕,他回到武汉,秘密参加了中国共产党,任国民党中央军委政治部第三厅少校参谋。后返广州,以村小学校长的身份作掩护,开展抗日活动,建立起党支部和党的抗日外围组织,并动员了一批青年参加抗日游击队。1944年,卫国尧在广州市郊人民抗日游击队第二支队(简称"广游二支队")的支持配合下,一举将日伪卫金润等"十老虎"中最凶恶的八人擒获。其后,任广游二支队第一大队队长,转战禺南。1944年7月26日,卫国尧在番禺植地庄的突围战斗中不幸中弹牺牲。

李一民(1919—1948),原名李炳文,番禺县市桥人。1919年生于一个富裕的商人家庭。1934年,考入番禺师范学校。1937年毕业后,与颜志英等投奔革命圣地延安,进入抗日军政大学学习。1938年,到广西贺县以中学教师身份从事抗日宣传和组织民众的工作。后加入中国共产党,并与颜志英结成革命伴侣。1939年,在南雄的广东省第一儿童教养院任教导主任,团结争取爱国力量进入抗日阵线。1940年,先后转到连县一间中学和曲江县下坑村小学当校长,秘密从事农民运动。抗战胜利后,返回市桥任忠简小学校长,秘密进行革命活动。1947年冬,在增城北部游击区从事武装斗争,被任命为派潭区委书记兼武工队特派员。1948年6月26日,李一民带四名武工队员到增城灵山七境村活动,被当地反动分子探悉,国民党军随即派出近百人分三路围捕。就在这一天,李一民在突围中壮烈牺牲。

何永雄(1920—1942),生于美国,少时在香港读书,1938年考入云南大学。日军侵华,他赴重庆八路军办事处请求安排到延安参加抗日,途中遭国民党顽固派阻挠,被迫折回重庆。1939年由八路军办事处介绍到皖南参加新四军,分配到教导总队。1941年1月,"皖南事变"突围时被捕;5月转押上饶集中营。1942年6月19日,何永雄在"赤石暴动"中英勇就义,时年 22 岁。

何小静(1921—1942),又名何筱静,番禺县沙湾乡北村人,1921 年出生在一个医生家庭。1934 年底,就读于广州市职业学校。抗战爆发后,兄妹七人参加共产党领导的抗日青年先锋队及艺协少年组,投身抗日救亡运动。小静曾任广州少年抗敌先锋队第一大队副大队长,还到过南海大沥发动农民抗日。1938 年 11 月,小静加入共产党,后被派到韶关十二集团军政工总队部工作。皖南事变后,她常常冒着危险传递消息,掩护同志。1941 年 7 月,在赴桂林途中被特务逮捕,她仍不畏酷刑拷打,在狱中宣传抗日救国主张。后被转到芙蓉山监狱,写下感人肺腑的长诗《图歌》,揭露狱中的非人待遇。1942 年 3 月,何小静被杀害于曲江火车站对面。

第四节　民主人士

一、支持革命事业的民主人士

张竹君(1876—1964),1898 年以优异成绩毕业于博济医院附设医校。1901 年她集资创办褆福医院于西关荔枝湾畔,这是广东第一所国人自办的西医院。不久又创办南福医院于珠江南岸,漱珠桥侧。1904 年广州霍乱流行,当局采纳其建议,得以控制疫情。上海霍乱流行时,她设立临时"沪西时疫医院",救治病人。武昌起义中,张竹君多次冒着炮火抢治受伤的官兵。上海"一·二八"抗战中,她带领助手深夜越过法租界前往救护受伤军民。她是女权提倡者,曾著《妇女的十一危难事》一书,揭露妇女在封建枷锁压迫下的卑贱地位,鼓动妇女起来求自身的解放。她与李平书创立的女子中西医学院,成为上海最早的女医学院。

张蔼蕴(1884—1958),沙湾紫坭村人。出生于美国三藩市,幼年返粤入两广大学堂学习。他利用学校放假时间,在家乡倡办广育小学堂、图书报社、戒烟社,成为当地最早兴办学校的人。后赴日本留学,开始接触民主革命思想。1910 年赴三藩市,协助孙中山创立美洲同盟会总部、筹集革命经费。武昌起义爆发后，孙中山委任他为总统府秘书，后又委派为广东宣慰使，并颁赠优等旌义状，以奖勉张对革命做出的贡献。"二次革命"爆发后，张蔼蕴被解职，前往美国加州大学及太平洋大学攻读法科，专心研究社会学及教育学多年。孙中山逝世后，张蔼蕴不愿从政，致力于教育事业，历任广东省乡村师范学校教员及广东国民大学教授。他热心乡村文化运动，回乡办学时反对农村封建礼教，又在乡宣传节制生育，遭到地方土豪劣绅排挤，被迫转赴南京，任南京市社会局秘书。1937年，南京陷落，张蔼蕴在极度混乱中脱险至香港，转赴美国。1943年，宋美龄访美时，张曾致书宋美龄，信内盛赞共产党抗战有功，力主国共合作，共御外侮。1948年底，张蔼蕴给蒋介石写信，要求蒋介石"罪己退位，勿图偏安，勿作附庸"。新中国成立后，张蔼蕴于1957年以古稀高龄重回祖国。后来，他加入民革，任民革中央团结委员会委员。

罗文干(1888—1941)，字钧任，沥滘乡(今属海珠区)人。1904年留学英国牛津大学学法律，归国赐法政科进士。曾任北京大学教授，此后多在政府任职。辛亥革命后，任广东都督府司法司司长、北京政府总检察厅检察长。1915年11月，参与弹劾筹安会，行使检察职权票传袁世凯不获，遂弃官南下广东策动反袁。袁世凯死后，他任修订法律馆副总裁，到欧洲考察司法。1922年11月因对奥借款案被控入狱，直至1924年2月此案才告结束。出狱后任俄国退还庚子赔款委员会中方委员、司法总长、东北边防军司令长官公署顾问等职。蒋介石定都南京后，罗文干先任司法行政部长，1932年起兼任外交部长。"一·二八"事变后，外交部在《淞沪停战协定》上签字。对此，身为外交总长的罗文干既愤怒又无奈。1933年，南京国民政府与日军签署《塘沽停战协定》，罗文干愤而辞职。脱离政坛后，罗文干以学者身份任教于西南联合大学，教授"中国法制史"。1941年10月16日，罗文干在粤北乐昌病逝。

何福海，大石人，北伐战争时任农会干部。抗战前夕当选为大石副乡长，任抗日团体"俊杰社"秘书，支持抗日救亡活动。常在家里秘密接待二支队和中共地下工作人员，派出武装人员袭击日军巡逻艇。后任中共党组织成立的显社联乡办事处主任，曾组织 2000 多名农民加入民兵组织，配合七星岗战斗，使二支队取得重大胜利。1949 年听到家乡解放，他从香港九龙步行回番禺，后在县人民政府任建设科长。1952 年，何福海在土地改革运动中遭诬为恶霸，挨斗而死。1985 年中共番禺县委宣布为其平反，恢复其名誉。

李民欣(1890—1955)，沙湾渡头村人。两广陆军中学毕业。1912 年加入国民党，先任广东陆军第二师上校参谋、西江善后督办署及梧州善后处参谋长、四会县长、广州国民政府财政部缉私总处长、国民革命军第八路军总指挥部军务处长兼副官长、财政部税务总署署长、两广盐运使。1933 年，李济深在福建成立"中华共和国"政府，李民欣以华侨代表身份参加活动。事败，被开除国民党党籍，避难香港。抗战开始，国民政府撤销对其通缉，让其出任军事委员会高级参谋、桂林办公厅顾问。1945 年，协同李济深等发起组织中国国民党民主促进会。1948 年当选"国民党革命委员会"中央常委。新中国成立后，历任中央财政经济委员会委员，广州市副市长、广州市政协副主席。1956 年，李民欣因脑溢血病逝。

二、致力于发展经济和建设事业的民主人士

曾汪源(1855—1915)、曾金城(1886—1952)父子，沙湾龙岐乡人，为发展祖国的橡胶种植业费尽心力。曾汪源于清末侨居秘鲁时，亲到橡胶原产地巴西参观学习种橡胶，将橡胶种子带回英德试种，因无法越冬而失败。父子又到巴西采集橡胶，在海南岛儋县那大附近先后组成侨兴有限公司、侨植垦务公司，试验种植橡胶林。因技术不过关，成活率很低。1911 年，父子再次携带巴西橡胶归国，途经新加坡、爪哇等地，又购买大批胶苗，在那大附近水口定植。因途中延误时间，成活率低。翌年，再次到南洋各地采购胶苗十多万株，种植后精心管理，终于获得成功。继而开垦侨植耀和侨植生等分园。曾汪源逝世后，曾金城继承事业，创办开琼植橡公司。第一次世界大战结束后，胶价狂跌，公司濒临破产。曾金城重整旗鼓，他的四个儿子相继到琼，设天任植橡公司。日军侵占海南，要挟他们合作经营，曾金城父子弃

冯锐创办的中国第一间糖厂：市头糖厂

园回乡。抗战胜利后，重新经营"天任"。

冯锐（1898—1936），黄埔村磐石坊（今属广州市黄埔区）人。毕业于南京金陵大学，留美获博士学位。回国后在南京东南大学任教授，继而在河北中华平民教育促进会工作。1931年回粤，任建设厅农林局局长兼岭南大学农学院教授、院长。陈济棠主粤后，冯锐在广东兴建糖厂，又在全省推广甘蔗优良品种和使用钾肥等技术。三年内创办了粤中、粤东等地六间糖厂，其中番禺市头糖厂是全国首间现代化甘蔗制糖厂。办厂期间，因拒绝军政要员谋利要求而得罪权贵，陈济棠下野后，冯锐以"贪污罪"被枪毙。

何柱彬（1900—1951），沙湾镇人，1927年北京大学法律系毕业，同年回广州任教于广东国民大学。1932年回乡执掌父业，经营何生利农场，成为番禺最大的地主和农场主。抗战爆发后，曾率场员阻击闯入沙湾水道的日军浅水舰，击毙舰长及日兵70人。番禺沦陷后，避居澳门，但常回乡，做了一系列利民之事，包括组建"沙湾建设救济委员会"，合资及捐款建成贫儿教养院、象贤中学、老人院、沙湾市场等，并捐款支持中共领导的抗日游击队与澳门镜湖医院。由于经常与共产党地下工作者、爱国人士交往，何的思想倾向革命。抗战胜利后，继续经营农场，获联合国善后救济总署拨给大型拖拉机四台，由美国专家协助试验推广。广州解放后，在澳门带头推动慰劳解放军运动，变卖部分家产，连同稻谷、军械和款项用三艘汽轮载回番禺交给政府。1950年，何柱彬加入中国国民党革命委员会，并向政府捐献所有田产。1951年8月，何柱彬自杀身亡。1986年中共番禺县委发文称"何柱彬是一位爱国进步的上层人士"。

陈秀连（1845—1927），祖籍番禺长洪村（今属广州市天河区），16岁时到马来亚采锡。致富后到吉隆坡投资开办锡矿公司与铁厂,采用蒸汽机等先进设备采矿。陈也因此被尊称为"吉隆坡华人铁厂之父"。1897年,联合当地富商捐出地段,仿照广州陈家祠兴建吉隆坡陈氏书院。曾任雪兰莪番禺会馆名誉主席、雪兰莪中华总商会第一经理、第一届雪兰莪州议会华人议长。为纪念其功绩,当地将茨厂街命名为"秀连街"。

高可宁(1879—1955),石碁镇官涌村人。出身贫寒,后从摊馆起家,因善于经营成为民国初期番禺殷商。致富后牵头组织官涌慈善机构"最乐社",捐资创办德成义学(官涌小学前身),兴建"茂生纪念学校",免费招收学生入学。曾任澳门商会会长,获葡萄牙政府授"基利斯笃大授勋章"。

第五节　文教俊彦

晚清乃至民初的文化领域表现突出,分布在文化教育各个领域的领军人物层出不穷。他们本身也是出类拔萃的学者。

吴道镕(1852—1936),原名国镇,光绪六年(1880)进士,朝廷选为翰林院庶吉士。散馆授翰林院编修,后辞官回乡,以教育为己任。初设大馆于广府学宫。先后主讲三水肄江书院、惠州丰湖书院、潮州金山书院和韩山书院。后回广州主持应元书院,任学海堂学长。1903年,两广大学堂改为广东高等学堂,吴道镕为首任总理(校长)。吴工于诗文,曾为《番禺县续志》主修,著有《澹庵诗存》《澹庵文存》《明史乐府》,辑有《广东文征》。

潘飞声(1858—1934),早年受业于叶衍兰,雅好诗画,尤喜画梅。光绪十三年(1887)游学德国,被柏林大学聘为汉文学教授。后赴香港主《华报》《实报》笔政,又到上海加入南社,被誉为"南社四剑"之一。著有《说剑堂诗集》《说剑堂词集》《在山泉诗话》《两窗杂录》等。

丁仁长(1861—1926),字伯厚,晚年自号潜客。自幼承受家学,12岁作古石赋,显露不凡才华。光绪九年(1883)进士,官至翰林院侍读。任内上疏力陈内务府积弊,倡言改革,并集经史分列"九法""九戒"进呈光绪帝。后因父病辞官归乡。光绪二十三年应粤督谭钟麟之聘，主掌越华书院，亲自讲授制义和经史实学。1901年，清廷废书院，兴学堂。丁仁长认为，"学堂初开，首在宗旨纯正，主持得人"。是年教忠学堂成立，丁仁长为首任监督。当时省内盗风素盛，殃及民众，官吏不能捕捉，丁便请求当局在省城设团保总局，实行清查保甲，联乡自卫。辛亥革命后，丁"绝口不言时事"。民国初年，番禺县续修县志，他与吴道镕、梁庆桂同任总纂。1925年，丁特地由广州赶到天津拜见溥仪。次年10月卒于天津寓所。

刘秀梅(1865—1946)，番禺夏茅(今属白云区)人。曾于刘永福黑旗军当文书，赴越南参加抗法战争。1898年，投奔广州六榕寺友石堂房主源善法师，剃度出家，法号铁禅，后为六榕寺主持。1904年，铁禅将自己的储蓄和六榕房产收入及寺田240亩全数捐给朝廷作办教育之用，为此清廷赐其"清修忠悃"牌匾。1912年，民国初立，铁禅即以保护寺产与佛教徒安全为由，上书广东都督胡汉民，申请在六榕寺设立广东省佛教会。是年5月4日，铁禅在六榕寺召开信众欢迎大会迎接孙中山。尔后中华佛教总会在北京成立，广东选举铁禅为本省佛教支部部长。1921年，孙科当第一任广州市长时，曾要求各寺庙赎买包括房地在内的寺产，六榕寺却安然无恙，人们都认为这是铁禅机灵应变、影响力大的缘故。铁禅能诗会画，善写大字，会用象牙筷子作画，还会栽植盆景，可谓兼佛学、文学于一身。1921年，由铁禅、赵浩公等200余人参加的"广东国画研究会"在六榕寺成立，它是民国早期广州规模最大、人数最多及活动时间较长的美术团体。1938年日军占领广州后，成立"日华佛教会"，拟胁迫铁禅出任会长。铁禅以年高多病、不谙情况为由推辞。在日本人的威胁利诱下，1940年7月，铁禅与广东大学讲师谢为何同赴东瀛。抵东京后，由日僧陪同游览当地寺院，并见到了日本天皇，获其赠《大正藏经》一部。1940年12月2日，铁禅在六榕寺召开国际佛教协会华南支部成立大会，出任部长。广东光复后，铁禅被判处15年徒刑，1946年病死狱中。

崔树芬(1867—1937)，1901年中为举人，1910年任盐运使。民国后历任小学校长、中学国文教员、汕头警察局秘书等职务。1920年应旅美三藩市南番顺三邑总会馆之聘赴任会馆主席，兼办三藩市中国总领事馆事务，后任该市中华学校校长，兼旅美名流组织"金门吟社"首任社长。

何剑吾(1875—1939)，沙湾镇玉堂村(今属沙头镇)人。香港皇仁书院毕业，任沪海关英语教师，并在旅沪粤人中创办"人镜学社"，从事反清活动。1905年，在广州河南海幢寺旧址创办南武学堂，开男女同校风气之先。他提出"坚忍奉公，力学爱国"的校训，倡导德智体三育并重，培养出不少体育人才。1919年赴新加坡，先后任养正、南华、广仁等多所中学校长。1933年回广州再度任南武中学校长，加建校舍，扩大班额，学生增至1000多人。南武因此成为广州河南地区最大的一间中学。何生活朴素，每月薪金280元，除了个人生活所需，余剩的多送还学校或周济贫苦学生。

郑洪年(1876—1958)，早年受业康有为门下，后就读于广雅书院，毕业于两江法政学堂。1906年，两江总督端方在南京创办第一所公办华侨学校"暨南学堂"，郑洪年被任命为首任堂长。1909年1月调北京交通部任职。1911年加入同盟会。辛亥革命后任京汉铁路局、京奉铁路局、京绥铁路局局长，1921年后任北洋政府交通部次长兼铁路督办。后追随孙中山参加国民革命，历任广东军政府财政厅厅长、军需副监，南京国民政府财政部、实业部、工商部次长等多个职务。1927年复任暨南学校校长后，制订改革计划大纲，广罗人才，充实师资，将之扩充为国立暨南大学。直至1934年辞去暨南大学校长一职，他担任暨大校长七年，是暨大取得迅速发展，办学水平不断提高的时期，在校学生最多时曾达1700多人。他十分重视对南洋问题和华侨问题的研究，倡导和筹划暨南大学成立南洋文化教育事业部，延聘学者从事研究工作。1937年迁居香港，创办华夏学院、汉华中学。香港沦陷，被日军押送到上海，被迫任汪伪"华中铁道股份有限公司总裁"。1956年任上海市人民政府参事室参事。郑精于诗文，书法自成一格。

徐信符(1879—1948)，著名藏书家，为徐绍桢族弟。1900年肄业于学海堂、菊坡精舍。从事教育40余年，先后在广东高等学堂、两广高等师范学校、岭南大学、广东法科学院、中山大学、广州大学任教。他与朱执信、胡汉民等过从甚密，民初却拒绝他们出任要职之邀，以作育英才和整理乡邦文献为己任。徐是广东图书馆事业的元老，藏书甚富，其藏书处称"南州书楼"。又成立广雅版片印行所，整理印行广雅丛书凡150余种。编有《中国文学史》《历代文体辨别》《文学说略》《书目学》《中国诗学史》《历代诗选》《唐诗研究》等，撰有《广东藏书纪事诗》。

金曾澄（1879—1957），祖籍浙江绍兴，生于广州番禺。青年时期在康有为、梁启超维新思想的影响下，崇尚西法。1901年留学日本，归国后任广东高等师范学校校长。1926年任广州国民政府教育行政委员会委员，参与筹办广州大学。陈济棠主粤期间，他对恢复祭孔典礼持反对态度，被免去省府委员职务。抗战时期，任迁移到韶关坪石的中山大学校长。1949年广州解放后，70岁的金曾澄仍担任广州私立教忠中学（现广州市十三中学）校长一职。1953年9月，广州市文史馆成立，他受聘为馆员。1955年当选为广州市政协委员。1957年3月24日，在广州病逝。

这一时期美术界有高剑父、高奇峰、陈树人等岭南画派创始人。高剑父为南村镇员岗村人，小时师从居廉学画；后赴日学画，在日期间加入同盟会；后返穗组织同盟会广东分会，任会长，为"三二九"广州起义试制炸弹，组织暗杀团，自任团长。辛亥革命中，任东路新军总司令，曾率部攻占虎门和鱼珠。"二次革命"后，任广东省立工业专门学校校长、工艺局局长，此后致力于艺术革新事业，曾任南京中央大学、广州中山大学教授，广州市立艺术专门学校校长。高剑父画作甚丰，曾在上海、南京、广州、香港、澳门及印度、柏林、巴黎、苏联等地展出，先后在意大利、巴拿马、比利时等地博览会获奖。高奇峰是剑父五弟，自小随剑父学居派国画，又一同赴日深造，加入同盟会。辛亥革命后至上海，参与创办《真相画报》和审美书院，宣传艺术革命。他擅长花鸟，也长山水、人物，兼工诗、书，却不幸于1933年赴德国举办中国艺术展途中病逝。

陈树人（1884—1948），名韶，又名哲政，字树人。他是居廉的关门弟子，得居师器重，将侄孙女居若文许以为妻。陈树人青年时以笔鼓吹革命，光绪三十一年（1905）加入同盟会。翌年赴日学习美术并开展革命活动。学成归国，在广州任广东优级师范学校、高等师范学校美术教授。曾受孙中山委派赴任加拿大国民党总干事。1922年返国抵香港，闻陈炯明炮轰总统府，即与妻儿诀别，冒险赶回广州登上永丰舰，誓与孙中山共生死。他以国民党元勋身份，曾任广东省民政厅长、广州国民政府秘书长。历任国民党中央执行委员、国府顾问等高层职务，却无心利禄，始终保持学者、诗人、画家的品质和风格。他说"艺术为国魂，推陈出新，予将以此为终生责任"。

戏曲音乐界也出现了一批里程碑式人物。千里驹(1888—1936)，乌洲乡(今属佛山市顺德区)人。拜男花旦扎脚胜和小生架架庆为师。初在"八仙班"充小武角色，谙熟各个行当，后被聘到广州"凤凰仪班"任二帮花旦，取名千里驹。旋到"人寿年班"任二帮花旦，不久成正印花旦，被誉为"花旦王"。他喜唱"滚花"，创造的新腔"燕子楼中板"人称"驹腔"，有"滚花王""悲剧圣手"之称，被行内称为"近代粤剧界一代宗师"。薛觉先、马师曾、白驹荣、靓少凤、白玉堂等都是他培育出来的英才。他生活作风严谨，有"伶圣"美誉。

何柳堂(1874—1933)，沙湾北村人。幼年在祖父何博众教导下，学会演奏琵琶。辛亥革命后，在香港钟声慈善社任音乐教习，从其学艺有尹自重、丘鹤俦、钱大叔、吕文成、何大傻等人，皆成音乐名家。他是广东音乐典雅派开创者，出自其手的《赛龙夺锦》被认为是广东音乐代表作，另有《雨打芭蕉》《饿马摇铃》《七星伴月》《回文锦》《垂杨三复》等名作。

何少霞(1894—1942)，沙湾北村人，曾在沙湾本善女子小学教授音乐课，悉心传授学生简谱和乐理知识，为沙湾培养了不少音乐人才。他常与远房叔父何柳堂、何与年切磋广东音乐，合作灌录唱片，推广广东音乐。他演奏"十指琵琶"，技法精深。代表作有《将军试马》《陌头柳色》《桃李争春》等。抗战时期番禺沦陷，他痛心山河破碎，人民流离，创作出《白头吟》《夜深沉》等深得听众共鸣的悲愤乐曲。

冼星海(1905—1945)，中国近代杰出的作曲家、指挥家、音乐理论家和音乐教育家。冼星海1905年出生于澳门的一个贫苦船工家庭，酷爱音乐的他，刻苦钻研音乐，演奏小提琴和单簧管，享有"南国箫手"的美誉。他先后在广州岭南大学、北京大学音乐传习所、上海"国立音乐院"半工半

读。1929年，冼星海考进法国国立巴黎音乐学院高级作曲班，谱写的三重奏《风》成为首支在巴黎电台播出的中国人的作品。毕业回国，投身抗日救亡运动，先后创作《救国军歌》《黄河之恋》等。后到军委会政治部第三厅任音乐科长，主持抗战音乐工作，创作了《在太行山上》《到敌人后方去》等救亡歌曲。1938年赴延安，任鲁迅艺术学院音乐系主任，创作《黄河大合唱》《生产大合唱》等歌曲，毛泽东称赞他是"无产阶级音乐先驱""人民音乐家"。

这一时期新兴的电影界中，有着番禺人的身影。张织云，幼随养母移居上海，1923年进入上海大中华影片公司，主演第一部无声影片《人心》而成名。1925年转入明星影片公司，主演《可怜的闺女》等影片。在上海《新世界》杂志社举办的评选活动中，她成为中国电影史上第一位电影皇后，又被誉为"悲剧圣手"。罗明佑，有"中国从事电影事业第一人"之称，系罗文干四哥罗文亮之子。罗文亮曾任广州商会会长、香港东华医院总理。1918年，罗明佑考入北京大学法学院。翌年，为打破外国人对电影的垄断，他把东安市场的丹桂茶园改建成真光电影戏院。1927年，明佑建立华北电影公司，逐渐控制了北方五省的电影业。1930年，华北电影公司和其他几家大电影公司合并，组成联华影业制片印刷有限公司。公司集放映、发行、制作、宣传功能于一体，一时吸引到蔡楚生、田汉、夏衍、阮玲玉等高水准的电影人才加盟。为抵制外国影片对中国文化和经济的侵略，罗明佑于1933年发起和领导了"国片复兴"运动。抗日战争爆发后，罗明佑在香港主持中国教育电影协会香港分会，主办《真光》电影半月刊，宣传抗日救亡。20世纪50年代他离开电影界，在香港电台主讲《圣经》，成为传教士。

这一时期，文史界的名士更多。汪兆镛（1861—1939），与汪兆铭（汪精卫）是同父异母兄弟。汪兆镛自幼聪颖，10岁能诗。少从叔父汪瑔读书于随山馆。青年时入学海堂为专课生，得学长陈澧教导，为陈门高足之一。光绪十五年中举后，先后充当翁源、遂溪、顺德、赤溪等县刑名师爷。两广总督岑春煊曾聘其入府掌奏章。他对广州出土文物考据颇精。广州拆城筑路，他收集了不少残砖断碑，考成《广州城残砖录》。他还是近代名词人，著有

《雨夜深灯词》。叶公超，名崇智，以字行。1926年获英国剑桥大学文艺心理学硕士学位，回国后先后在北京大学、上海暨南大学、清华大学任教。曾创办新月书店、《新月》杂志，为新月派主将。抗战爆发后，他在西南联合大学任外国文学系主任，一度到上海代理讼事，其间被日军拘捕，保释后弃教从政。著有《叶公超散文集》《中国古代文化生活》《英国文学之社会原动力》。陈融(1876—1955)，早年留学日本，1904年入日本东京法政大学速成科。翌年加入同盟会，与朱执信、汪兆铭、古应芬等人结"群智社"，宣传革命。民国时曾任广东审判厅厅长、国民政府行政院政务处长，后隐居于广州。陈融通诗文，喜藏书，搜集清代、近代诗文集近万家、两千余种。工书，尤精草书，用笔刚柔并重，潇洒浑脱。黄花岗七十二烈士公园内的《广州辛亥革命三月二十九日革命记》巨碑为其楷书作品。编有《越秀集》、广东篆刻家作品《黄梅花屋印集》，著有《黄梅花屋诗稿》《读岭南人诗绝句》。商衍鎏(1875—1963)，举仁社水口营村(今属广州花都区)人。他是清朝末代探花，曾被派往日本东京政法大学考察明治维新的状况。归国后力图变革社会，惜乎其主张未能为朝廷接受，遂辞去官职。民国初年赴德国汉堡大学任汉语教授，成为德国传播汉学的开拓者。商衍鎏擅长诗书画，尤以画竹石著称。

此外，还有象棋名手钟珍(1889—1947)，罗岗洞(今属广州市黄埔区)人，父亲经营商业，开设米铺，故有"米仔"的绰号。钟珍性嗜象棋，三十岁左右正式用功学习棋艺，钻研古今棋谱。未几，棋艺就突飞猛进，与黄松轩、曾展鸿合称"粤东三凤"。20世纪20年代曾经挟技走遍越南各地，所向无敌，故有"安南棋仙"之誉，对越南棋风的兴盛非常有影响。

第六节　杏林名医

民国时中医行医入传人物中，有享誉京师的著名中医。刘敬时(1830—1926)擅长治外感传里、游走痰火症、离魂症、斑症(姜虫病)。因治愈东洋出使大臣杨书的游走症及两广总督岑春煊的斑症，被保举进京当太医。光绪三十四年(1908)告老还乡，在广州小北路天平横街2号开凤医馆，慕名求医者众。收授弟子有黄学洲等。著有《痘科秘要》《藜映氏医案百例》。

孔沛然(1854—1945)为选墩乡人，副贡生。1887年间清廷设"医学经古"一科取士，沛然考取后，其医术遂闻于世。不久习西医，为博济医学堂学士；再读两粤医学校。毕业后，先后设医馆于广州豪贤路、榨粉街。沛然治病注重诊断，不仅运用中医的望、闻、问、切，且兼用西医的视、触、扣、听，用药则以中医为主，是中西医结合先驱者。他治病处方以药味少、药量轻而效果显见长，人称"孔小剂"。

麦信坚(1863—1947)，南湾村人，曾就读于香港师范书院及北洋医学堂。他的医术精湛，在李鸿章南下时为其治好顽疾，又治好李鸿章夫人的妇科病。慈禧太后患有和李夫人同样的妇科病，李鸿章向她推荐了麦信坚。麦信坚不负重望，果然治好慈禧，因而得赐李鸿章亲笔书写的"初泰麦公祠"匾额。麦信坚不仅医术精湛，而且在语言上有特殊天赋，通晓德法英日四国语言。这为他步入仕途创造了极好的条件。1896年，麦信坚随李鸿章赴欧洲考察。回国后历任天津工程局坐办兼红十字会医院总办、电车电灯公司董事、招商局总办兼电报局总办。1914年出任中华民国交通部次长。

梁翰芬，祖籍禺北兔岗村(今属广州市白云区人和镇明星村)。清末监生，初以教学为生，后在省医生考试中一举夺魁，受聘于广州方便医院。1918年后回家乡执教私塾，并带徒授医。他善于舌诊脉诊，尤擅长妇科、内科、眼科，对诊疗不孕症有独特医术。从20世纪30—50年代，先后在广州汉兴国医学校、广东中医专门学校、广东广汉中医学校、广东保元国医学校、华南国医学校任教。1931年以广东知名中医身份参加中央国医馆成立大会。1956年北京中医研究院成立，周恩来总理主持选聘老中医，梁翰芬名列其中，后因其不适应北方气候而未应聘。原广州市市长朱光经常找梁翰芬看病，梁曾以两副中药煞住朱市长的急性肝炎。编有《诊断学讲义》《眼科讲义》等教材，著有《治疗学讲义》《辩舌疏证》。他写得一手好字，尤其擅长用手指醮墨写指书。

第六章　看今朝风流人物

中华人民共和国成立后,"番禺"的名称和行政区域经历了多次变化。1958年12月至1959年6月,番禺、顺德两县一度合并为番顺县;1992年5月番禺撤县建市;2000年5月,番禺撤市为区。与此同时,番禺的行政区划境域也屡有变化:禺北、禺东一带分数次划入广州市区,分属今广州市白云区、海珠区、天河区、芳村区、黄埔区、越秀区;1959年,原属中山县的大岗、万顷沙、南沙、黄阁等镇和珠江农场划归番禺;2005年10月12日,番禺区将南沙街、黄阁镇、横沥镇、万顷沙镇,灵山镇的七一村和庙南村等移交给新成立的南沙区。

番禺新方志中的列传人物,仍有不少以原番禺为籍贯的人物,尽管所指地方已不属今番禺区。这一时期的人物,有为建立新中国做出重大贡献者,有在政治、经济、文化等方面为社会发展做出重要贡献者。新志书也记述了一些本籍赴台人员、华侨、港澳同胞在外活动及对乡梓的贡献。

第一节　军政英才

陈慧清(1903—1983),女,番禺县人。1925年,年仅15岁的她与父亲一同参加省港大罢工。翌年返广州当选为省港织造工会执行委员会常委,加入共产党。1927年12月11日,参加广州起义。起义失败后在香港南华织造厂进行革命工作。1929年辗转广西从事妇运工作。是年与邓发结婚,任中共闽赣省妇委书记。1931—1934年,随邓发到江西中央苏区国家政治保卫局任党总支书记及邮政检查员。第五次反围剿失败后,随红军长征,为红军中少有的女战士之一。1936年,陈慧清在延安先后任中央粮食部仓库主任、调剂局主任,后被派往新疆八路军办事处工作。1946年4月,邓发由重庆返延安途中因飞机失事而遇难。陈慧清强忍悲痛,奋然奔赴"土改"第一线。新中国成立后,陈慧清回广东,历任中直机关干部文化学校党总支书记、中共广东省直机关党委副书记、省委直属机关政法党委书记。

周秀珠(1910—1970),出生于香港海员家庭,1925年回广州参加省港大罢工。1926年加入共产党,从事女工工作。1927年转移香港,在中共广东省委机关工作,筹备和参加广州起义。1928年赴莫斯科参加中共"六大",为大会主席团成员,代表中央妇委作妇女运动报告,并当选中央候补委员。回国后从事妇女运动,1934年在上海被捕。1937年获释赴延安,先后担任陕甘宁边区托儿所所长、被服厂科长,后在东北军区任被服厂副厂长、厂长。新中国成立后,任武汉针织厂党委书记、武汉市纺织工业局党委副书记、市妇联副主任。

罗朋(1915—1995),祖籍番禺大石上滘村。1938年经八路军香港办事处介绍进入延安抗日军政大学,1939年加入共产党,到晋冀鲁豫军区工作。新中国成立后,曾任广东省公安厅办公室副主任、海南行署公安局局长、公安部四局(边防局)副局长。1959年,被划为"右倾机会主义分子",下放青海省劳动,1961年调至江西,1969年下放到新建县拖拉机厂任革委会主任兼党支部书记。其间邓小平曾下放该厂劳动,得到罗朋和许多工人的关心照顾。后调任江西共产主义劳动大学副校长、江西蚕桑场党委书记、江西省民政厅长。

梁绍魏(1921—1997),祖籍广东高州。1939年在高州中学读书时加入中共,1944年在县地方自卫队第二中队任政治指导员。新中国成立后,历任番禺沙湾区党委宣传干事,花县县委宣传部长,番禺县委常委、副县长、县委宣传部长、县委副书记,中共番禺党校校长。

戴卫民(1925—1996),祖籍番禺石楼赤山东村。1939年,参加赤山少年抗日先锋队,1941年参加广州市区游击第二支队,翌年任小队长,加入共产党。历任粤中纵队第四支队三团副团长、十四团一营政治教导员、罗定大队副政委。1952年调至海军部队,历任猎潜艇大队政委、榆林基地防险救生大队政委,转业后任广东省海员工会副主席。

周冠华(1927—1952),抗美援朝革命烈士,番禺黄阁镇乌洲村(今属广州市南沙区)人。1946年被强拉入国民党军队,1948年辽西战役后随部队改编参加解放军。他在军中担任炮兵瞄准手,作战勇敢,不久获批加入共产党,并荣获"解放华北纪念章""解放华中、华南纪念章"。1950年参加志愿军赴朝作战,任炮手。1952年10月27日,周冠华在上甘岭战斗中牺牲,时年25岁。

何炳材(1912—1998),祖籍沙湾,1931年入黄埔海军学校,后考入上海税务专门学校海事班。1936年毕业后被派往上海海关缉私舰工作,1940年被调到香港九龙海关属下"春星"号缉私舰代理大副。1941年任"长庚"号副舰长。同年12月25日,日军侵占香港,为避免船舰落入敌军之手,何炳材组织海员将"长庚"号沉入九龙湾深海。1946年12月,参与率舰从日本海军手中收复南沙群岛。1948年在香港海关复职,先后任"海宁""海康"等缉私舰舰长。1950年6月参加"九龙关护产起义",是参加起义舰艇中唯一一位华人舰长。1951年携眷回广州,任交通部广州航道工程测量队队长、"南海146"号等万吨级海轮船长。"文革"期间,被扣上"潜伏特务"罪名受关押批斗,下放"英德干校"务农四年半。1975年恢复工作,任广州海运局船员培训班副主任,编写《船舶操纵》《珠江行航》等航海学速成教材。退休后编写及翻译论文、资料约百万字。1983年,年届73岁的何炳材加入中共。1989年,何炳材被广州海运集团授予"海运功臣"称号。

第二节 学界名师

番禺籍的高级知识分子,在许多领域做出了开拓引领的杰出贡献。

邬庆时(1882—1968),番禺南村人。他学识渊博,治史一丝不苟,尤究心于乡邦文献,与修县志近十。自1918年任番禺县修志局分纂,他参与

修纂的志书计有《桂平县志》《宝安县志》《龙门县志》《高要县志》《广州年鉴》《中山县志》《新兴县志》《茂名县志》。1938年，邬庆时把以前自己所写的县志序例集为《方志序例》，序言说："现在困难方殷，警报不断，重修方志，似属不急之务。但战争愈烈，保存文献之心愈急，方志为各地文献之总汇，如不欲保存文献则已，苟若保存文献，是必不可不修。不惟不可不修，且不可不急修。"该书由上海商务印书馆于1940年9月出版。书中他提出修志应"别出心裁"和"适应时代之要求"。著有《半帆楼诗稿》《番禺隐语解》《齐家浅说》《自然略说》《番禺末业志》《孝经通论》《屈大均年谱》等28种。

许崇清(1888—1969)，毕业于广东法政学校，留学日本东京帝国大学。后应孙中山之邀回广东任广州市教育局局长。1921年创办"广州市民大学"，次年与胡根天等创办"广州市立美术学校"。1923年，经廖仲恺介绍加入国民党，参加了国民党改组计划的草拟。1924—1927年，任广东省教育厅厅长，筹备成立广东大学（中山大学的前身）。此时，国共合作举办了一些干部的培训班，许主讲《革命与教育》。"廖案"发生后，许氏兄弟相继辞职。1931年，第一次出任中山大学校长，在任期间增设法学院（下设法律、政治经济、社会学系），改理学院为理工学院，增设土木工程、化学工程系。"九一八"事变后，因支持学生爱国抗日运动，许被免去校长之职，只挂广东省政府委员的虚职。1934年，主政广东的陈济棠推出"尊孔读经"的政策，许崇清认为此举不合现代教育的科学理念，强调政教分离，明确提出反对读经。陈济棠大怒，撤去许最后一项职务。1940年，许第二次担任中山大学校长，他聘请许多进步人士任教，介绍苏联教育，引起国民党中央执行委员朱家骅及其一派的不满，终被免去校长职务。1941年后，许崇清隐居于韶关，兼任第七战区编纂委员会主任，主持开展抗战和民主的宣传工作。抗战胜利后，许接受中山大学的聘请，讲授教育哲学和哲学概论，并在与学生的接触中支持学生的反内战运动。1951年，许第三次出任中山大学校长直至去世。1969年3月14日，81岁的许崇清在被押上批斗台数天后，病逝于广州。

许广平(1899—1968)，1917年考入天津直隶第一女子师范学校预科。

1922年考入北京女子高等师范学校国文系。1923年起,成为鲁迅的学生和助手,领导了反对校长杨荫榆的学潮。1926年与鲁迅南下,在广东省立女子师范学校任训育主任。1927年,随鲁迅在中山大学任助教,与鲁迅共同生活,并肩战斗。鲁迅逝世后,为鲁迅著作的整理出版和遗物的保护做出贡献。新中国成立后,历任中央人民政府政务院副秘书长,全国妇联、民主促进会副主席。

梁方仲(1908—1970),天宝行行商梁经国的四世孙,著名的历史学家、经济史专家。1930年毕业于清华研究院经济学系,随即任职于中央研究院社会科学研究所,以田赋史为中心研究中国经济史。1934年与吴晗、夏鼐、罗尔纲等学者在京成立"史学研究会",编辑出版《中国社会经济史集刊》。1946年入伦敦大学政治经济学院从事研究工作。1947年归国,代理社会科学研究所所长。1949年被聘为广州岭南大学教授兼经济系主任。1952年被聘为中山大学历史系教授。"文革"中因直言而受迫害,于1970年逝世。著有《一条鞭法》《中国历代户口、田地、田赋统计》。

张家驹(1914—1973),1935年毕业于燕京大学研究院,20世纪30年代即开始发表宋史研究方面的文章,包括《宋代公路考》《南宋两浙之盐政》《两宋与高丽之关系》等。新中国成立后,任上海师范学院历史系副主任。张家驹从事辽金元史教学的同时,致力于宋史研究,先后出版《两宋经济中心的南移》《赵匡胤传》等专著,发表了《十一二世纪中朝两国的友谊》《宋初的水利建设》等系列论文。他参加过中华书局组织的《宋史》点校整理工作。

李匡武(1916—1985),沙湾镇渡头村人,1940年毕业于武汉大学哲教系。1952年获美国威斯康星大学心理学博士学位。历任华南师范学院教授、逻辑学教研室主任,中国逻辑学会副会长。著有《形式逻辑》《西方逻辑史》,译有《工具论》。

黄荫普(1900—1986),1914年考入北京清华学校(清华大学前身),1922年赴美留学。在美国哥伦比亚大学商学院就读期间,1926年黄荫普曾到伦敦大学经济学院继续研究银价与中国贸易及货币等问题。回国后入中山大学任教法学院经济系,兼任商务印书馆广州分馆经理。课余潜心于目

留学归来的黄荫普

录学、版本学研究,以及文献搜藏。1938年,调商务印书馆香港办事处工作。通过各地商务印书馆的关系,他在香港及内地陆续收集到不少珍贵广东文献。至1949年黄氏调回广州时,他搜集的图书已达4000多册。1956年4月,黄荫普在广州亲自整理藏书,将1774种5019册图书捐赠给广东省中山图书馆。著名学者商衍瀛在《黄荫普先生捐赠中山图书馆广东文献册集敬题》一诗中说:"钦君探讨重乡贤,爱护遗文千万篇。沾溉士林无尽意,大公应胜子孙传。"1980年和1984年,已逾八十高龄的黄荫普两次向中山图书馆捐出了400种1000多册图书。编有《广东文献书目知见录附补篇》,是研究广东文献的重要工具书。

商承祚(1902—1991),字锡永,号契斋,著名的古文字学家、考古学家、书法家。其父衍鎏为清代最末一科的探花。商承祚幼承家学,酷爱古器物及古文字。1921年至天津师从罗振玉研习甲骨文、金文。1923年编撰出版我国第一部甲骨文字典《殷墟文字类编》。后经马衡介绍,入北京大学研究所国学门学习。1925年任东南大学讲师,1927年任中山大学教授。抗日战争爆发后,随金陵大学西迁,后在齐鲁大学、重庆大学、重庆女子师范大学等校任教授。1948年以后一直任中山大学教授,直至逝世,曾兼中文系主任、古文字研究室主任,并担任广州语文学会会长、中国古文字研究会理事。商承祚从事教学和科研工作六十多年,涉及的学术领域十分广阔,在文字音韵、历史考古、甲骨金石、简帛写卷、玺印漆器、诗文书法和楚文化等多个领域都卓有建树。著有《甲骨文字研究》《殷契佚存及考释》《十二家吉金图录》等专著15种,《商承祚篆隶册》《商承祚秦隶册》书法作品集2种,《评宝蕴楼彝器图录》《殷商无四时说》《战国楚帛书述略》《殷墟文字用点之研究》等学术论文60余篇。

何杰(1888—1979),字孟缚,原名何崇杰,大石乡人。1901—1906年,在美国教会新开办的格致书院半工半读。1906年唐山路矿学堂来广州招生,何杰以优异成绩考取矿科,并获取官费生待遇。1909—1914年,留学美国攻读煤矿开采、地质学,获理科硕士学位。1914—1925年,任教北京大学,创立我国第一个地质学系。1925年,任教天津北洋大学。当时北洋军阀混战,政局动荡不安,学校更加陷入困境,何杰挑起稳定学校秩序的重任,代理校务直至茅以升接任校长。1932年,何杰受中山大学的聘请,出任该校教授兼两广地质调查所所长。抗日战争爆发后,广州的工业、交通业、发电、军工等生产濒临瘫痪。何杰被借调往湖南境内粤汉铁路附近任杨梅山矿厂总工程师兼厂长,他迅速查明煤层的赋存规律,把原先土法开采的小煤窑改造成用现代方法采煤的小矿井,使原煤产量由日产30多吨提高到日产400多吨。经过不断改进,广州市的"燃煤之急"终于得到缓解。1940年,何杰只身一人前往重庆,为加速开发大后方的金矿资源而出力。与此同时,他还兼任重庆大学矿冶系主任,继续担任教学工作。1947年,何杰出任广西大学教务长兼矿冶系主任。他深知铀矿之重要性,于是不顾六十高龄亲自在极艰苦的条件下,连续八天从早到晚奔走在崇山峻岭之中,实地调查某矿点铀矿床的形成和分布。1952年,何杰被任命为中国矿业学院教务长。1956年10月国务院任命何杰任北京矿业学院副院长。1978年春,已届九十高龄的何杰作为广东省代表出席在北京召开的全国科学大会,是出席大会年龄最大的代表。

黄继芳(1905—1970),石楼镇茭塘村人。1929年毕业于南京中央大学农学系。曾任中央农业实验所技正。毕生从事水稻等作物育种研究,是我国水稻矮化育种的创始人之一,对著名水稻矮秆良种"珍珠矮"的育成做出了较大的贡献。他主持的"多倍体无籽西瓜的培育与研究"获全国科学大会奖。黄继芳在农业科学研究中,坚持实事求是的原则。1958年,高指标、"浮夸风"盛行,一些人提出亩产3000斤稻谷的研究计划,他认为这是脱离实际,是"浮夸风"在农科研究中的表现。1959年,广东决定推广粳稻500万亩,学院领导要他起草推广粳稻技术措施报告。他分析了有关资料后,认为粳稻迟熟、病多、需肥多,不宜大面积推广,建议搞一二亩作试验。事实证明他的意见是正确的,广东省委领导多次表扬黄继芳是敢于坚持真理的科学家。

彭加木（1925—1980？），禺北（今属广州市白云区）人。1947年毕业于南京中央大学农学院后，任教于北京大学农学院，专攻农业化学。新中国成立后，进入中国科学院上海生物化学研究所当研究员。1956年，他放弃出国深造的机会，志愿报名参加中国科学院组织的综合考察委员会，到边疆进行资源考察。他长期致力于我国边疆地区的资源考察事业，先后15次到新疆进行科学考察，3次进入巴音郭楞的罗布泊进行探险。1979年任新疆科学院副院长。1980年五六月间，彭加木率领9名科考队员，冲破重重艰难险阻，第一次由北向南成功纵穿罗布泊，胜利到达罗布泊南岸米兰农场，打破了"无人敢与魔鬼之湖挑战"的神话。6月16日傍晚，科考队抵达罗布泊东岸库木库都克。次日上午10时，彭加木主动外出找水，从此失踪。

沈鹏飞（1893—1983），早年就读两广方言学堂，后被选送清华学校留美预备班。1917年赴美国留学，先后获林学学士、林学硕士学位。1923年回国后，先后任教于广东农业专门学校、北京农业大学、广东大学、中山大学、同济大学、广西大学，历任教授、系主任、农学院院长、代理中山大学校长、上海暨南大学校长。在中山大学任教期间，主持创建广东省第一个大型林木苗圃"广东第一苗圃"，开辟"广东第一模范林场"。为加快白云山林场建设，他和德国专家G.芬次尔等在白云山进行了森林经理调查，编制了"白云山模范林场森林施业案"，这是我国最早的森林施业案之一。至今广州白云山林场还大致保持当年规划格局。新中国成立后，先后在中山大学、华南农学院、广东林学院、中南林学院任教，主持多项林业科研项目。1980年，沈鹏飞已年臻九十高龄，仍为筹建华南农学院森林经理研究室而忙碌着。早期著译有《森林手册》《森林管理》和《广东林木生长及木材量度的研究》，晚年编写了《近百年广东林业教育史略》。

黄巽（1898—1987），化龙人。1917年考入广东高等师范学校数理化部，1922年留学法国里昂大学。1926年8月回国，任中山大学理学院教授兼物理学系主任、教务处注册主任。1933年，广东省创办第一职业学校（广东轻工职业技术学校前身），黄巽任校长。广州沦陷后，学校被迫迁到粤北，黄巽利用学校的仪器和设备，创办科学仪器制造厂，使学生有实习基地。1950年，任华南理工学院教授兼物理系主任。翌年任中山医学院物理系教授兼物理学教研组主任。著有《物理发展史》等。

凌鸿勋(1894—1987)，中学毕业后，以第一名的成绩在广州考取上海高等实业学堂(交通大学前身)。后受唐文治校长推荐，至美国桥梁公司实习，之后更进入哥伦比亚大学进修。1918年回国，得到交通部次长叶恭绰的重用，先后在京奉铁路和交通部考工科任职。1921—1922年担任京汉铁路工程师，参与了黄河铁路新桥的设计审查工作，踏勘了龙烟铁路和朝锦铁路，拟定了国有铁路建筑规范，为我国铁路技术标准奠定了初步基础。1924年，交通部委派其为南洋大学校长，年仅30岁。1927—1943年，他先后在陇海、粤汉、湘桂等铁路工程局任局长兼总工程师，留下了一批极为重要的工程遗产。

罗明燏(1905—1987)，沥滘乡人。20世纪20年代初毕业于交通大学唐山工学院，1926年毕业后返回广东，在中山大学教预科班。随后在广州工务局从测量员做起，三年内便升至技正(总工程师)一职，并且深得时任广州市长林云陔及一统广东省军政大权的陈济棠的赏识。1932年，以广东省公费留学生的身份赴美国麻省理工学院，两年内同时取得土木工程及航空系两个硕士学位。1934年，进入英国帝国理工学院攻读航空系博士学位。1937年，罗明燏归国后任教于北洋大学(天津大学前身)。1945年春，美国空军人员拿到一张广州军用地图，准备轰炸侵占广州的日寇，并请来罗明燏指明轰炸点。罗明燏顾及家乡父老的安危，坚决反对，"我不能这样做，这是我的家园，你们不能去炸它。"1952年，华南工学院(即今华南理工大学)筹备建立时，罗明燏任筹委会主任。1955年4月，周恩来总理亲自任命他为华南工学院院长，属于全国极为稀有的党外人士任正职院长的情形。20世纪50—70年代，他为国家设计完成200多项工程项目，全都无偿服务，分文不取。

黄庆(1900—1976)，番禺化龙人。1918年离开家乡到北京大学读书，成为梁漱溟的学生，又由梁漱溟介绍认识熊十力。熊十力为他取字艮庸。黄庆后来娶梁漱溟的侄女梁培昭为妻，一生追随梁漱溟从事乡村建设和教育。梁漱溟在山东创办乡村建设研究院，他先后任该院训练部和研究部主任。他曾任广州广雅中学校长，又在家乡创办了贲南中学。抗战胜利后在中山大学哲学系任教授,讲授宋明理学。1948年底至1950年,熊十力来到化龙镇,隐居于黄庆的祖屋观海楼,黄庆协助熊十力整理书稿。熊十力在《增订十力语要缘起》中说明:"乃取积年旧稿复阅一过,多为番禺黄艮庸所选存。"

黎杰(1897—1975),新造崇德村人。1918年毕业于广州南武中学,考入北京大学史学系。1924年毕业后,任教于广州执信纪念学校。1930年前往东北,参加东北抗日义勇军。1931年返回广州后,历任第一中学教务主任、南武中学校长。广州沦陷期间,在韶关先后任中央赈济委员会儿童教养院第二院院长、连县东陂粤秀中学校长等职。1946年,返家乡办礼园小学。次年,复办贲南中学。当时在农村办学非常艰苦,校舍不敷应用,黎杰把自己家的客厅空出作为学生宿舍。教学之余,矢志史学研究,专著有《隋唐五代史》《宋史》《元史》等。他的著作有独特见解,为史学界所推崇。

张瑞权(1899—1981),字伯荪,沙湾人。广东高等师范(中山大学前身)的高才生,主攻英语。他的英语造诣颇深,有"英语活字典"之称。民国时以排除万难办好知用中学(1927年,鲁迅曾在该校作"读书杂谈"专题讲座)而享誉教育界,新中国成立后亦以不图名不图利为教育事业贡献力量而知名。1979年4月,张瑞权与广州市政协外文翻译组廖奉灵、徐舜英等七位老人(平均年龄74岁),自筹资金创办职工业余外语学校。《光明日报》曾对此做详细报道。著有《知用学社和知用中学》《张瑞权诗词唱酬集》。

何绍甲(1904—1999),祖籍大石镇,是番禺中学、贲南中学和番禺师范学校创办人之一。1929年毕业于中山大学心理学系。1933年参与筹建番禺中学,任高中部主任。番禺中学曾于1937年停办,他与廖道谦、陈湛銮等联名上书县政府,要求复办番禺中学。他们的计划得到县政府批准,何绍甲被任命为校长。1938年到香港华侨中学任教。1946年任番禺师范学校校长。1947年起,先后任广东文理学院心理系、华南师范学院教育系教授。何绍甲精于碑刻及金石,曾应教育家徐锡龄所请刻一方汉文名印赠英国文豪萧伯纳,出版有《何绍甲自书诗联》。

李小松,祖籍番禺化龙柏棠村。1939年考取中山大学师范学院,在校期间和同学创办《山火诗贴》,常撰写作品揭露社会黑暗。1942年7月,任广东儿童教养院第二分院院长。抗战胜利后,在广州文昌路创办正华小学,

何绍甲书法

自任董事长；并在邻近的凤凰村开设农忙托儿所。1948 年 8 月加入中国农工民主党，并任农工党河南小组组长；1950 年担任东莞县清溪中学代校长，在校组成宣传队和工作队，向农民宣传党的政策。1957 年夏被划为右派，下放到广宁山区宾坑中学 17 年。"文革"期间被错定为国民党特务。1983 年，李小松创办"广州前进业余医药中专"，任专职副校长；1988 年郭兰英在番禺创办"广州中国民族民间艺术专业学校"，聘他为客座教授、学校理事和名誉校长。著有《孟浩然韦应物诗选》《历代寓穗名流》《黄遵宪诗选》。

第三节　文体明星

一、美术工艺方面

叶少秉(1896—1968)，名在宜，字少秉，以字行。著名国画家。自幼喜爱绘画，甘淡泊、忠所事。1918 年于番禺师范学校毕业，后师从高奇峰习画，为"天风楼七子"之一。长于绘花鸟虫鱼，尤擅长玫瑰，被誉为"玫

瑰王"。作品《柳鹭图》获1930年比利时万国博览会金牌奖。1933年德国邀请中国画家参加在柏林举行的中国画展览,叶少秉的《雨荷》获得金牌奖。1959年,他与卢振寰、卢子枢、冯钢百、赵崇正等历时半年余,精心创作了有近千名人物的《三元里大败英寇图》。此画得到了郭沫若的称赞并为之题词。

关良(1900—1986),字良公。1917年赴日本学习油画,1923年回国,任上海美术专科学校教授。1926年返广州美术学校任教,旋投笔北伐,在国民革命军总政治部宣传科任艺术股股长。20世纪30—40年代辗转于广州、上海、重庆等地的艺术院校任教。他曾向盖叫天等名演员学戏,最终形成独特的戏剧人物画风格。

麦华三(1907—1986),石碁镇官涌村人。1927年考入广州大学,1932年毕业后留校任教。1937年初完成大作《古今书法汇通》,由

麦华三书法

大画家高剑父题签。抗战期间,参与在香港举办的广东文物展览会,主编《书法月刊》。抗战胜利后,任广州大学文学院副教授。新中国成立初,转任华南联合大学副教授。1956年被聘为广东省文史馆馆员。1961年调任广州美术学院副教授。一生致力于书法艺术及书法教育工作,为岭南现代书坛主将之一。

李天马(1908—1990),石溪乡(今属广州海珠区)人。少由其父教习书法,技法与理论日臻成熟。青壮年时代,任职银行,却乐于书道,历游大江南北,请教书坛前辈,博览碑帖墨迹,楷、行、章草、大草、金文、甲骨文六体俱通。后应聘在广州美术学院教授书法,受聘为广州市文史馆馆员。20世纪70年代迁居上海,任上海市文史研究馆馆员。居沪期间,致力书法普及工作,收徒不索费、不受礼。曾主持拍摄书法教学影片《怎样写好毛笔

字》和《笔中情》。编著有《楷书行书的技法》《张氏法帖辨伪·余氏书录辨伪》。

李桦(1907—1994),祖籍番禺大石大冈乡。1927年毕业于广州市立美术学校,1930年留学日本。"九一八"事变后愤然回国。1934年在广州组织"现代版画会",是响应鲁迅号召的新兴木刻运动的先驱者之一。抗日战争时期随军流转于湘、赣一带,举办抗战木刻展,推动木刻运动。曾发起和组织"全国木刻界抗敌协会"。1947年应徐悲鸿邀请任国立北平艺专教授。1949年后历任中央美术学院教授、版画系主任,中国美术家协会常务理事、顾问,中国版画家协会主席。著有《木刻的理论与实践》《美术创作规律20讲》等。

赵少昂(1905—1998),岭南画派画家,祖籍番禺沙园乡(今属广州市海珠区)。16岁入高奇峰创办的"美学馆"学画,后任教于佛山市立美术学校。画作《白孔雀图》于1930年获比利时万国博览会金奖。1937年任广州市立美术学校中国画系主任。1941年被聘为重庆中央大学及国立艺术专科学校艺术系教授,途经湘、桂、黔等地,写生作画并举办个人画展,

赵少昂作品

尽以所得捐赠灾民。1951—1982年游历欧美及东南亚等地,先后于美国、英国、日本、瑞士、加拿大、澳大利亚、新加坡等地的博物馆及艺术馆举办个人画展。

石少华(1918—1998),新中国摄影事业的奠基人之一,祖籍番禺,生于香港。自青年时期起从事业余摄影活动。1938年携照相机奔赴延安,在陕北公学和抗日军政大学学习并担任摄影工作;同年加入中国共产党。

1939年前往华北抗日根据地，担任冀中军区政治部摄影组组长、摄影科科长、晋察冀画报社副主任、华北画报社副主任等职。新中国成立后，石少华于1950年调任中央新闻摄影局副秘书长兼新闻摄影处处长。1952年4月新华社新闻摄影部成立后，他调任主任。从1956年开始，先后当选为中国摄影家协会（原中国摄影学会）第一、二、四届主席，第三届全国文联委员，第三、四届全国政协委员，中国共产党第九届、第十届候补中央委员。1959年8月任新华社副社长。"文化大革命"中，他曾受到冲击和迫害，后出任国务院文化组秘书长。1979年11月回新华社任副社长、党组成员兼新华出版社社长。1982年离休后，先后当选中国老摄影家协会第一、二届主席。1986年获"国际影联荣誉杰出活动家"荣衔，1989年获日本第五届东川国际摄影节海外作家奖。1988年岭南美术出版社出版《石少华作品选》，辑入他不同时期的部分作品。

何铁华(1909—1983)，祖籍番禺沙湾。毕业于上海中华艺术大学，后留学日本帝国大学。曾在广州任教员，1938年在香港开设照相馆。广州沦陷后，何铁华积极进行义卖，为中国兵灾妇女筹赈会筹款。后来又以《大公报》战地特派员的身份在广东的所谓"三不管"地区及沦陷区拍摄大量反映战时的照片，从多个角度揭露日本侵略者的残暴本性。抗战期间，编辑出版的影集有《铁华游日摄影集》《铁华北游摄影集》等多部。1948年到台，后移居美国，在夏威夷开办铁花禅艺术学院，从事中国画和印象派画的创作和传授。

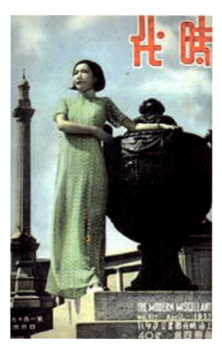

何铁华摄影作品

冯康侯(1901—1983)，祖籍番禺。冯康侯13岁开始学习篆刻，得到叔母之兄、篆刻名家刘庆崧指点。据记载，冯康侯常常从刘庆崧处借来黄牧甫印稿，对照进行初刻、修改，细加分析，"恍如黄牧甫亲授"。由于私淑黄牧甫，冯康侯早年印风工稳，峻利爽健。22岁入北京印铸局为技士，时常与当时篆刻名家交流学习。冯康侯在印铸局还得到一个外号"火车头"。原来每次起刀，猛力深刻，石应刀爆，声惊四座，印铸局篆刻课长王福庵（西泠印社创办人之一）便给他取了这个外号。冯康侯晚年定居香港，教授中国文字和篆刻，门下弟子众多，被奉为香港篆刻泰斗，并列"香江五老"之一。

孔泰初(1903—1985)，青少年时就喜欢练字习画，有藏古字画的爱好。19岁开始从事盆景研究，常常将临摹的树木形态贴于窗门，通过阳光的投影，捕捉盆景造型的结构。在反复的练习中，独创"截干蓄枝法"。后来，孔泰初运用"截干蓄枝"技艺为树木盆景造型，创作出雄伟苍劲的"大树型"盆景。20世纪40年代初，孔泰初在广州西瓜园的一次展览会上，以自己的"大树型"作品轰动羊城，赢得了声誉。他从事岭南盆景创作60多年，被誉为岭南盆景"三杰"之一。1990年被评为全国盆景大师。

二、音乐戏曲方面

曾浦生(1918—1984)，长洲下庄(今属广州市黄埔区)人。13岁随族叔到香港谋生。19岁时，与粤乐大师吕文成、何大傻等合作撰曲和配乐。在上海"大世界"戏院演出时，曾以边助琴(一种西洋乐器，也译作"班祖")独奏《醒狮》《旱天雷》《雄鸡》等曲。彼时他在粤曲伴奏师傅中已有"边助大王"的美誉。成名后，他潜心于广东音乐的创作，传世好曲有《阮郎归》《红楼夜》。28岁时他将自己的作品编成《蔷薇曲集》，并为粤语歌唱影片《火树银花》设计全套音乐插曲。他独创了介乎于"士工线"与"乙反调"之间，动用离调手法的"冰云腔"。当时的红伶芳艳芬曾以四丈余的红缎，嵌出"独创冰云"四字赠予曾氏。新中国成立后，曾浦生为中国唱片公司灌制了《浔阳江上浔阳月》《夏完淳解京》等10多首粤曲。20世纪70年代，创作《礼赞欧阳海》和《英台化蝶》。在这期间，曾还到番禺粤剧团任唱腔设计。80年代初，与梁谋、何滋浦合编广东乐曲集《南国弦声》。

何丽芳(1923—1986)，同文乡兔岗下社村(今属广州市白云区)人。粤剧名伶"生鬼容"养女。在养父的影响下，耳濡目染，博采各家之长，形成

独具一格的唱腔。她能运用子喉、平喉、大喉三种唱腔在一首曲中表现三个不同人物,因此被誉为"三喉歌后"。19岁时,登台与音乐名流吕文成、何大傻等做首场演出,大获成功。她在香港演唱《星殒五羊城》,轰动当场,唱片公司便约其灌制唱片。

黄佐临(1906—1994),祖籍番禺化龙,生于天津一个洋行职员家庭。1925年赴英攻读商科,开始涉足戏剧,曾师从英国戏剧大师萧伯纳。1935年与夫人金韵之(丹尼)再度赴英,在剑桥大学皇家学院研究莎士比亚,并在伦敦戏剧学馆学习。抗战爆发后回国,先在四川江安国立戏剧专科学校任教。不久到上海,在上海剧艺社、上海职业剧团任导演。1942年,以"齐心合力,埋头苦干"为信约,与黄宗江、石挥等人创办"苦干剧团",导演《梁上君子》《夜店》等话剧。钱钟书困居上海"孤岛"写《围城》的时候,生活相当窘迫。幸得苦干剧团上演了杨绛的《称心如意》和《弄假成真》,并及时支付了酬金,才使钱家度过了难关。1947年加入文华影业公司任导演,开始涉足电影领域。1950年,调任上海人民艺术剧院,先后担任副院长、院长。导演的影片有《布谷鸟又叫了》《黄浦江的故事》等。1980年,他作为总导演将话剧《陈毅市长》搬上银幕。此片获文化部1981年优秀影片奖。1988年获中国话剧研究所颁发的"振兴话剧导演奖"(终身奖)。

黄佐临的女儿黄蜀芹,导演过《围城》《青春万岁》等著名影视作品。

文觉非(1913—1997),祖籍番禺新造,生于香港。9岁随父母到新加坡,16岁开始参加业余剧团演出。1933年拜名艺人"声架悦"为师,正式以粤剧表演为职业,从艺两三年便升为正印丑生,后又担任文武生,相继在南洋

文觉非演出海报

各埠演戏。1940年从南洋返香港，常和新马师曾、陈锦棠、芳艳芬、何非凡等于广州、香港、澳门合作演出，广受欢迎。1952年和曾三多合作演出《表忠》，获全国戏曲一等演员奖。他在《拉郎配》《借靴》《选女婿》《山乡风云录》《打铜锣》等粤剧中所演角色风格独特，谐而不俗。文觉非在电影《七十二家房客》中扮演的太子炳，更给人留下难忘印象。

小云裳(1913—1997)，原名陈练，祖籍广东新兴县。其生父陈甘棠、母亲梁小桃和继父郭子允都是粤剧名家。1952年，到廉江加入新自力粤剧团，成为本籍粤剧著名艺术家梁三郎、花笑梅的得意门生。1963年，廉江县粤剧团在广州海珠剧院上演《哪吒闹海》，小云裳扮演哪吒一角，其表演惟妙惟肖，唱、念、做、打功夫全面，被内人士公认为正宗刀马旦，从此名噪羊城。

白燕子(1919—2000)，原名陈庆旺，祖籍钟村镇钟二村。9岁随父亲习唱曲艺，11岁开始随师父"招大银"于珠江三角洲一带演唱。1941年结识广东著名"大喉"演员熊飞影，专攻"大喉"唱功艺术。其音色浑厚高亢、吐字清晰，善于根据不同人物设计唱腔，独具一格。1954年与李少芳、黄少梅等发起组织"广州曲艺联谊会"，多次赴港澳演出，受到华侨同胞赞赏。1984年起兼任教学工作，主持广东粤剧学校曲艺班，将主要精力用于培养新人。

杨新伦(1898—1980)，番禺鸦湖乡人，生于上海。早年在上海读书，从小酷爱民族音乐。青年时先后在多所学校任武术教师。受著名琴家吴纯白影响，1928年开始学习古琴，先后师从五绍贞、卢家炳。1929年拜岭南琴派奠基人郑健侯为师，学习《乌夜》等岭南派琴曲，深得岭南派古琴真传。1960年受聘到广州音乐专科学校(星海音乐学院前身)古琴专业任教。"文革"后，与弟子谢导秀共同整理《古冈琴谱》，更把珍藏多年的20把古琴与清代《琴学汇成》孤本无偿献给国家。

三、文学方面

凌叔华(1900—1990)，凌朝庚之孙，凌福彭之女。凌福彭与康有为是同榜进士，颇得袁世凯信任，官至顺天府尹(相当于北京市市长)。1921

年,凌叔华考入燕京大学预科,翌年升入本科。1924年,在《晨报》上发表了第一篇白话小说《女儿身世太凄凉》,引起文坛注意。1925年,发表小说《酒后》,轰动一时。鲁迅先生赞它"适可而止的描写了……高门巨族的精灵"。凌叔华因此成为著名作家。1926年,嫁陈源为妻。1956年起,在新加坡、加拿大教授近代文学。其绘画在英国艺术界中甚有影响。重要短篇小说集有《花之寺》《女人》《小孩》《小哥俩》等。

张采庵(1904—1991),名建白,以号行,番禺紫坭人。广东大学毕业后任教于广州、香港等地。抗战胜利后回乡创办紫坭小学并任校长。因新中国成立前曾任保长,1953年入狱。出狱后于1957年迁居广州,任印刷厂校对。长期从事诗词研究、创作活动,有《待焚集》刊行。其格律严谨,讲究用字,人称"采律"。其《白燕赋》蜚声海外,有"张白燕"美誉。其《秋燕六章》感人殊深,柳亚子为之和诗四首,名重一时。"文革"后,曾任广东楹联学会副会长、广州荔苑诗社社长、广州诗社副社长。

四、体育方面

黄啸侠(1900—1981),别名黄豪,号逍客,别称铁臂鸳鸯手。石碁镇莲塘村人。他融会南北众家之长,创立练手拳、练步拳、黄家太极拳等武术套路。他先担任国民体育会国术部主任,继而担任武术教官,为陈济棠军警传授武术。抗战爆发,他编写《抗日大刀法》,组织抗日大刀队,练武抗日。1948年获八届全国运动会国术比赛第三名,1957年获全国武术观摩大会一等奖。1983年,由其参与整理、编写的《练步拳与练手拳》一书由广东科技出版社出版。国家体委确认"黄啸侠拳法"为中国武术传统拳种。

姜永宁(1927—1968),自幼随父母到香港。读中学时曾获香港乒乓球埠际赛男子单打冠军。1952年,应中华全国体育总会广东省分会的邀请,代表广东省参加中华人民共和国成立后第一届全国乒乓球锦标赛,以独特的削球技艺获得男子单打冠军和国手的称号,自此,便成为国家乒乓球队队员。1957—1959年,他被提任为国家乒乓球队教练,此后担任北京队总教练。姜永宁多次参加国内外重大乒乓球比赛,均获得好成绩。1955年他再一次取得全国乒乓球锦标赛男子单打冠军。在第23届世界乒乓球锦标赛中，中国男队与美国、韩国、南越等队比赛时，姜每场独得3分，为中国队取得第一级第六名的成绩立下功劳，被国际乒联评为世界十名优秀运动员之一。"文革"期间，姜永宁被强加上种种莫须有的罪名而横遭迫害，于1968年5月16日自杀身亡。

第四节　杏林宿耆

黄省三（1882—1965），化龙镇人，出生于乡村医生家庭。自少研习医书，行医乡间。1909年迁居广州，在南关开设"黄崇本堂"，求医者众。1924年为避歹徒勒索，赴港设馆行医，是中国倡导中西结合的先驱者。1955年回广州，先后任中华全国医学会理事、广东省中医药研究委员会副主任、中山医学院教授。晚年勤于著述，著有《流行性感冒实验新疗法》《白喉病药物新疗法》《肺结核实验新疗法》《麻疹实验新疗法》《急性阑尾炎药物新疗法》。

黎萃拔（1902—1965），市桥人。青年时，自学医学知识，工余为街坊邻里治病，治好了无数病人。继而在市桥东涌路行医，成番禺名医。他结合温病特点，屡用"清宫汤"，加上清心开窍的"紫雪丹"，成功抢救那些"邪入心包"的温热病患者，时人称他为"力劈大热圣手"。他对《伤寒论》《金匮要略》等药书中的方药运用自如，用"小柴胡汤"加味治疗妇女"热入血室"症疗效极高。他主张学古人之法，又

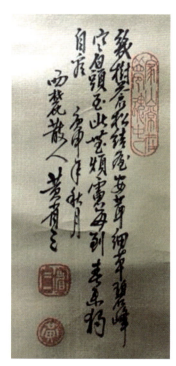

黄省三书法作品

不硬搬古人之方，施药因人、因地、因时、因病轻重而异，主张中西医取长补短。新中国成立后，他积极响应政府号召，组织巡回医疗队深入农村基层为群众治病。抗美援朝期间，率先在番禺医务界同行中超额认购爱国公债。

1958年,他带头参加中医联合诊所,后又为筹建市桥中医院竭尽全力。

万寿(1909—1978),幼随父研习中医,曾拜岭南名医谭次仲为师。日军侵华期间,迁到市桥镇海傍路"存济堂"药店行医。1958年,他放弃优厚的个人收入,加入刚成立的市桥中医院。著《伤寒论评著》《金匮要略评注》《万氏医学谈》。

周展程,祖籍石碁镇新桥村。祖、父世代行医,幼承家传,主持医馆。他以当地易寻易制的卷心竹叶和竹沥水代替昂贵的"温病三宝"等方药,救治了许多危重病人,成为当地名医。1950—1957年,他先后受聘于造船厂、榨油厂、砖瓦厂等工会及工商联为医事顾问,为这些单位广大职工诊病服务,不另收诊金。他积极参与筹建市桥中医院的工作,后兼任中医院副院长。1979年,广州市人民政府授予周展程"名老中医"的光荣称号。著有《温湿病证治专著》《舌诊概要》等学术论文。

妇科名医梁毅文

梁毅文(1903—1991),1917—1923年先后考入广州光华医学院和夏葛医学院(我国历史上第一间女医校,广州医学院第三附属医院前身)学习。1925年起在柔济医院从事妇儿科工作。1929年,到美国费城便士伊拿女子医学院进修妇产科学,并取得医学博士学位。1931年,到奥地利维也纳医学中心进修解剖学、病理解剖学、泌尿科及妇产科。同年底,返回柔济医院任教务长、妇科主任。1949年再赴美国纽约医学研究中心深造,着重研究脱落细胞学,并因此成为第一个进行脱落细胞研究的中国专家。1950年,返回柔济医院任妇产科主任,兼任岭南大学孙逸仙纪念医院教授。1954年起,先后任广州市第二人民医院副院长、院长、名誉院长。梁毅文是华南地区采用自体腹腔血液回输的第一人。早在20世纪30年代,她便开始推广产前检查,积极预防妊娠并发症,并能开展一系列难产手术。

第五节　其他人物

何贤(1908—1983)，知名爱国人士，澳门著名实业家，首任澳门特首何厚铧的父亲。1908年12月1日生于广州十二甫长兴里。13岁时离家到粮庄当小伙计，21岁时在广州开办"汇隆银号"。1938年10月日寇攻陷广州，何贤逃难到香港。1941年底，太平洋战争爆发，香港沦陷，何贤又随着大批难民撤到澳门。何贤在澳门结识了后来任澳门中华总商会会长、全国政协副主席的马万祺。马万祺十分欣赏何贤从事货币和有价证券买卖的才干，聘请他到大丰担任司理。1942年初，因化解澳门货币短缺的金融危机，何贤一举扬名。1943年初，日军封锁澳门岛。顿时岛内物价飞涨，贫苦居民衣食无着。何贤等人找到日本陆军特务机关的机关长，几番斗智斗勇，终使澳门解除了封锁。他乐善好施，举凡教育、文化、卫生、体育及社会慈善福利事业，皆出钱出力，对劳资问题、工商纠纷、社会矛盾都出面调停。何贤对祖国和家乡建设一向热心，番禺宾馆、大石大桥、番禺县人民医院、莲花塔等工程的捐资兴建，都离不开他的参与。

何善衡(1900—1997)，香港恒生银行创办人、大昌贸易公司董事长，祖籍番禺石溪乡(今属广州市海珠区)。13岁时，家道中落的何善衡被迫辍学，在南成金铺当学徒。24岁时，何善衡与人合股于广州上下九路开设汇隆银号，从事港币买卖业务。后因善于炒金，与好友到香港开设恒生银号，并在1948年的香港炒金风潮中，代表粤港炒手与上海的炒金客对峙，大获全胜，名利双收，成为香港地区黄金买卖的权威人物。何善衡在银号取得长足发展之际，将其更名为恒生银行。其领导编制的"恒生指数"，作为股市升跌的参考系数，以其科学性与权威性而为世界所接受，并且一直沿用至今。何一直很支持教育事业，曾多次捐资支持家乡的建设。1985年，他捐资2000万港元成立中山大学何氏基金会，资助中大管理学院的教学、科研和师资培养。1993年，与梁球琚、何添、利国伟等各捐资1亿港元，设立

"何梁何利基金",用于奖励有突出贡献的内地科学家。

惟因法师(1914—1992),字知果,俗姓黎,名志成。出生于番禺县沙湾镇一贫困家庭。1939年,其父母先后去世,志成悲痛欲绝,深感人生无常,于是赴韶关南华寺剃度出家。1942年冬随侍虚云到重庆慈云寺、华岩寺做护国息灾法会。1944年,出任南华禅寺知客、监院,于日寇入侵韶关期间苦心护持寺院。新中国成立后,惟因和尚为维护祖庭,鞠躬尽瘁。他与众同事开展生产,自食其力,获誉甚高,有"佛门榜样"之赞。"文革"期间,面对迫害,他初衷不改,勤奋劳作,与众僧保护南华寺历代文物。1982年起任南华寺住持。著有《修行漫谈》《解行相应》。

新志书收录了两位外地籍人物。此两位人物破例载入县志,体现了番禺民众对他们的高度评价。

张其昌(1914—1988),河北省隆尧县人。1938年参加革命,1952年4月任中共番禺县委书记。在土地改革运动中,深入农村访贫问苦。1953年开始组织互助组,领导农民走共同富裕的道路。在农业合作化运动期间,张其昌要求全县各级干部,突出抓好粮食增产工作。他狠抓耕作制度改革,发动群众开展以蓄水工程为主的农田水利建设,在沙田区推广联围筑闸经验,将原来的单造潮田或挣稿田改为双造稻田,大幅度提高水稻产量。1956年底调至中共佛山地委和广东省政府工作。志书称"他在番禺任内,关心民间疾苦,兴办利民实事,作风清廉严谨",是那个时期基层政权干部的真实写照。

丁树人(1924—1985),湖北鄂城县人。1951年毕业于武汉大学中文系,后分配到中央人民广播电台任编辑。1960年响应号召到广东参加整风运动,翌年调广东仲元中学任语文教师。他热爱学生,教学严谨,讲求实际,深受师生的敬重。1985年,丁树人在为学生讲解鲁迅先生的《记念刘和珍君》时,突发脑溢血,不幸于当日逝世。

下编 各领风骚数百年——传略

日月不變，陰陽
朔月不雨，復飢
昔足期軫之

第七章　岭表开化赖先驱

第一节　首撰异物志的议郎杨孚

汉朝对人才的选拔制度，有一种名堂称"举贤良对策"，全称是"察举贤良方正与文学"。汉代指学习儒家经书的士人为"文学"，能够称为贤良方正与文学者，即德才兼备而又正直不阿的文学之士。因此，举贤良对策就是以才学德行为主要标准的铨选制度的高级形式，选上者可入朝任郎官。所谓郎官，就是君王的侍从近官，参与谋议，执兵宿卫，备顾问差遣。这是何等重要而显耀的职位。岭南在汉代因举贤良对策入朝为官者，属凤毛麟角。东汉番禺人杨孚便是进入此列之能人。

杨孚是东汉番禺下渡村(今属海珠区)人，章帝建初年间举贤良对策，入朝任议郎，在皇帝身边职掌顾问应对，参与议政，指陈得失。他应是岭南有史以来得此职务第一人，其德行、才学之高可想而知。杨孚的议政事迹主要集中于汉章帝之后的汉和帝期间(89—105)，这可能与他至此已积累有一定从政经验有关。汉和帝即位，打算派兵出击匈奴，朝臣观言察色，朝议大多附和。杨孚对朝廷的无端用兵表示反对，奏言："创造用武，守业尚文"，"先帝继述，虏来则应，

因举贤良而入朝的杨孚

未尝先伐",主张"绳美祖宗,毋轻用武"。也就是说,坐江山要讲策略,不轻用武力,对侵犯之敌要应战,但不要主动去讨伐对方。他的意见没有得到采纳。这次出征,大破匈奴,却造成率兵出征的外戚权势坐大,宦官用权,成为朝政日渐腐败的无穷后患。杨孚的先见之明,由此可见一斑。

公元100年,天下大旱,朝廷以此为上天惩戒,按旧例征求百官意见。杨孚上疏极力主张公卿大夫应身体力行以孝治天下,在上疏中建议"诏中外臣民均行三年通丧",还提倡廉政、整顿吏治,主张考核和选拔官员要以廉为标准。汉和帝采纳了他的建议,下诏"禁有司假势行邪",奖励有孝行臣民,救济孤寡贫老者,实行三年通丧之礼,影响了千余年的封建社会礼制。

值得大书特书的是杨孚撰写了一部《南裔异物志》(又称《异物志》《交州异物志》《交趾异物志》),这是一部在岭南文化史上散发出不可磨灭光芒的著作。当时自岭南回京的官员竞相带回珍奇之物以为进身之阶,杨孚写出此书以指陈岭南风物,收敛这种猎奇钻营的风气。这本书在当时起了向中原士民介绍岭南风土物产的作用,更为后人提供了汉代岭南植物学、动物学和矿物学的第一手材料。《南裔异物志》是南海郡人第一部学术著作,记载了岭南陆产、水产等物产种类及开发利用的情况,其科学性、准确性至今为人所赞叹。如记载水稻"夏冬二熟,农者一岁再种",使后人明晰汉代岭南水稻耕作已是一年两造;记载的荔枝、龙眼、椰子、芭蕉等岭南佳果,使后人了解到这些水果种植的历史之久远;书上记载的芭蕉之茎煮丝为布的纺织技术,今已失传,《南裔异物志》因此成为后人了解此技术的重要资料。

《南裔异物志》的记载还具有面向海洋的特色。首先,此书所载物产,除珠江三角洲本地所常见,还有外郡远地,甚至生长于荒山野岭的,如合浦、日南之牛,日南、九真猱然(长尾猿),九真长鸣鸡,朱崖水蛇,交趾草、交趾稻等。日南、九真、交趾在今越南之地,合浦在今广西,朱崖则在海南岛。《南裔异物志》多处述及这些地方的物产,正反映了汉代番禺作为交通大港在海上往来联系方面的作用。其次,《南裔异物志》述及许多海产,其中有一些产自深海,如鲸鱼、水母,有当时作为主要贡品的玳瑁、犀角、象牙等。再次,《南裔异物志》的记载,还涉及海外一些地区或国家的情景,主要是民俗。如居民"画其面及身，刻其肌而青之，或若锦衣，或若鱼鳞"的雕题国，"以草漆齿，用白作黑，一染则历年不复变，一号黑齿"的西屠国。最后，《南裔异物志》中记载的扶南、金邻、斯调，为东南亚一带的海外国家，瓷人则是海外之人。扶南、金邻、斯调等国名，在《史记》《汉书·地理志》中尚未出现，《南裔异物志》是中国最早记载这些东南亚国家的史籍。

《南裔异物志》今已失传，中国古代不少类书上辑录了此书的一些条目，既反映了该书保存历史资料的重要性，也使清人曾钊得有辑佚为卷的可能性。在中国地方志发展史上，《南裔异物志》开异物志之先河，成为后世方志一个重要的门类。

《南裔异物志》文字优雅，记述中采用了被称为"赞"体的四言诗，韵语藻雅，寓意蕴藉。例如，书中写道："榕树栖栖，长与少殊。高出林表，广荫原丘。孰知初生，葛藟之俦。"这段文字的意思是说：榕树的生长，大树与幼树大不相同。长成大树的榕树，比其他树木要高大得多，稠密的丛林遮蔽着广阔的原野，令人想不到它初长时以藤形倚绕其他树木寄生的柔弱情景。这其中，不仅让人如临其境地再现了榕树"高出林表，广荫原丘"的南国景象，还让人体味到自然界生物蓬勃生长的强大生命力。这种遗词优美、寄意深长的文字风格，对岭南诗歌的发展影响深远。因此，在清初学者屈大均看来，《南裔异物志》的撰著，还有另一种历史意义：在《广东新语》一书中，他提出了"然则广东之诗，其始乎孚乎"这样一种推断。

传说杨孚从洛阳回乡，移植了松树在屋前，那年居然降雪树上，这在长夏无冬的岭南是极为罕见的。后人为纪念他，将珠江

位于下渡路东约大街的杨孚井

南面的海珠岛称为"河南"。杨孚是开创岭南文化的学者之一，后人对杨孚之人品文采深为敬佩，唐代诗人许浑在广州赋诗，有"河畔雪飞杨子宅，水边花盛越王台"之名句。清代两广总督阮元在河南漱珠岗建有纪念杨孚的"议郎祠"。现时在下渡路东约大街的巷道里，还保留有传说为杨宅遗存的杨孚井。

第二节　南人无党的探花李昴英

李昴英(1201—1257)，晚年归隐于羊城文溪上，因号文溪。他是南宋番禺人，出身于世代仕宦的大族，其父李天棐官龙图阁待制、吏部侍郎，相当于副部长。据说他将出生时，其母梦见有大星降于庭，因名昴英。昴为二十八宿之一的星名，传说汉相萧何就是昴星之精降生的，故后世以"昴降"为颂扬显贵之词。由此可见李家对昴英寄以重望。李昴英的经历也不平常，他确实博学多识，21岁时乡试第一，25岁到京城会试，考官拟选拔他为第一名，因所治《春秋》之学不为即位不久的宋理宗所崇尚，于是调为第三，由此成为岭南历史上第一位探花。

1235年，李昴英因继母去世归家服丧，遇上戍兵岭北的摧锋军叛乱，围攻广州城，经略使、转运使等大员都亡命出逃，城内人心惶惶。隐居广州的崔与之应士民所请权且接下广州知州之职，登城对叛兵晓谕大义，并派李昴英出城与乱军谈判。李昴英毅然应命，与崔与之的另一门人杨汪中二人缒城而出。叛兵亮出刀剑围上来，李昴英毫无惧色，从容陈明顺逆利害，说服叛军放下武器，化险为夷。因协助平叛有功，李昴英升太学博士。受到宋理宗接见时，他借机陈言，针对时弊，提出谨身、用人、守法、厉俗"四戒"。理宗当面称赞他的胆略。其后，朝廷因屡召崔与之任相不就，知道他是崔与之的得意门生，遂委派他返广州游说崔与之出任。广州一行，他不但没有请出崔与之，反而受到崔与之的影响，也提出辞官，只是不被获准。他后来出任福建建宁宪仓提举，主管茶、盐产销和监察工作。刚到任，已有贪吏风闻其清名而解印遁去。

李昴英曾被外放到福建汀州做推官，这是州官手下分判刑狱的属员。顶头上司不听李昴英的劝说，胡作非为，激起兵变，李昴英打算弃官而去。数百士民聚集城外苦苦挽留他，他挺身而出，稳定了局面。三年后，流寇攻打汀州城，他调遣军民，亲自督战，相持五日，终使汀州得保。

1245年，李昴英升右正言，兼侍讲。右正言是侍从于皇帝身旁，专掌规谏、进读书史、讲释经义的七品小官。他忠于职守，斥词不避权奸，也曾取得皇上信任。宋理宗将他的名字写在御屏上，对人说："李昴英，南人无党，中外颇畏惮之。"李昴英万分感激理宗的知遇之恩，愈加知无不言、言无不尽。有一次，他再三上疏弹劾权臣和皇族，理宗脸色大变，连奏疏都不肯收下，但他仍拉着皇帝的衣裾据理力谏，惹得理宗动怒，拂袖入宫，而李昴英硬是把奏疏留在御榻。如此耿直，终于被罢免官职。离京时，在京诸生为他送行，有"庾岭梅花清似玉，一番香要一番寒"的赞美之辞。回到广州，家乡父老手持彩旗出郊欢迎这位刚直之士。回乡不到一年，由于大臣交相荐举，朝廷又再三下旨召用，他辞不上任，却在闲居中关心起民生疾苦来，上奏弹劾广州知州邱迪哲罗织罪名，指民为盗等暴虐罪行，终于使数百人平冤得活。

1252年，李昴英被起用为赣州知州，在任上洗冤泽物，百姓安居。郡人要在赣城为他立像建祠，他力辞之。1254年奉召进京，累官至龙图阁待制、吏部左侍郎，兼翰林学士监修国史，封番禺开国男。他性格不改，因疏劾大宦官没有下文，辞官归里，归隐于城北文溪上，渔钓自适，著书行世，从此不作仕进之意。宋理宗诏封他为端明殿学士、佥书枢密院事，后者是掌管国家最高军事机密的职务，他都乞辞不赴。知其不可能再出仕，皇帝御书赐给"久远"堂匾、"文溪"里匾、"向阳"涧匾。

李昴英阅历丰富，历任京官和地方官，终其一生，显示出清廉正直的品德、治国安邦的才干。明代湛若水评价李昴英一生功德，指出：为弹劾奸臣、宦官而不怕解职，可谓"忠"；守丧期满累诏不赴任，可谓"孝"；为立恩师崔与之道而辞官归家，可谓"义"；汀州与羊城平叛奋不顾身，可谓"勇";担任提举、郡守赈饥安民,可谓"惠";屡次辞官功成身退,可谓"廉"。李昴英兼备此"六行",足以为世人表率。

李昴英继承了其师崔与之的雅健词风,著有《文溪词》一卷。词作高华伉爽、沉郁苍凉,反映了当时忧患深重的时代环境。其词内容丰富,风格多样,豪放与婉约兼而有之,而以豪放为主。词作长调居多,而短调甚少,擅长铺陈事物,写景言情,在当时和后世都有一定影响。明代毛晋辑编《宋六十名家词》,收入《文溪词》列为一家,是岭南宋代词人中唯一的一家,足见其在南宋词坛上的地位。试看这一首《水调歌头·题斗南楼和刘朔斋韵》:

万顷黄湾口,千仞白云头。一亭收拾,便觉炎海豁清秋。潮候朝昏来去,山色雨晴浓淡,天末送双眸。绝域远烟外,高浪舞连艘。

风景别,胜滕阁,压黄楼。胡床老子,醉挥珠玉落南州。稳驾大鹏八极,叱起仙羊五石,飞佩过丹丘。一笑人间世,机动早惊鸥。

此词写观山览海,胸襟旷远,想象奇特,气概豪迈,是描绘宋代广州形胜不可多得之佳制。特别是"绝域远烟外,高浪舞连艘",写出了当时的黄木湾口通商贸易的繁忙景象,为宋词中所仅见。

李昴英的文稿由门人李春叟搜集编成《文溪存稿》二十卷,包括奏稿21篇、杂文112篇、诗159首、词30首。《四库全书总目提要》评论此书曰:"其刚直之气,有自然不掩者矣。"《文溪存稿》为后人所喜爱,故有多次刻本,广东省立中山图书馆就藏有刻于光绪年间的十刻本。

第三节　魂归庾岭的状元张镇孙

南宋广州城有童谣说:"河南人见面,广州状元出。"宋代珠江江面有十里之阔,又有海潮涌入,广州人将珠江河段称为"珠海"或"小海",南宋诗人杨万里就有"大海更在小海东"的咏广州诗句。清代"羊城八景"中仍有"珠海晴澜"一景。童谣说珠江两岸之人隔岸难以分辨对方面目,想看清面目有类珠江水涸,百年难逢,以此比喻广州人中状元不易。广州的官员为此在江边建了座"见面亭",寓意早出状元。岭南科举自宋代始兴盛,进士达573人,其中状元仅一人,确实不易。在广州状元尚未面世之时,时人李昴英梦见有人弯弓射江,江水因而干涸。李昴英善占星之术,为此卜了一卦,说是"大魁天下者,必要张氏子"云云。消息传开来,正在书塾读书的张镇孙对同窗学友说:"安知不是鄙人?"大家都笑他痴想。殊不知,日后张镇孙果真中了状元,他的事迹也为后人所叹惜。

张镇孙(1235—1278),字鼎卿,号粤溪。关于他的籍贯,一说番禺人,一说南海熹涌乡(今属佛山市顺德区)人。广州城内的状元坊、顺德伦教镇熹涌张状元祠,都是为了纪念他而建的。至于今广州市河南龙珠巷口的状元井,则是张镇孙后人所凿,也是为了纪念这位状元的。据族谱记载,张家祖上由川入粤,授南海县知政,致仕后安家在广州城南。他的祖父、父亲都是读书人,皆当了官。家学渊源,加上勤奋好学,张镇孙少时即有"神童"之誉,才会在听到童谣时脱口说出他的状元梦。说来也巧,咸淳六年(1270)他高中状元那一年,珠江水涸,两岸之人可以步入江中,"企望能辨眉目",正应了童谣之说。张镇孙后来的文集就叫《见面亭集》,可证此事不是无稽之谈。

张镇孙中状元,凭的是真才实学。他在殿试中慷慨陈辞,挥笔写下七千字的《廷对策》,纵论兴亡治乱,提出了"天下国家以民为命脉","良以民心之所归,即天命之所佑;民祇之可畏,即天显之可惠","训守牧,戒贪残,以布治也"。他借大考之卷,指陈朝政之腐败,痛快淋漓地揭示弊政:"昔以暴赋横敛为非,犹知赋敛之名,今直取之而已。昔以收大半之赋为非,尚有其半也,今直尽之而已。府库金帛,皆生民膏血,郡邑官吏鞭捶丁壮,系累老稚,铢铢寸寸以诛求之,以输于帑庾,陛下不可得而见也;南亩之民,鼃面涂足,终岁勤动,而不厌糠核,陛下不可得而见也;徒吏坐门叫嚣隳突,吾民伐桑枣、鬻妻子以饱之,愁叹之声载道,陛下不可得而闻也!"这是说以往朝廷还懂得以税赋为名横征暴敛,如今干脆直接掠夺;原先还只

收取大半为赋，现如今则全部取去。民间的种种疾苦不堪，怨声载道，皇帝是不知道的。他还痛责官吏乘"去岁旱涝""今春常寒"的荒年民饥，中饱私囊，欺诳小民之丑恶行径。此时正值南宋末世，大概是当政者也无法不感受到危机，因此，言辞激烈的《廷对策》没有激怒皇帝，反而助力张镇孙高中进士第一名。

张镇孙向来不屑攀附权贵，中了状元之后他面临着更为难堪的考验。当科状元自然进入了权相贾似道的视野。贾似道心怀叵测地对他说："你是我所提携的，像你这样的才识，本来省试就应该得第一名了，可惜相遇晚了。"张镇孙不买他的账，也不上贾府致谢。按例，状元可以到判局自行取赏钱以供使用，张镇孙只是象征性地略取一点就算了。就这两件事，人们都敬他持正不阿，廉洁自律。得罪了权奸，仕途就不畅通了。初时任秘书监正字，后迁校书郎，也只是个八品官员。不久，发外任婺州（今浙江金华市）通判。无法施展报国之才，张镇孙唯有将父母迎养在任，以尽孝道。这时元军大举南下，南宋国是日非，百官奔散，张镇孙奉年迈的双亲弃城归粤，因此被弹劾罢官，遂闲居广州。

不久，南宋小朝廷流亡广东，战云密布于岭南大地上空。1276年，元兵占领广州，张镇孙和都统凌震将南宋的各路散兵游勇重新整编，分成东西二路，共图恢复大计。这年十二月，宋端宗在惠州甲子门（今广东陆丰）召见张镇孙，当即任命他为龙图阁待制、广东制置使兼经略安抚使，授权他统辖广东军政大权，还赐给佩剑、弓箭，以整肃军纪。张镇孙临危授命，重整军纪军风。军中有一将校叫卢震，仗着手下人多，拥众暴横，不服军令，张镇孙将他的罪行公之于众，并以军法从事，杀头示众。由此，军令得行，将士用命，兵威稍振。次年四月，张镇孙率军收复了广州，受到端宗诏赏，亲朋乡里也都来庆贺。此时，文天祥、陆秀夫分别挥师攻克梅州、潮州，广东的抗元形势现出云开日出之光明。张镇孙对大势却十分清醒，面有忧色，对众人的称贺默不作声。形势的发展果不出其所料，不久元兵猛烈反扑，张镇孙率战船在珠江上迎击元兵，寡不敌众，只能退入城内。守城逾月，力竭势穷，广州终被元兵占领，张镇孙也被俘。景炎三年(1278)，张镇孙及妻被元军押解北上，途中死于大庾岭，终年 43 岁。

张镇孙之死，一说自缢，一说绝食，同时殉难的还有简、蔡二夫人。关于他的死，史籍有不同记载。《宋史》《元史》均有其"以城降"之记载。宋遗民陈大震《南海志》记载"镇孙降"，以城降元之事看来无可避讳。问题是既然降元，为何不见受封而要押解北上呢？明翰林学士黄谏就认为："夫既降矣，必获偷生；既北上矣，必冀见用。而死梅岭，必其忧愤不已，或绝食成疾，不可知云。"这是推测。与张镇孙同一时代，曾任南宋尚书的陈仲游在《广王卫王始末》中则肯定"镇孙死节"。同是南宋状元、勤王死节的文天祥闻张镇孙死讯，作诗悼之，是对张镇孙死节的肯定。种种迹象表明，张镇孙以不屠城为条件，宁愿背上骂名而降城，在目的已达后誓死不度岭以明志，不愧是一位高风亮节的爱国民族英雄。

第八章　南国诗坛倡雄风

第一节　南园五子之黄哲、李德、赵介

明初的岭南诗坛，活跃着五位诗人，他们开岭南文人结社之始，在广州南园轩共组"南园诗社"。此五人被誉称为"南园五先生"，或称"南园前五子"。五先生的诗，上追三唐，力矫元代诗歌创作上的纤弱萎靡之风，使岭南诗风为之振起，对岭南诗坛可谓影响深远。《四库全书总目提要》赞道："粤东诗派，数人实开其先，其提倡风雅之功，有未可没者。"有人说，"南园五先生"与以高启为首的"吴四杰"和以林鸿为首的"闽十子"同时，共开有明一代风雅之宗，可见其在中国诗坛上的重要地位。五先生中，黄哲、李德、赵介三人是番禺人。

一、"雪篷先生"黄哲

黄哲（？—1375），字庸之，是五子中最早为朱元璋所招用者。黄家世代为荔湾大姓。黄哲，年幼即孤，刻苦读书，作诗达到晋唐境界。黄哲性好山水，在白云山蒲涧搭起屋舍读书栖息，经常来往于罗浮山、峡山、南华寺等粤地名山胜迹，仍觉得不过瘾，于是越岭向北，经过吴楚之地，游历于燕齐之间，结交湖海英豪，同游唱和，才名远播。他北上时，曾经倚篷听雪，觉得十分新鲜动听，归粤之后，构筑一轩，就取名"听雪篷"。他被称为"雪篷先生"即由此而来。朱元璋起兵反元时，为了扩大影响而招徕名儒，手下的李善长、张昶、汪广洋交相推荐黄哲。朱元璋立吴国，拜黄哲为

翰林待制，入侍太子读书，不久，兼翰林典签，掌管文书处理。黄哲尽职辅导太子，几乎每天都受太子赏赐，朱元璋对他也十分器重，常让他应制赋诗。

洪武初，黄哲奉使青州、徐州，对图谋叛乱者宣以圣谕。不久，出任山东东阿县（今平阴县）知县。他关心民情，勤于为政。时值大旱，麦苗干凋，他郑重其事地举行祈雨仪式，词旨哀恻。不久天降甘霖，百姓欢呼此雨是"黄公雨"。狼溪传闻有怪物食人，黄哲写祭文祷告，恰好雷雨大作，溪上浮出被打死的一条大青蛇。邑人十分惊讶，认为他是以诚通神。东阿经历战乱，数千百姓流徙外地，听说有这么一位好县令，纷纷返乡复业。后黄哲升任东平府通判，东阿士民遮道涕泣攀留，父老争着抬轿相送，直到府境才回。这年黄河决堤，他负责东平地段水利工程，经划有方，民不告劳。有关部门打算复修黄河北岸黄陵冈的拦河坝，他极力反对，述说元朝就是因为筑堤役民激起民变，应以此为戒，此事遂息议。黄哲上疏陈述时务，不顾忌讳，触怒了朱元璋，要治罪于他，幸得山东分省上奏黄哲有功，始释不究。黄哲借机乞归回粤，到府学教书，四方闻名而至者，竟有数百人。谁想人在家中坐，祸从天上落。四年之后，黄哲被朝廷召回山东处死，罪名是不清不楚的"在郡诖误"。郡邑的老百姓感其大德，在家设祭。

黄哲著有诗文十多卷，诗集《雪篷集》已佚，今辑存其诗七十余首，在五先生中数量居第二。除古体诗较多外，近体诗也写了不少，其所作律、绝，用笔清劲，不乏佳作。七律大多语奇笔重，意境阔大，有盛唐格局。

二、"易庵先生"李德

李德，字仲修，人称"易庵先生"，自号采真子。他工于文词，尤邃经学，后以诗闻名于世，时人称其诗"跨晋唐而跞宋元"。李德在明初应荐到京师，朱元璋亲自策问，授为洛阳典史。他于政务之暇，遍览胜迹，登高作赋，抒发胸中磊落之气。诗赋为时人所争诵。后以年衰乞改湖北汉阳教谕。当时汉阳战乱甫平，学舍破烂不堪，学生仅十数人，且失学已久，学力甚差。李德尽心启蒙训教，罗致民间子弟俊颖者入学，学风得倡。后改任广西义宁（今临桂县）教谕，此地办学条件更加恶劣，李德订立制度，鼓励向学，本地科贡渐盛。晚年倦游南归,潜心研究理学,以至于当时研学理学者,言必称李长史。李德所著《易庵集》已佚,今辑有其诗42首。其诗大体分为两类:一是恬淡旷达,似哲学诗;一是语效李贺,驰骋奇特。诗作晚年转为平淡而更臻老练,且看这首《社后漫兴》,把自然景物与个人感受巧妙结合起来,浑然一体:

　　社燕西飞节物过,年化世事两蹉跎。
　　晴天白鸟来无数,落日浮云看渐多。
　　黄菊何人归短棹,红蕖秋水淡洪波。
　　寂寥多恨凭谁遣,摇落无心奈尔何。

三、"布衣诗人"赵介

　　南园五先生中,唯一以布衣终老的是赵介。赵介(1344—1389),字伯贞,为宋太祖赵匡胤弟赵廷美十九世孙。他多才多艺,博通六经,对星官医卜、佛老之书无所不究,诗学造诣尤深。赵介父母早逝,这造成他性格孤僻,与世俗格格不入。明初,南园五子中有四人先后被援引出仕,唯独他闭门读书,无意仕进。南海文士李韦华因受引荐准备赴任,赵介力止不可。临别时,赵介流着泪对他说:"你效忠的日子还长,尽孝的日子可就不多了。你难道就不念及慈母吗?"后来李韦华获罪于任上,这才感叹:"赵伯贞真是高士呀!"赵介在居所前种了两棵松树,居所起名"临清",寓陶渊明"临清流而赋诗"之意,表明淡泊名利之志向,因此被人称为"临清先生"。赵介作诗,气宇豪迈,胸怀豁达,兴至则挥毫赋诗。他绝不为人留题,不喜与达官贵人往来,经常来往于西樵山的泉石之间,与八十老翁刘乐善唱和自娱。平时,随身携带一布囊,见景生情,赋有诗篇即投入囊内。赵介诗在南园五子中自成一格,所著《临清集》已佚,《南园五先生诗》仅辑存六首。清人朱彝尊另辑有赵介五律《听雨》,读来清新可人,可见他内心感情细腻丰富的一面。

　　池草不成梦,春眠听雨声;吴蚕朝食叶,汉马夕归营。
　　花径红应满,溪桥绿渐平;南园鑫酒伴,有约修新晴。

赵介拒不出仕，名气却越来越大，屡获荐举而苦苦辞免。即使如此，也不能幸免于祸。洪武二十二年(1389)，因家人出事受连累，朝廷下令将其押解赴京师。北上路经南昌，积一路风寒，病死于舟中，时年46岁。后因其子赵纯显贵，被追赠为监察御史，这恐怕是与赵介生前所思相悖了。

第二节 "牡丹状元"黎遂球

唐诗名句"烟花三月下扬州"，脍炙人口，传诵至今。扬州，自古是商业繁华、骚人荟萃的风流地，在这里出演了多少令人陶醉的故事。崇祯十三年(1640)春末夏初，扬州文士郑超宗的影园别业里，牡丹盛放，诗人墨客会集于此。诗酒唱酬，一片热闹景象。原来，牡丹以朱为正色，偏偏此园中却开了一株稀有的黄牡丹，郑超宗惊喜之下，便想到邀请江淮名士到园中赏花，并决定赴会者各赋黄牡丹诗十首，按科场评卷做法，将各人题诗糊上姓名，邀请诗坛领袖钱谦益到场评定名次。消息公布后，果然名士云集，来人中就有名重一时的江南才子冒辟疆、陈名夏等。评点结果出人意料，夺魁者竟是不期而至来自岭南番禺的年青人黎遂球！黎遂球赋黄牡丹诗十首，起首先描花中之王的天姿国色，惹人怜爱：

> 一朵巫云夜色祥，三千丛里认君王。
> 月华蘸露扶仙掌，粉汗更衣染御香。
> 舞傍锦屏纷孔雀，睡摇金锁对鸳鸯。
> 何人见梦矜男宠，独立应怜国后妆。

至第四首，转笔咏叹繁华将尽，不过六朝金粉，还望朝廷赏重豪贤，令士人有报国之机。最末一首，借唐玄宗宠幸杨玉环不理朝政以至天宝盛世改元的历史典故，讽喻明室宜以前事为鉴，以国家功业为重，意韵深远：

> 天宝何因便改元？尚怜芳影秘泉温。
> 不闻金銮留丞相，只怨玉环蒙至尊。

朱紫固宜当日贱，衣裳能得几时恩。
扬州芍药看前事，功业纶扉并尔存。

时处明朝末世，在赏花之举的繁华热闹后面，更隐藏着愤世忧国的情怀，这正是黎遂球咏花诗的主旨所在。

黎遂球诗冠群曹，本人被点为"牡丹状元"。郑超宗一仿朝廷事例，为他簪花挂红，鼓乐吹奏，游街三日。扬州城内，二十四桥间，万人空巷，红男绿女，围观如堵。黎遂球还未回家乡，消息已不胫而传，轰动家乡。及归广州，出郊远迎不下千人，乡人制以锦衣为他披挂，请他登船进城，数十楼船画舫相随，场面壮观，两岸行人注目而视，沿江层楼撩纱凝望，传为一时佳话。

黎遂球长得俊秀，面貌娟秀，少好诗文，颇有才学，还研习武艺，能文能武。他给自己画像并自题诗："状貌若妇人，力能挽强弓；岂是木兰女，无劳问雌雄。"在他的科场道路上，开局不错：县试第一，25岁中举。之后却阻滞不前，一连四次上京应考都落了第。扬州之行，是他最后一次赴京考试返途之遭遇，由此诗名远播，获得了"黎牡丹"的美称。然而，他并非一个吟风弄月的文人，而是一位爱国爱乡的志士。获得牡丹状元之礼遇，并没有使他得意忘形，相反他述说江南之游的感想："吴中米贵，人心纷然，其君子相疑谤，而小人多要挟。三吴关系国家命脉，弟此行不能不有余忧。"北上之行，给他提供了浪迹天下、开阔眼界的机会，使其诗作更显豪迈俊爽，对人民涂炭的社会现实也多所反映。回到家乡之后，适逢朝廷诏行保举人才，曾在京供职的陈子壮向朝廷举荐黎遂球。黎遂球深感国事纷扰不宁，以母老相辞不就。

黎遂球又是一位富有才华的诗人，有"粤中李白"之盛誉。他和陈子壮、陈子升等诗友十二人，在南园旧地重开诗社，再倡风雅。南园是文学胜地，此地先后造就了"南园前五子""南园后五子"等南粤诗坛的著名诗人。黎遂球等人在南园抗风轩吟诗作画，抒发心志，被称为"南园后劲"。

当时的局势却已不容他们沉浸于诗画世界。1644年，清兵南下，大江南北狼烟四起，南粤书生中涌现出不少抗清的忠义之士。黎遂球自是挺身而出，他散尽家资，购置铁铳、器械、药弩等，解赴督师史可法军中，以佐北征之用。一面上书当局,请储饷练兵,以保广州;一面亲诣富家巨室,劝输公帑,共赴国难;还亲自联络弓勇,献衣甲兵械,激励士气。1645年,南明隆武帝在福州登基,由于陈子壮的举荐,黎遂球被任命为兵部职方司主事,奉敕提督两广水陆义师赶赴江西赣州救援。国事为重,他不顾家中有八十高龄的老母,携同胞弟遂琪即日启程。赶到赣州,先是与势众之清军在城下大战三天,继而率部入城,与督师部院万元吉等会合,坚守孤城数月。顺治三年(1646)十月四日,赣州城南门被陷,黎遂球、黎遂琪兄弟率数百勇士下城巷战。激战中,他连中三矢,重伤堕马。清军骑兵蜂拥而上,挑开他的衣甲,见所佩敕印,说:"这是当官的!"黎遂球大骂,被连斩数刀而死,时年44岁。黎遂琪及仆从三十余人也同日战死。南明永历帝即位以后,诏封黎遂球、万元吉等人为"五忠",敕建五忠祠于赣州,追赠黎遂球为太仆寺卿,加赠兵部尚书,赐谥忠愍。黎遂球的出生地在广州城内濠弦街,街名因护城濠南沿的街道东西走向,与弯曲如弓的城濠相傍,形似弓上之弦得称。清代街名改为豪贤街,不仅仅是因为谐音,更是为了纪念出生于此处的黎遂球。黎遂球一生业绩,可以概括为三句话:扬州得夺牡丹状元,广州重开南园诗社,赣州抗清殉节。豪贤之称,他当之无愧。

当初黎遂球准备北上应试之时,粤中诸诗友依依不舍,陈子壮、陈子升、谢长文、欧主遇、黄圣年、张乔、李云龙等十人在光孝寺赋诗相送,这些人皆粤中名士。诗作中不仅表达了诗友们对他的一片友情,也可见当年诗坛之盛以及黎遂球众望之高。后人将送行诗辑成《明末南园诸子送黎美周北上诗卷》(黎遂球,字美周)。这一诗卷被粤人视为瑰宝,辗转为诗人黄节所珍藏,后归叶恭绰所有,叶恭绰、黄节、梁鼎芬等著名学者迭有题咏,现珍藏于广州博物馆。

第三节 "天然和尚"函昰

番禺南村镇陈边村雷峰山前,历史上曾有座岭南名刹海云寺,俗称金瓯寺、雷峰寺。此寺废没已久,近年重建海云寺之呼声渐高,主要原因与清初

主持海云寺的高僧函昰有关。据立于清康熙十六年(1677)的《雷峰海云寺碑记》所载，南汉时这一带还是地近海滨，有海舶遇风欲沉，船上的人祷告观世音菩萨，即见此处山顶起神光，风定得救。船主还愿，在此捐资筑寺，购置田地以养香火。周围渐而有村落发展起来。当时的寺名缺乏记载，只知寺在明崇祯年间称隆兴寺，寺主叫李廷辅。不久即为清顺治初，廷辅延请光孝寺住持函昰到海云寺为"开山第一祖"。因原有寺宇狭隘，函昰行募三年举建殿阁，改寺名为海云，任命廷辅为海云寺监寺，起法名今湛。顺治五年(1648)，函昰正式任海云寺主持，当时的许多粤东志士，不肯臣服于异族，相率投奔到海云寺，在函昰门下削发为僧。他们选择到海云寺，是因为敬服函昰的品性学问。据说向函昰执弟子礼的佛弟子或居士不下数千人，其中不少是明代大臣或儒士，包括明尚书刘远生、高丘伯符侯柱、都御史袁彭年、提刑按察使司副使何远亮、巡抚刘湘客、名宿陆圻，此外还有名士屈大均、王邦畿、潘梅元等。这些人虽然都有显赫的身份或名气，但都恭恭敬敬地向函昰行弟子礼，可见其人望。

　　函昰(1608—1685)，俗名曾起莘，生于明末万历年间，番禺吉迳村(今属广州市花都区)人。据说他生有异相，从小聪敏多思，才学过人。13岁读《易》，所提问题让塾师都答不上来。年青时，他与邑中一班才子文人以文相会，往来甚密，其诗才为众所佩服，黎遂球、陈学佺、梁朝钟等人都曾奉他为师，时相唱和。生于明季末世的他，对社会的黑暗、战乱的频繁，自小有所见闻，因存出家之念。父母见他出家态度恳切，只好提出要他成就功名后再说。他中了举人，家中为他大摆宴席，宾客盈门，场面热闹。他对此无动于衷，认为就算中了状元也不过如此，没有什么特别不同。次年，与陈学佺结伴赴京考试落第，归途在吉安卧病金牛寺，夜感异梦，出了一身大汗，居然不治而愈。回到家中，陈学佺病卒，他痛失良友，心中若有所失，昼夜苦参，豁然有省。从此断欲绝荤，专心参究佛典。过了两年，专诚到江西庐山拜谒禅宗曹洞宗传人道独和尚问法。崇祯十三年(1639)，家人一再催促他上京参加会试。31岁的他，出家决心已定，遂如期北上，打听到道独移锡庐山归宗寺，即上山求祝发为僧，成了曹洞宗三十三传法嗣，法号函昰，自号天然和尚。出家原委，在他所写的《送渐侍者归省》诗中可见端倪：

怅望湖州未敢归，故园杨柳欲依依。
忍看国破先离俗，但道亲存便返扉。
万里飘篷双布屦，十年回首一僧衣。
悲欢话尽寒山在，残雪孤峰望晚晖。

两年后函昰回粤，地方名士陈子壮等人延请他在光孝寺说法讲佛，并结净社，以诗唱和，交游砥砺。此后的形势发展已不容他以超然的地位去看待人世间的事物。清兵入关，战火南移，他先是避乱居南海西樵，后又回到番禺海云寺。身在佛门，却不时听到往日交往的一班友人殉节尽忠的消息，却只能为他们赋诗以祭。清兵攻占广州，他于"河清海竭两徘徊"之间，下决心安身海云寺，此后收留了一大批遗老旧臣。除主持雷峰海云寺，函昰的行迹遍及省内名山古刹，曾在栖贤、华首、海幢、丹霞诸刹讲经。海幢阿字、丹霞澹归、栖贤石鉴等一批岭南高僧，都是他的著名弟子。皈依佛门的函昰，自觉"世上真如梦，兴来闲一吟"，于谈禅礼佛之外，不减诗兴。他的诗才要胜过他的佛理，性情流露，清雅为宗，而又不免丛集哀然，眷怀故国，遂有激楚愤切之音，是清初方外诗人诗作之特色。其门下有六十诗僧，唱和之作结集为《海云禅藻集》。

像函昰这样的人物，刚打下江山的清朝权贵当然要予以笼络，连不可一世的平南王尚可喜，也不得不企望借助他收服人心，多次延请其到王府做客，奉以上宾之礼。函昰不得已应邀前往，却并不久留，往往只往一宿便不辞而行。尚可喜对此倒不计较，反而主动为海云寺铸造佛像，整修山门，广置田产，捐资铸造了一尊丈余高的鎏金如来佛像，又迎来大藏经归藏本寺。历时八年，海云寺终成一座颇具规模的大寺。尚可喜企望以宗教销蚀粤人的反清锐志，对函昰来说，却是以佛门成为抗清退隐之士的栖身之处。

晚年的函昰，阅尽人间沧桑变化，念念不忘与他有宿缘的庐山，以年过古稀之身赴庐山，途中因病而折返海云寺。康熙二十四年(1685)，圆寂于海云寺，终年77岁。函昰死后，门人撰铭说他"以盛年孝廉，弃家出世，人颇怪之。及时移鼎沸，缙绅遗老有托而逃者，多出其门，始知师有先见云"。意即他盛年中举，本来前途无量，却弃家当了和尚，时人不能理解。等到改朝换代,前朝遗老旧臣,多得他的庇护,这才醒悟他有先见之明。

函昰写得一手银钩铁划的好字,当代书法家麦华三《岭南书法丛谈》称"吾粤高僧之能书者,以函昰最为著名"。函昰遗著有《瞎堂诗集》《名刹语录》《楞格心印》《禅醉焚草》。张维屏在《天然和尚像赞》中评价他:"明明遗老,是名孝廉。是二是一,亦儒亦禅。六祖五派,其一曹洞,师阐宗风,法徒最众。师貌在像,师心在诗。欲见师乎?于诗见之。"

第四节　岭南三大家之首屈大均

木棉树,是岭南特有的树木,其拔地而起、枝干虬结、满树红花、炽烈冲天,是墨客骚人喜咏之题材。能够淋漓尽致地写出其雄奇绚丽形象的,只有岭南三大家之首的屈大均的诗歌:

"岭南三大家"屈大均

十丈珊瑚是木棉,花开红比朝霞鲜。
天南树树皆烽火,不及攀枝花可怜!
南海祠前十余树,祝融旌节花中驻。
烛龙衔出似金盘,火凤巢来成绛羽。
……

屈大均(1630—1696),字翁山,他还有许多字、号、别号,诸多室名,这是大文豪的特色。室名有"怀沙亭",蕴义深刻。他的籍贯是番禺县沙亭乡(今属广州市番禺区新造镇)。沙亭聚居着屈姓族人,据说先祖可上溯到大名鼎鼎的爱国诗人屈原。沙亭村山脚街石匾上题着"三闾毓秀",自然与屈原官居三闾大夫有关。《怀沙》是屈原言辞激烈的绝笔之作,屈姓后人将聚居地称作"沙亭",用以纪念怀沙自沉的屈原。屈大均故里原名严坑,因严姓建村得名,后来屈姓人数渐多,为表达思念屈原之意,村名改为"思贤",至今则含有纪念包括屈大均在内的屈氏先贤之意了。屈大均也有很深的屈原情怀,他将居室取名"九歌草堂",朱彝尊为其《九歌草堂诗》集作序,就说屈大均是屈原之后,其行止诗歌,可与屈原相比云云。屈大均在祖香园内设"驻圣堂",供屈原神牌,挂三闾大夫像,后来又在广州城南建三闾书院,供奉屈原画像。

屈氏大宗祠

屈大均之父屈宜遇,是个自学成才、没有产业的草根医生。他对儿子期望甚高,偶有余钱就用来买书,请不起塾师就亲自训导督查。他对屈大均说:"吾以书为田,将以遗汝;吾家可无田,不可无书。"每天晚上,屈大均就着母亲纺纱的昏暗灯下夜读,晨起,当着父亲的面背诵。他的才学为同里人所发现,举人曾起莘(即后来的"天然和尚"函昰)推荐他就学于在越秀山讲学的陈邦彦。陈邦彦讲授的经世致用之学、忠君报国思想,对他一生有着深刻影响。顺治二年(1645),屈大均补南海生员,父亲喜出望外,但屈大均的科举生涯却随着清兵南下而告终。

顺治四年(1647),陈邦彦等人举旗抗清,18岁的屈大均投奔老师,独领一队,他说自己打起仗来不怕死,"矢尽犹争先",但似乎毫发无损。陈邦彦却在重伤后自杀未果,被俘殉国,暴尸旷野。屈大均收其尸,藏其发齿,为之作传、赋哀辞以示悼念。顺治六年(1649)春,屈大均在其父授意下,前往肇庆谒见南明永历皇帝,呈上《中兴六大典书》。兵部尚书、东阁大学士王化澄对他颇为赏识,推荐他任中秘书,不巧父亲病危,只好辞归乡里。翌年,清兵再次攻陷广州,屈大均投奔海云寺住持函昰,改法名今种,字一灵,又字骚余。他当了十二年和尚,没有守空门念经度日,而是以僧人身份为掩护,四处联络各地志士反清复明,也结识了一批文坛闻人。名士朱彝

尊南游广东，与屈大均相识，将他与其他一些岭南诗人的作品介绍到江南诗界，屈大均从此名扬海内。之后，屈大均在十三年间出岭北游五次，足迹几乎遍及半个中国。至南京，谒孝陵；过开封，与豪士饮酒悲歌，驰马射猎；入燕赵地，慷慨誓言；北走京师，吊崇祯缢死处；东出榆关，周览辽东、辽西形势，吊袁崇焕故垒；流连齐鲁吴越间，希冀有所作为。他到会稽，与抗清义士魏耕等人共商匡复大计，派人致信邀郑成功引兵北上。可惜后来功败垂成，魏耕被杀，屈大均幸而逃脱。两年后，永历王朝覆灭。屈大均以家贫母老回广东还俗归儒。之后，再度出岭，经南京北游，至西安与顾炎武等十五省文人义士置酒高会。屈大均后来与抗清捐躯的榆林都督王壮猷之女结婚。王氏骑射、诗画、琴棋皆能，可谓才女。大均给她起名华姜，夫妻感情甚笃。三年后，华姜以小产病逝，屈大均痛不欲生。后又奉母命与东莞黎氏联婚，觅得红颜知己，总算一点安慰。婚后，他不安于家，又出游高、雷、廉州。1673年，康熙下旨撤藩，吴三桂在昆明起事反清。兵至湖南，屈大均前往上书纵论兵事，被委派监桂林孙延龄部。在军中两年，屈大均对前途感到失望，托病辞官回粤，此后不再复出。他在广州城南建三闾书院，与志同道合者在此和诗说易。翰林院学士王士祯奉旨南来祭告南海，得暇广交文友，向两广总督吴兴祚推荐屈大均。屈大均对出仕托词婉拒，但与官方人士的交往还是很频繁的。从酬赠诗题可见与他交往的有20多位在任知县，还有两广总督、广州将军、粤海关监督、督学、督粮道、盐道，以及一些知府、知州、通判，其中有为其文集作序、聘其修县志撰碑、资助其刊刻文集的。但清廷对他并不放松，在他死后78年，乾隆犹搜访、销毁民间私藏的屈大均遗书书目13种。两广总督李侍尧下令将他发棺戮尸，因没有找到坟墓作罢。然而，有价值的著作决不是暴力可以禁绝的，存世的就有康熙年间刻本《翁山易外》《翁山文外》《翁山文钞》《翁山诗外》《道援堂集》《翁山诗略》《屈翁山诗集》《广东文选》等，极有价值的《广东新语》则有康熙、乾隆、嘉庆、道光年间刻本。

屈大均的诗文，在中华文学史上占有灿烂的一页。其诗，为岭南三大家之首；其画，以兰竹、山水为长；其书法，各体皆精，尤以行草最为出色。当代海内外学者越来越重视对屈大均的研究。1996年底在番禺举办的"屈大均思想在岭南文化中的地位"国际学术研讨会,可谓屈大均研究进程上的一件盛事。

第五节　谱就诗史的张维屏

展开百余年前的一首叙事长诗《三元里》,令人如临其境地看到中国近代史上第一场人民群众反对外来侵略的武装斗争的场景,有声有色,气势凌厉:

> 三元里前声若雷,千众万众同时来;
> 因义生愤愤生勇,乡民合力强徒摧。
> 家家田庐须保卫,不待鼓声群作气;
> 妇女齐心亦健儿,犁锄在手皆兵器。
> ……

此诗结尾,对与民众的同仇敌忾形成强烈对比的官方的媚外屈膝行为表示了极大的不满:

> 魏绛和戎且解忧,风人慷慨赋同仇;
> 如何全盛金瓯日,却类金缯岁币谋!

这首不朽史诗的作者,是晚清岭南著名诗人张维屏。晚清岭南诗坛以张维屏、黄培芳、谭敬昭并称"粤东三子",三人之中,以张维屏成就最大。刘彬华评说张维屏"诗出入汉、魏、唐、宋诸大家,取材富而酝酿深,气体则伉爽高华,意度则沉郁顿挫"。宋湘评张维屏的诗"一唱三叹,入人心脾"。上引《三元里》诗以及《三将军歌》等爱国诗章,被誉为史诗,在中国文学史上占有重要的地位,也是研究鸦片战争史的宝贵史料。

张维屏,号南山,出身于书香世家,其父是举人、四会县训导。他出生于广州城的清水濠,居所后面不远为聚贤坊,是为纪念岭南诗坛南园五先生而取名的。他自己有诗云:"前贤余韵在,咫尺是南园。"张维屏自小即受这

样的环境所熏陶，13岁参加番禺县童子试，名列榜首，才学闻名乡里。从15岁开始，已有诗作收入以后结集的诗集。他与父亲两人，中举时间相隔只三年。此后却三次赴京会试不中，唯得以广结诗友，远游名山大川，使他的诗名远播。他首次进京赴考时，诗坛大家翁方纲阅其诗，惊呼"诗坛大敌至矣！"74岁的翁方纲时已是二品高官，竟与28岁张维屏饮赋唱酬，十分看重这位后生之辈。翁方纲为粤东三子诗作序，遂使三人得到显扬。在粤地，张维屏与林伯桐等人，在白云山麓据蒲涧廉泉之胜筑云泉仙馆，作为吟咏雅集之所，时人称之为七子诗坛。

嘉庆二十二年（1817），张维屏大挑一等，为嘉庆帝召见。按规定应分任知县，他不想从政，求改教职，选任临高县教谕，又以亲老不欲渡海远离为由未上任。次年，应两广总督阮元之邀，商谈刊刻《皇清经解》、修《广东通志》、建学海堂等修文兴教之事。

道光二年（1822），张维屏终于在第四次会试中了进士，署湖北黄梅知县。到黄梅县第二年夏天，江水决堤，他亲自至堤防巡视并乘小舟勘察水情，慰问灾民，竟被洪水冲走，幸得挂在树梢而不死。民谣有曰："犯急湍，官救民，神救官。"他积极请款赈灾，捐资抢险，百姓稍纾其困。后来他看透官场弊病，宁愿弃官，也不向百姓征收漕粮，引疾求退未成，调署襄樊同知。

道光七年（1827），张维屏因丁父忧返粤。过了两年，被聘为学海堂学长。居家数年，他陆续将原已编纂的《国朝诗人征略》刻至60卷。丁忧服满，他提出要出任教职，但援例仍署袁州府（今江西宜春）同知。而后摄泰和县事、署吉安府通判，改署南康府知县。政务得暇，至庐山白鹿洞书院讲学，常集诸生讲诗。为了表示对李白、苏轼这两位伟大的文学家的敬仰，他捐资在庐山秀峰寺建了李、苏二祠。

道光十六年（1836），张维屏卸任南康府，告病南归。他赁居河南花地潘氏别业东园，因癖爱松树，便将所筑小园取名"听松园"，自号松心子，于松涛间悉心著述。他对这种闭门著述、讲学授徒、游园吟诗的生活感到满足，写下《花地》诗："近海多烟水，离城少市尘；东园数亩地，聊且寄闲身。"这时的形势，却容不得他安于诗酒自娱和教书为足的日子。1839年，林则徐奉旨到广州禁烟,其间曾出城访晤同年进士张维屏,以后又邀他到衙署共议禁烟大计。羊城上空战云密布,张维屏此时还在劝林则徐"毋开边衅",希望过宁静的生活。鸦片战争的炮声,打破了他的和平梦想。珠江江面,洋人兵舰横冲直撞;广州城郊,侵略者肆虐挑衅。他终于拍案而起,疾笔《书愤》:

> 汉有匈奴患,唐留突厥忧。界虽严异域,地实接神州。
> 渺矣鲸波远,居然兔窟谋。鲰生惟痛愤,洒涕向江流!

他预料涉海远来的英军有狡兔三窟的阴谋,果然不幸而言中。英军在广州遇到有力抵抗,转而北上攻陷定海、大沽。道光帝迁怒林则徐,将其革职。英军更肆无忌惮地四出骚扰掳掠,广州人民忍无可忍,在三元里爆发了与英军的决战。张维屏用他的诗歌真实地记录了激战的过程。同时还写下《三将军歌》,详细记述了为抗击英军先后在广州、定海、吴淞牺牲的爱国将领陈联升、葛云飞、陈化成,充满激情地歌颂了他们为国捐躯的壮烈业绩,谴责了临阵逃跑造成失利的畏敌行为。他专诚在花地等候革职后乘舟离开广州的林则徐,邀其到所居潘氏东园一行。林则徐走后,张维屏,与梁廷枏、何玉成等爱国士绅一道,组织团练、乡勇,成为广州反英国侵略军入城的重要力量。道光二十九年(1849)三月,年届古稀的张维屏在听松园冒雨检阅清水濠八百名壮丁的操练。

作为先进的知识分子,张维屏并不盲目排外,他赞成睁眼看世界,与主张"师夷长技以制夷"的魏源交情很深,并为魏源整理著成的《海国图志》一书题诗卷端,赞道"《瀛环》真善本,万国入双眸"。他的《金山篇》诗是近代最早以赴美华工为题材的一篇诗歌。

晚年的张维屏,回归平淡。他自称"乾隆秀才,嘉庆举人,道光进士,咸丰老渔",以此概括自身历四朝之人生旅程。他一生创作不辍,临终有诗道:"烟云过眼总成空,留得心精纸墨中。书未刻完人已逝,八旬回首惜匆匆。"其实,他已留下了十分丰富的文学遗产,当代就整理出版有七卷本《张南山全集》。今广州市萝岗区玉岩书院存有他撰写的对联:"行云流水见真性,明月清风来故人。"

第九章　武略爱国呈英姿

第一节　有勇有谋的平藩将领林桂

清朝康熙统治初期，分封南方汉人降将有功者，主要有镇守云贵的平西王、镇守广东的平南王、镇守福建的靖南王。这三处地方势力合称"三藩"，他们拥兵自重，专擅难制，在所镇守的省份权力遮天，操控军队税赋，并有与中央政权离心之意向。为此，康熙发起了平定"三藩"的战争。这场战争历时八年，蔓延十省，最终有利于国家的统一、边疆的开发，"康乾盛世"也由此开端。平三藩，尤以征讨经营已久、势力最盛的平西王吴三桂的战斗为艰巨激烈。在平云南的征战中，番禺人林桂立下了卓著战功。

林桂，字斐日，他在清初驰骋沙场，顺治十一年(1654)因军功授百夫长，不久转千户。清朝官制，千户之职，虽是五品，品位不低，但此职只在少数民族土官中设置，职在管理所辖部族及士兵。由此可推测，林桂是服役驻军于西南的军队。康熙十九年(1680)，林桂升为都司，在清军中，这是绿营武职正四品的军官，职位不低了。这一时期的经历未见其详，这也可见林桂征战中不断立有战功。

三藩之中，以吴三桂的实力最强，野心最大。康熙十二年(1673)，吴三桂在昆明举帜反清，很快就攻下湖南四州一府。其他二藩随之响应，一时进占到江西、四川、湖北、陕西、浙江等地，朝野震惊。康熙以打击吴三桂为重点，调兵遣将，逐渐形成反攻之势。康熙十七年(1678)，大势已去的吴三桂在湖南称帝改元，当年就一命呜呼，其部下把他的孙子吴世璠扶上了帝位。这年十一月,清军发动总攻击,林桂从平南将军赖塔征讨云南。翌年正月,双方在石门关相遇。石门关位于云南盐津县境内,是五尺古道上出川入滇的第一险关。叛军将领方元勇拒守于此,清兵日间攻城,受到挫败。赖塔部署诸将分据要害,以待天明攻城。半夜里,林桂与前锋忠孝选数千骁勇之士,从北山缘绳而上,至岭后发炮,清军四起而动,叛军被歼过半。清军乘胜攻进敌营,俘获降者二千,辎重无数。赖塔大喜,从此更加倚仗林桂与忠孝,视为左右手。离石门关 50 里处有条马髀河,河流湍急。清兵击鼓吹号直扑上游,叛军急忙应战。此时,林桂率领 1500 人乘夜从下游渡河,忠孝率 2000 人接应,从后方攻袭叛军营寨,大破之。叛将长孙德驻军黄草坝,占据有利地形,官兵攻之不入。林桂单骑前往侦察敌情,在青秀山遇到吴三桂旧部逃兵关显,关显表示愿归附官军,乃引领林桂将敌营情况全部探望清楚。林桂回去后,向赖塔做了汇报。第二天,林桂与关显出阵诱敌,叛军倾巢而出追赶他们。林桂且战且退,叛军追得精疲力竭时,进入一处山谷,炮声一响,伏兵四起,林桂也转身迎战,斩了长孙德。叛军大败,投降 2500 人,缴获马匹 2800 匹、粮米 15000 斤。黄草坝之战为清军进入云南打开了门户。战后评功,林桂功劳第一。林桂却说:"斩长孙德的是关显。"赖塔授予关显守备之职,仍属林桂节制。

此时,康熙下旨乘胜进兵。林桂率部随赖塔越过蚩尤关,二月兵临吴世璠最后踞守的昆明城下,驻扎在昆明城东。大将军贝子彰泰亦由湖北抵滇,驻昆明城西北。吴世璠派马三保下战书,约于二十八日决战。此日天刚亮,叛军拥数十头大象,逼近清兵阵前,于象尾处点火,大象发疯般冲向清军。清军前营向大象发射强弩,大象返身而走,踩躏叛军甚众。林桂与忠孝带领精兵横断叛军之阵,殊死拼搏。林桂提刀砍断叛军先锋高虎之臂,并将马三保射下马来。眼看擒拿到手,忽有流弹伤了林桂左股,流血至脚。林桂包扎伤口继续战斗,阵斩马三保。此时彰泰的大军也赶到,两军联合将叛军营寨拔了。此战忠孝负重伤,次日卒。林桂也因伤重七天饮食不进,差点死去。康熙帝闻疏,赠忠孝同知,加林桂左翼镇副将,遣内阁学士额尔克图带着人参、战袍、好酒赏赐,并御书"着问好么"四字褒勉。

后来，叛军将领马三成与参军洪文逵据守杏花铺及红白庙，向清兵发起突袭，致使清军伤亡千余人。翌日，马三成再来，清兵先埋伏东山，林桂迎战佯败，马三成追来，被伏兵夹击，斩首二千余人。当夜，清兵采取围魏救赵之计，纵火杏花铺，围击红白庙援兵，林桂领兵三千为中路。马三成穷急中欲西走，被击杀。次日，清军在所焚之叛军营地新设立寨堡，将昆明围困。过了三天，赖塔病卒，林桂权领帅印。十月，彰泰打算攻取银锭山，将军希佛部下杨彪自告奋勇，前往出战，还未交兵已溃败，被贼枭首。叛军将领白国柱夜间设宴慰劳将士，林桂探得情报，向彰泰请求出战。夜深时分，率关显等精锐300人，全部人都是用头巾裹首，着短衣操刀提炬，从山壁攀上。正值大风起，火炬把草料烧着，顷刻间火光映彻城堞。白国柱惊起，提兵出战于城下。清军蜂拥而来，白国柱身边步卒被杀殆尽，犹手刃数十人，终被林桂射死。天亮，林桂迎彰泰登山。数日后，清兵终于攻进昆明城，吴世璠自杀，吴三桂女婿郭壮图纵火自焚。吴氏政权一批官员伏诛，余党悉降，云南平。十一月，清兵凯旋。

康熙二十一年(1682)二月，林桂抵广州，进左翼镇总兵官都督佥事，以年老乞归。翌年，诏授云南提督，林桂力辞不赴，卒于家，年80余岁。《清史稿》为林桂立传。

第二节 集众御侮的爱国士绅何玉成

鸦片战争期间和战后七八年里，在广东人民反侵略的斗争中，爱国士绅凭借他们拥有的社会地位和优越条件，起了组织和领导的积极作用。在三元里人民抗英斗争到战后组织社学反侵略武装的历程中，何玉成是爱国士绅这一群体中的一个代表人物。

何玉成，名琳，以字行，号琢石，番禺慕德里司萧冈乡(今属广州市白云区)人。嘉庆二十二年(1818)中秀才，在乡间以教读为生。道光十一年(1831)中举人。在乡里也算得上一个知书识礼的头面人物，为村民所敬重。

鸦片战争爆发后,他在本乡怀清社学办团练,维护地方治安。他写有《辛丑首夏书事》等诗,揭露殖民侵略和鸦片输入对中国人民的危害。

道光二十一年(1841),英军进犯广州,攻占四方炮台。萧岗位于四方炮台和三元里北面,何玉成及其兄弟虑及家园必遭英军践踏,曾经集众商议,谋求联合本司各社学互保,但此时各乡士绅碍于当时清廷派驻广州的靖逆将军奕山与英军议和,已议订了《广州停战协定》,还多存"自保"思想,退居畏缩,未敢行动。何玉成的倡议得不到响应,只好作避难的准备。此后形势却急转直下。5月29日,一小队英军在光天化日之下离开四方炮台,窜到三元里一带劫掠胡为。村民大愤,奋起反击。何玉成在萧岗,闻讯赶到三元里,当即起草通知,派人传送到南海、番禺、增城等地,说明情况紧急,促使各乡社学丁壮都来参加抗英斗争。广州城北各乡为了防备英军侵扰,原已相约以锣为号,传讯报警,一乡鸣锣,各乡皆出。5月30日,锣场大作,集中在三元里村北的北帝庙前广场上的人越聚越多,城西北三元里等九十余乡及对岸三山等村丁壮义愤同赴,不呼而集者数万人。占据四方炮台的英军司令卧乌古率领英军向三元里扑来,乡民按原先部署,且战且退,把英军诱入牛栏岗。只见三星旗一挥,锣声震天,杀声动地,漫山遍野都是手执刀斧锄矛或鸟枪的乡民、义勇。驻石井的平海营水勇、广州的打石工人和纺织工人,也潮水般涌上前来。天公相助,到了中午,狂风暴雨,英军的火药被淋湿,洋枪失去作用。战斗延续到第二天下午,广州附近番禺、佛山、南海、花县、增城、从化、香山等县400余乡民众获讯赶到广州与三元里群众会合,十余万人层层包围了四方炮台。只见遍地旌旗炫耀,刀戟林立,乡民蚁拥蜂攒,布满山麓,四方炮台的英军成了瓮中之鳖。英军派出汉奸混出重围,向奕山告急。广州知府余保纯、番禺知县张熙宇等地方官奉奕山的命令赶到阵前,加以阻拦,胁迫解散围攻之民众,为英军解了围。翌日,英军撤出四方炮台,匆匆上船退出广州。事后,奕山和两广总督祁埙等大事报功,奏请清政府奖给何玉成六品军功,称赞他和一些士绅"督同各乡丁勇,奋不顾身,杀毙匪多名……实属志切同仇,深知大义"。何玉成哀痛三元里之战中壮烈牺牲的二十余位义士,会同众位士绅联名向两广总督呈递条陈,要求

对伤亡群众进行抚恤,建立忠勇祠,"以慰忠魂"。经批准,忠勇祠设在民众效死之地牛栏岗,后迁至石井。

何玉成等以"三元里西村南岸九十余乡众衿耆"的名义贴出《说帖》,驳斥英国商务监督义律对广东人民进行威胁的"告示"。《说帖》义正词严,结尾提出要再"纠壮数十万"与英军决战,"务使鬼子无只身存留,鬼船无片帆回国"。两广总督等知民众势不可当,特派余保纯和番禺、南海两知县出面,在大佛寺宴请何玉成等十余名士绅,加以笼络。

英军被三元里等乡民众击退后,何玉成建议官方增强防卫,在仁威、沙南、荔园、泮塘、穗口、白沙、增埗各处水陆要隘,设防置炮。同时,他积极协助民间扩大社学组织。石井举人李芳、何有书等发起建立升平社学及升平公所时,何玉成给予大力支持,使社学组织成为一支"无事则负耒力田,闻警则操戈御侮"的民间抗英队伍。西湖社学重修,何玉成为其撰写碑文,指出:"逆夷之所惧者,民心固也;民所以固者,赖社学以维之也。"之后,他还奉命派怀清社义兵千人,驻扎在城外各炮台,防止英兵再犯。道光二十二年(1842)十二月,广州人民因英兵开枪打死群众三人而怒烧英商馆,祁墡等"恐夷人藉口生事",急请何玉成商议。玉成即率社学团练千人来省,驻扎在小北较场,使英人知道众怒难犯,不敢报复。之后,在反对英人进入广州城的多次斗争中,社学和公所在组织人民群众方面都起了重大作用。广东地方大吏曾几次保奏何玉成"打仗出力,而且办团辛勤。察其才具,堪膺民社之任"。但清政府对他并不信任,始终谕令,将何玉成交"将军伊里布妥为管束,如始终如一,再会同督抚保奏"。

道光二十四年(1844),署理两广总督程矞采再折奏保何玉成时,他已出任四川射洪县知县。他在射洪履任十年,政绩显著,《射洪县志》《潼川府志》均有传。咸丰末年休官回乡,此时的广州疮痍满目,第二次鸦片战争刚刚结束,侵踞广州三年九月余的英法侵略军不久前才撤离广州。何玉成为乡人推举,主持保良局,继续办团练,维持地方治安。这时,以李文茂为首的红巾军撤离广州,城外各乡特别是三元里一带农民被地方官吏株连罗织,捕杀不已。何玉成尽力保全,使多人幸免于难。同治二年(1863),他建议重修怀清社学，并易其名为"佛岭社学"。

何玉成故居揽翠山房至今犹存。他曾以所居之名自刻诗稿，久佚。新中国成立后广东省文史馆收集得数十首，辑成《揽翠山房诗辑》，其中不少是研究鸦片战争的重要史料。

第三节　足壮海军威的名将邓世昌

海军英烈邓世昌在中日甲午海战中英勇作战、壮烈牺牲的事迹脍炙人口。他不仅是条刚烈汉子，还有人情通达的一面。1887年，邓世昌奉命前往英、德两国接收清海军订购的几艘军舰，回国航经直布罗陀海峡时，遇到一些被西班牙掠卖去的广东华工恳请搭救。邓世昌非常同情他们的悲惨境遇，不惜冒可能引发外交争端之险，让他们登舰回国。就在这次归国途中，一名水手病故，若将此事上报当时"以提督衔总理出洋接船事宜"的英国人琅威理，按章办事必令抛尸下海。面对水手们的集体请求，邓世昌决定自己承担责任，按照中国的传统习惯，令木匠备棺殓尸，以等靠岸时安葬。这种体谅人情的变通之举，既使死者入土为安，也使生者得到慰藉。

邓世昌是清代番禺县茭塘司龙导尾乡（今属广州市海珠区）人。他家祖辈经营茶叶生意，茶行生意在他父亲经营时已是相当红火，在外埠开设有六个分行。邓世昌童年时，边在私塾读书，边帮父亲做生意。随父亲到上海押运茶叶时，邓世昌目睹外国军舰在黄浦江上耀武扬威，撞翻中国渔船，渔民在水中挣扎，外国水兵却哈哈大笑扬长而去。邓世

"致远舰"管带邓世昌

昌深感国家只有拥有强大的海军才不会被人欺凌，为此当他的两个哥哥和弟弟均走上继承父业的经商之路时，只有他选择在中国刚刚萌芽的海军作为终身事业，留心经世之学，专心向接触到的外国人学习数学和英文。当时，接办福建船政局的沈葆桢为了培养海军人才，开办了我国第一所海军学堂——福州船政学堂。福州船政学堂在广东招收十名通晓英文的学生，邓世昌为其中之一。他学习刻苦，各门功课均取得优异成绩，精于测量，又擅长书法，深得沈葆桢器重。毕业后，被分配到运输舰"琛航"号当管带（即船长），后又调去指挥"振威"兵舰，专门捕捉海盗。几年时间，已开始显出他的指挥才干。

当时，中国海军有南洋、北洋两大水师。邓世昌属于沈葆桢以两江总督兼南洋通商大臣身份主办的南洋水师。沈葆桢去世，主办北洋水师的北洋通商大臣李鸿章，慕名特地将邓世昌调到他的手下，担任刚从英国买回来的炮舰"飞霆"号管带，不久调任新从英国买回来的"镇南"号炮舰管带。后来"镇南"号在巡航中触礁，邓世昌沉着指挥舰只脱险，却受到忌才中伤而被撤职。北洋水师记名提督丁汝昌赏识他的才干，派他前往英、德接收清政府订购的"扬威""超勇"两艘快舰。光绪八年（1882）冬，丁汝昌率舰为援朝抗日的广东水师护航。邓世昌管驾的"扬威"舰鼓轮疾驶，比日本兵船早一天到达仁川港，使日军不得入港而罢兵。清廷赐邓世昌"勃勇巴图鲁"称号。光绪十三年（1887），邓世昌前往英、德接收订购的"致远""靖远"巡洋舰和"经远""来远"装甲舰，并认真考察了西方的军事技术。此四艘军舰当时在中国最先进，清廷以之为主力，编成北洋舰队。北洋海军正式成军，邓世昌任中军中营副将兼"致远"舰管带。中军副将带有参军长或副官长性质，准确军衔为海军准将，地位高于一般主力舰长，显示出他受重用。李鸿章到威海卫检阅海军，见他训练海军有功，奏准赏予"噶尔萨巴图鲁"称号。当时的北洋海军"总兵以上多陆居，军士也去船以嬉"，每年冬季巡到上海、香港等地，各级官长无不上岸放纵享乐，只有邓世昌仍坚守舰上与士兵同甘共苦，甚至连祖父、父亲去世也没有请假回家守孝。

光绪十九年（1894）春，朝鲜爆发农民起义，清政府应朝鲜国王要求，派兵入朝镇压。日本借口"保护侨民"出兵占领汉城，并向驻朝清军发起袭击，中日甲午战争爆发。九月中旬，北洋水师提督丁汝昌率舰队为运载往平壤援兵的轮船护航。返航途中发现远处海面上出现有悬挂美国国旗的舰队直驶而来。舰队渐渐驶近，忽然都换成日本国旗，向北洋海军发起进攻。面对大敌，丁汝昌立即命令各舰应战。日舰以吉野舰居先，鱼贯纵阵直冲而来，北洋舰队以定远、镇远两主力舰居中排成犄角雁形阵迎战。邓世昌指挥致远舰冒着敌方密集的炮火冲锋在前，开炮击中多艘敌舰。交战中，北洋海军旗舰为排炮所击中，丁汝昌身负重伤，舰队失去指挥，情况十分危急。邓世昌为保护旗舰，指挥致远舰开足马力冲到定远舰之前迎战，旋即陷入敌舰包围之中。邓世沉着指挥，以一对四开始了海面近战。经过一个小时的激烈炮战，致远舰中弹多处，右舷水线下被重炮击伤。舰身倾斜，势将沉没之时，船上官兵仍没有停止射击。邓世昌激励全体官兵说："吾辈从军卫国，早置生死于度外，今日之事，有死而已！"舰只沉没在即，炮弹也快用尽，吉野舰此时已迫近致远舰，邓世昌下令开足马力高速向吉野舰冲去。致远舰拖着长长黑烟，向吉野舰边冲上去边开炮。吉野舰赶紧调头，开足马力逃跑，同时向致远舰发射鱼雷。眼看就要被致远舰追上，吉野舰指挥官手足无措，士兵纷纷跳水逃命。不幸的是，致远舰撞上一枚鱼雷，锅炉爆炸，舰上燃起熊熊大火，军舰向左倾覆，官兵都掉落海中。邓世昌坠海之后，高呼："为杀敌而死，不要偷生，不做俘虏！"随从刘忠递给他救生圈，他坚决推开，说："阖船俱没，义不独生！"一艘清军鱼雷艇驶过来营救落水官兵，发现邓世昌，伸过长杆高呼"邓大人快抓住杆子！"邓世昌被捞出水面，发现致远舰已沉没，大多数水兵仍在水中挣扎，决心与军舰共存亡，又跳入水中，牺牲时只有46岁。全舰官兵250人，除27人遇救外，余皆壮烈殉国。

　　邓世昌殉国以后，朝廷追赠其为太子少保，照提督例从优议恤，派出钦差大臣荣禄携10万两银子及"教子有方"金匾到广州抚恤。邓家用抚恤金中的4万两扩建了邓氏宗祠，今辟为邓世昌纪念馆。

第四节　志行纯洁的海军名将潘文治

潘文治，是孙中山任命的海军练习舰队司令，一生充满传奇色彩。长期以来，有说是陈炯明所部炮击总统府，孙中山出逃时首先登上潘文治为舰长的楚豫舰，次日才改登永丰舰。近年有史学工作者考证，孙中山广州蒙难时，的确最先登上楚豫舰，但其时该舰舰长是招桂章。据《孙中山全集》记载，1922年4月30日，孙中山发布大总统令，任命招桂章为楚豫舰舰长。《孙大总统广州蒙难十一周年纪念专刊》载有楚豫舰舰长招桂章领恩饷手迹收据。事实无可辩驳，可潘文治的子女不止一次听父亲说他救过孙中山。那么，依据呢？民革扬州市委网页上的纪念文章《海军先驱盛白沙》描述："晨，白沙（即盛延祺）与潘文治、欧阳琳躬冒猛烈炮火，护送孙中山先生转登永丰舰。"依据找到了，但其时他任何职，又在哪只舰上呢？

海军名将潘文治

资料无载。潘文治的大女儿潘沛宜提供了这段史事："我听父亲说过这件事。1922年初，陈炯明拉拢我父亲签名反对孙中山。父亲没有答应，并把这事向孙中山做了汇报。孙中山虽然不很相信，但知道我父亲对他忠心耿耿，绝对不会骗他。而海军是孙中山革命的重要力量，对这件事情大意不得。于是给了我父亲一只电船，密令他密切注意海军动态，防止陈炯明策反海军。父亲顾了这头顾不了那头，希望孙中山另外找一个人做楚豫舰长。后来孙中山就另外找人做了。孙中山和我父亲约定，如有异动，就把电船开到海军司令部接他。由于这是私下约定，外人都不知道。"历史谜团解开了：陈炯明炮轰总统府时，潘文治亲自指挥一只电船，接孙中山登上楚豫舰脱险。

潘文治，字华庭，号达易，番禺鹿步司朱紫乡（今广州市天河区珠吉街珠村）人。出生于光绪八年（1882），其父为清末举人。光绪二十六年（1900），潘文治考入黄埔水师学堂，曾奉派留学英国皇家海军学院。甲午海战后，清政府先后从英、德等国购回43艘军舰，其中从英国订造的"海圻"号巡洋舰最为先进，号称"天字第一艨艟"。1911年，潘文治担任"海圻"号巡洋舰协长（即大副），随亲王载振、巡洋舰统领程璧光远赴英国参加乔治五世继位加冕庆典。候阅期间，英国海军举办万国海军田径会，不知田径为何物的中国海兵仓促应对，潘文治协助载振组织比赛，"海圻"号代表虽与奖牌无缘，却无一人犯规，无一人中途退场，其拼搏精神和昂扬斗志感染了上万名在场观众，赢得如雷掌声，还获得大会主席表扬。

"海圻"号随之应邀赴美访问，这是中国军舰首次访美。此时拉美一些国家发生排华暴乱，清驻墨西哥使馆代办沈艾孙一边向墨西哥政府提出交涉，一边急电国内派舰护侨。清政府下令正访问美国的"海圻"号访问古巴和墨西哥。"海圻"号到达哈瓦那，旅古华侨总商会组织数百人到港口迎接，并联名柬请军舰全体官兵至中华总会，隆重举行欢迎宴会。古巴政府态度发生了变化，总统特意表示："古巴军民绝不会歧视华侨。"墨西哥政府也就排华事件向清政府正式道歉，并赔偿受害侨民的生命财产损失，华侨境遇有所改善。

"海圻"号远航经年，回国途经英国巴罗港时，官兵得知辛亥革命爆发，顿时群情激昂。程璧光在甲板上召集全舰官兵，开门见山地说："你们任何人如欲回国参加革命工作，请站到右舷，不赞成的站到左舷。"潘文治和列队甲板左舷的官兵全部毫不犹豫地移到右舷。

1917年7月，潘文治任豫章舰舰长，跟随海军总长程璧光率舰南下，支持孙中山的护法战争。程璧光极力向孙中山推荐潘文治。8月，潘文治兼任孙中山大元帅府参军，随后加入孙中山领导的中华革命党。1918年1月2日，潘文治在孙中山的指挥下，率豫章、同安两舰炮轰桂系军阀，史称孙中山指挥潘文治"炮教莫荣新"。陈炯明炮轰总统府时，潘文治保护孙中山

避难。之后，在对广西军阀沈鸿英的战斗、反对原海军司令温树德叛变等事件中，潘文治均追随和听从孙中山指挥，率领军舰勇敢战斗。1924年，孙中山任命潘文治为海军练习舰队司令。

1924年，经彭湃提议，广州市郊第二区农民协会成立，潘文治兼任协会委员长。同年年底，任大元帅府大本营咨议。随后，因病辞职返乡。黄埔军校师生常到珠村训练，廖仲恺、蒋介石、胡汉民和苏联顾问鲍罗廷也常来珠村并到潘家做客。1925年5月，番禺县农民协会成立。潘文治在珠村组织农民协会，被选为会长。在平定军阀杨希闵、刘震寰的叛乱中，珠村农民协会组织会员做挑夫，参加平叛战斗。

1926年，潘文治任海军局代理局长、广州国民政府财政部缉私卫商管理委员会委员。他为官清廉，缉私所得均秉公办理，自己分毫不取。不久，海军局改为国民革命军总司令部海军处，潘文治任处长。1927年，海军处改组为舰队司令部，潘文治任舰队总司令兼任虎门要塞司令。潘文治无意与蒋介石合作，次年便解甲归田。后到杭州灵隐寺隐居，法号曾觉。日军侵华时，潘文治从杭州辗转返乡。广州沦陷前夕，他携家眷暂避香港。在港期间，仍通过各种方式激励海军旧部和在海军中任舰长的两个弟弟奋勇杀敌。抗战胜利前夕，回到珠村。此后，一直在乡间居住。居乡期间，为乡亲办了不少好事，尤其注重教育。他倡导在珠村兴办珠村小学，在东圃墟办起东圃小学。1946年，又帮助村里重办珠村小学，并暗中帮助隐藏在学校的中共地下党员。广州解放初期，有些村民轻信谣言而惊慌。潘文治向村民们说："共产党铲除土豪恶霸，没有什么可怕的"，由此稳定了民心。1949年11月，潘文治在家里病逝，终年67岁。叶剑英代表广州市军管会送来花圈，番禺四区的学校停课公祭，全国政协副主席李济深也发来唁电。

第十章　兴文重教振风气

第一节　博学多才的学者陈澧

珠江三角洲地势低平，古时水患频仍。清道光年间，有一年，积雨不晴，上游基围被洪水冲决，水浸广州街衢，田地变成泽国，有人为此责怪老天不开眼，蛟龙行雨不停。有位学者不以为然，写了首《大水叹》的长诗，指出造成水患的原因，一方面是人们在珠江上游无限制地毁林开荒，造成水土流失：

> 君不见大庾岭上开山田，锄犁狼藉苍崖颠。剥削山皮剩山骨，草树铲尽胡能坚？山头大雨势如注，洗刷沙土填奔川。遂令江流日淤浅，洲渚千百相钩连。

另一方面，人们在下游拦海造田，堵塞江水入海之路：

> 又不见海门沙田日加广，家家筑垒洪波上，海潮怒挟泥沙来，入此长围千万丈。三年种得草青青，五年输租报官长。海门日远路日行，坐见沧溟成土壤。阳侯束手敢与争？迫窘诘屈难为情，欲留不能去不得，暂借君家田上行。人情贪得死不悔，岂知世事浮云改？欲驱山海尽成田，反使田畴尽成海！

通过以上分析，得出结论：

不然粤地际南海，自昔水潦常无虞。今时水即旧时水，何至此岁淹田庐。辟莱任地本良策，其奈利害相乘除。一方受利数郡害，徒使吾侪常向隅。呜呼，亲民之吏慎勿疏，再谋开垦吾其鱼！

长诗雄辩地论证了诗人开头大声呼吁的"非水逼人人逼水"的真知灼见，即使在今时，同样发人深省。难得的是，作者以一篇生动流畅的长诗，透彻明白地讲述了一篇科学论文所要论证的道理，不仅不令人感到枯燥冗长，反而体会到作者丰富的感情，引人警醒，绝对是大手笔！此诗作者，既是一位诗人，也是一个地理学家，更是一位博学广闻的学者。他就是陈澧。

陈澧，字兰甫、兰浦，因小时读书于祖宅东厢，后来将自己的著作题为《东塾读书记》，故被尊称为"东塾先生"。陈澧从小受到良好的教育，且有幸得到多位名师指点，16岁时，已名列羊城"四俊"，算得上地方上小有名气的文人了。然而，出人意料的是他在中举以后七次应考会试，却一再名落孙山，这使他体会到"天下人才败坏，大半由于举业"，从此不再存登科之望，一心一意著书立说和培养人才。后来他因大挑二等，选授河源县训导，但仅到任两月就辞职返回广州。过了五年，获国子监学录衔，是个从九品的小官，大概相当于今时大学中之助教。在他临终前一年，时任两广总督、广东巡抚向朝廷奏请褒异，赏其五品卿衔。他在《东塾读书记》中的自我评价是："生平无事可述，唯读书数十年，著书百余卷。"

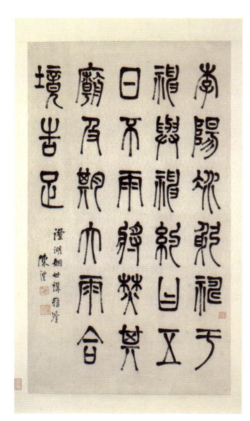

清代大学者陈澧书法

与仕途阻碍相比，陈澧在治学上成就卓著。他泛览群书，涉猎百科，著书立说毫不间断，甚而几部书同时动笔。他的诗，在广东学者中是最为杰出的。他的著述，主要是小学（即文字学）、音韵、乐律、数学、古文和骈文，其中仅音韵学和声律学的著作就有 16 种。他所著之《广州音说》，是最早研究广州方言的著作，书中指出广州方言因中原移民而保存了中原中古时代的音韵。他撰写的《声律通考》，是一部中国古代乐理和音乐史的专著。他考证了我国最早的历法，即汉代"三统历"，著成《三统述详说》。他与学生赵婴齐测绘广东全图，著有《广东图说》，处于当时绘图学领先地位。他是精通乐律的古琴家，编写了《唐宋歌曲新谱》，仿制复原了古笛，成为我国研究和复原古乐器的先驱。他考证出《后汉书》作者范晔"谋反"被处死是历史冤案，为之翻案，在史学上别树一帜。他著有《汉地理志水道图说》，提出"地理之学，当自水道始；知汉水道，则可考汉郡县"，并写成《水经注西南诸水考》，纠正郦道元的讹误。他用欧几理德《几何原本》参核《墨子》中有关数学问题的论述，写成《读墨子》。曾国藩见过陈澧所著《声律》《水道》二书，服其精博。广东巡抚郭嵩焘甚至说："到广东只要会晤过陈澧的，便不枉此行了。"

陈澧任学海堂学长，先后 27 年之久，其间培养出不少人才。他坚持阮元为学海堂创立的讲学宗旨，不搞应科举考试的时文制艺，打破汉学宋学门户之见，提出以义理为依归的治学思想，反对讲经学者只求训释考据而不阐明义理的治学态度。他和他的学生被称为"东塾学派"。陈澧在学海堂执教期间的主要著述，要数《汉儒通义》和《东塾读书记》。《汉儒通义》分类辑录出自汉儒经书的专题语录。《东塾读书记》初名《学思录》，收录了他阅读前人著作的思绎心得，荟萃了他毕生治学精华，凝聚了他的哲学、政治、历史等多方面的深刻见解，体大思精，用他的话说："乃寻求微言大义，经学源流正变、得失所在，而后解之、考之、论赞之。"

同治六年(1867)，陈澧被聘为新创办的菊坡精舍的山长。菊坡精舍基本上是学海堂的延续、拓展和补充，陈澧提出"吾不自立法"和"吾不自立说"。这所书院优选越秀、越华、羊城三书院诸生月课，给予膏火，类似今之研究生院。粤地俊彦，多出其门。在菊坡精舍期间，他还参与编修地方志，担任《番禺县志》分纂、《香山县志》总纂，撰有《肇庆修志章程》。他还主持刊刻《十三经注疏》《四库全书提要》《通志堂经解》《古经解汇函》《小学汇函》《通典》《续通典》及汉代经学大师郑玄《郑氏全书》等巨著，为岭南的文化学术提供了重要的典籍。

陈澧争分夺秒、锲而不舍地做学问。据学者研究，他的著述总计116种，涉及经学、史学、音韵学、文字学、声律、音乐、地理学、数学、书法和诗词等11大类。陈澧的书法成就甚高，传世作品以篆书最为人所重。流传的行书作品，被品评为"险中求稳，别有天趣"。

第二节　广雅书院山长梁鼎芬

清朝遗老梁鼎芬

说起梁鼎芬，许多人都知道他是一位绝对忠于被辛亥革命推翻了的清朝的遗老。这位出身于大儒门第的才子，从骨子里一心作忠臣报国。

年青的他性情刚直，有一腔爱国热血。时逢中法战争爆发，清廷打了胜仗，却与法人签订了《中法简明条约》，谓之"乘胜求和"。梁鼎芬立即上书弹劾李鸿章，指责其在法国议约及中越问题上失当，有六条可杀之罪，"请正典刑，以谢天下！"一个小小的翰林院编修，竟敢挑战权势炙手的重臣，朝野为之震动。弹劾李鸿章使他招来了一系列的处分，慈禧太后动怒，先将其降五级调用，又降为太常寺司乐，再罢黜南归。梁鼎芬尽管丢了官，却获得"直臣"名声。为此，他还替自己刻了枚"年二十七罢官"的印章。

文名直声使梁鼎芬不愁没有去处。早年有"神童"之名的他，就学于菊坡精舍院长陈澧门下，得名师指点，修炼得学富五车、文采横溢。年纪轻轻就中进士，入翰林院，授编修，仕途本未可限量，却因耿直而中折。返粤后，梁鼎芬赴惠州主讲丰湖书院。时逢张之洞任两广总督，正以"激励风节"为名招纳"忤误失意"之朝士以为己用，于是聘梁为端溪书院山长。清代的地方书院是有等级的，端溪书院是朝廷认定的省级书院，山长身肩重任，所以要由两广总督任命。1887年，张之洞在广州创办广雅书院，意在创建一所"砺士品而储人才"的大书院。梁鼎芬被聘为首任山长，遂率端溪书院经古诸生并入广雅书院，为这座百年名校的优良教学传统打下了基础。两年后，张之洞调任湖广总督，在湖北创办两湖书院，为他所器重的梁鼎芬又受聘到两湖书院任史学分教、监督等职。后来，张之洞调署两江总督，聘请梁鼎芬到南京主讲钟山书院。凭这份经历，梁鼎芬当之无愧地可以称为教育家。梁鼎芬是个不折不扣的"书痴"，每到一处必先搜集图书。在惠州，他四处派发捐书启事，为丰湖书院筹集到上万册图书。在端州书院，各类藏书也有九千多册。在广雅书院，他设置了专门的书库"冠冕楼"，开始只收藏中国经史学类书，后来也收藏西学图书。他在归里之后，在广州大东门建起"梁祠图书馆"，亲手拟定下《借书约》："有书而不借，谓之鄙吝；借书而不还，谓之无耻。今之书藏，乃一府公物，非一人之私有，不借不如不藏，不读不如不借。"将藏书楼的公益目的说得清清楚楚。

梁鼎芬的人生定位并不仅在于教书育人，他还是返回了政治舞台。光绪二十二年(1896)，张之洞返任湖广总督，梁鼎芬随行充任幕僚，协助他推行新政，并任两湖书院监督(后改称院长)。他的忠君思想，使他与维新派的距离越来越大，《正学报》的主笔章炳麟就因被他告发"时有欺君犯上之辞"而被迫离开湖北。八国联军入侵北京，慈禧和光绪西逃，他说起"皇太后和皇上每天只吃三个鸡……"已泣不成声，最后一个"蛋"字是在学生的笑声中哽咽着说出来的。他首倡向"两宫"进贡方物，因此深得慈禧太后好感，获赏还翰林院编修衔，更得"两宫"召见，官授汉阳知府，不久兼盐法武昌道。他成了张之洞推行新政的得力助手，人称"小之洞"。编练新军，筹办新式学堂，创办府道两级师范学堂，捐俸开办省师范学堂，这一系列举措都有梁鼎芬的身影。与此同时，他又极力加强控制学生界思想，压制进步势力，以防学生做出不利朝廷的出轨行为。不过，他打心里还是爱惜人才的。两湖书院的高材生黄兴，意欲东渡日本追求革命，私下谒见梁鼎芬求助川资。梁鼎芬劝说他效忠清朝，两人说不到一块去。梁鼎芬还是赠银若干，说是师生之谊尽于此日，要黄兴当天即离开湖北，倘再见"则余唯知有国法矣！"过了两天，估计黄兴走远了，他才行文"严缉"黄兴。后来黄兴从日本返湖南活动，途经武昌，在两湖书院改办的两湖高等学堂发表演说，被梁鼎芬驱逐出境。他还下令开除参与革命活动的学生宋教仁等人学籍，为此得到湖北巡抚的褒奖。湖北革命学生特编《梁鼎芬》一书，称他为"政界学界一大蟊贼，为吾党之公敌"。梁鼎芬依然我行我素，他在升任湖北按察使之后，专折奏陈准备立宪，随之上疏弹劾庆亲王奕劻受贿，揭露直隶总督袁世凯引用私党："臣但有一日官，而尽一日之心。言尽有泪，泪尽有血！"在奕劻、袁世凯施压之下，朝廷只能对他降旨呵责。他的靠山张之洞时任军机大臣，也只能密电其好自为之。他只好引退回老家了。

他对清廷的忠心，突出地表现在辛亥革命之后。清帝逊位后，他拒绝了黎元洪等屡劝他出任民国官员的邀请，更发起孔教会，提倡尊孔读经，鼓吹复辟。隆裕太后死后，他参与"奉安"崇陵，自愿结庐守陵，以终晚年。他被末代皇帝溥仪委以管理崇陵植株及浇灌事宜，又做了溥仪的二品衔师傅，进宫伴读。1917年，张勋演出复辟丑剧，梁鼎芬以清室代表身份到总统府逼黎元洪交权。梁鼎芬的复辟梦破灭后，于1919年在忧病交加中卒于北京，终年60岁。溥仪小朝廷特谥"文忠"，晋赠"太子少保"衔。

梁鼎芬擅长诗词，很为"留得人间几首诗"自慰。又娴于书法，常为人题扇。著述有《节庵先生遗诗》《节庵先生遗稿》《梁节庵先生扇墨》《焦山藏书约》等。其诗无论国事家事，多至情之语，意境幽深微妙。饶宗颐称说"梁诗温丽悲远"。试看他作于其妻龚氏死后两年的伤逝诗《晚霁》：

雨止蝉亦止，夜凉心更凉；无人说明月，独自九回肠。

龚氏是文廷式表妹、当世才女，嫁给梁鼎芬后跟文廷式跑了。文廷式死后，梁鼎芬迎回龚氏，在封建时代这是颇为难得的。龚氏死了，他忧思深挚，可见他用情之专，为人之厚道。

第三节　一心造就良才的教育家吴道镕

晚清年间，曾经有一位大富翁慕吴道镕之才德文名，请其为亡妻点神主。这是一种旧时丧俗，即在"神主牌"上先写好"王"字，再请社会名流在"王"上点一朱点成"主"字。富豪许以酬金2000元。当时吴道镕以教书卖字为活，手头并不充裕，却不为金钱所羁，因不屑此富翁为富不仁，宁舍"一点逾千金"之重酬而不为。吴道镕的操守行为，很为时人称道。

吴道镕，原名国镇，字玉臣，号用晦，晚号澹庵。祖籍浙江会稽（今绍兴），祖上经营盐业入粤，寄籍广东番禺捕属（今属广州市越秀区）。吴道镕小时就很勤学，17岁补县学生。他就读广州应元书院时，适值探花李文田请假奉母南归，主讲于应元书院。从此时起，李文田对他的人生道路有很大影响。得李文田指教，其文学、书法皆有长进。他于光绪元年（1875）中举，此后两次应试不第，家境又不充裕，就不再追求科举，在家乡授徒养亲。李文田却很推重吴道镕，再三敦促他赴试。光绪六年（1880）吴道镕得中进士，入翰林院，授庶吉士，后因父去世，在家守丧。光绪十二年（1886），吴道镕服满回京。正好不久前李文田回京复职，吴道镕寓居李文田府上，被李文田聘为记室，得以继续聆听李文田的教诲，诗文书法造诣日深。吴道镕无意仕途，李文田对他也不勉强，不以禄仕相劝。庶吉士散馆时，吴道镕得受编修，本可以留在京师，却卷起铺盖就走，以后不再复出，以讲学著述终其一生。

吴道镕回到广东，潜心教育，曾主讲于潮州韩山书院、金山书院，惠州丰湖书院，三水肄江书院，广州应元书院。他还曾与陈石樵、石惺庵等人在广州府学设馆授教，从游学者数百人。吴道镕早晚手不释卷，博综经史，旁通算术，甚至阅读有关西方政治的书籍。他所培养出来的学生也多为通才。

吴道镕在潮州任教时间最长，潮人对他甚为仰敬，学生把他当成父兄。他并不因此沾沾自喜，自表功绩，而是视为本分。光绪十四年（1888），海阳

县（今潮州）知县卢蔚猷开局纂修县志，聘吴道镕为总纂。十年后，县志修纂完成。吴道镕对海阳的地情不甚了解，修纂中不免讹漏，但他为此志酌定体例篇目，奠基之功实不可没。

戊戌变法以后，清朝改革学制，广雅书院改为两广大学堂。光绪二十九年（1903），清政府规定各省设立高等学堂，学堂设负责全面工作的总理一名，相当于校长。两广总督岑春煊将两广大学堂改为广东高等学堂，吴道镕被聘为总理，成为广东第一所新式高等学堂的首任总理。在此一年前，他与丁仁长、汪兆铨一起筹办了教忠学堂，初时照中学章程办学，四年后改为教忠师范学校。教忠师范学校与省立女子师范学校同为广东最早开办的初级师范教育学校。

作为教育家，吴道镕成功地主持了广东各地多家书院。广东高等学堂前身为广雅书院，戊戌变法之后，维新思想传入学校，广雅学生有提倡政制改革以至革命排满的论调。原来主校事者无法应付学潮，只好先后辞去，学生也分化而行。吴道镕到职时，学堂招来的160名学生只剩下36人。他接任后，扩班招生，将原有36人称为甲部文科，另招124人作为乙部理科。这批学生毕业后送北京复试，由清廷奖授举人。后又招来160人，这第二批毕业的，因科举废止，就没有再送北京复试了。吴道镕任总理八年，其间学堂有了很大发展。他学不拘外，"贯融新旧，阴纳于范围之中，启迪劝导，一出以诚，生徒翕服"。他培养出来的学生，能适应时代需求，后来有不少成为社会名流，还追怀其教泽不止。

作为古文学家，吴道镕并非食古不化，他为学不立门户、不设崖岸，人乐于趋附。他主张文章气节要相一致，在所撰之《屈翁山先生墓碑》中指出，自宋崔与之、明陈白沙至清屈大均等人所提倡之"岭学"，是"敦尚学行，而益以博约为宗，故无无用之文，亦无无文之学，自是文章气节合而为一"。这也是他的文学主张。吴道镕工书、能诗，擅古文辞。他少年时学诗，听到大学者陈澧谓粤东多诗人少文人，因而发愤钻研古文。其文精心独造，思沉而气锐，力矫浮靡之习，深得淡远之趣，卓然成家。他致力于地方文献的收集整理，博考粤东作者，以屈大均《广东文选》、温汝龙《粤东文海》

为基础，辛勤采辑，历二十载而积成粤文总集《广东文征》。文集分文体 16 类，共 240 卷，收入自汉至清凡 600 余家。他还另纂《广东文征作者考》十二卷，叙作者里贯、仕履、事迹，病中犹补不辍，可惜终其一生而未完成。这本巨著凝聚了吴道镕一生心血，为保留广东地方文献做了很大贡献。吴道镕书法造诣甚深，渐而形成自己的风格。晚年书名极大，广东各地不少楼堂馆院的匾额楹联出自其手笔。某次妙笔兴成，榜书"一景酒家"四字，时人称赞不已。吴道镕擅诗，其诗恬淡简朴，能明淡泊自守、修身洁行之志。这与他的为人学问及晚年崇信道教有关。

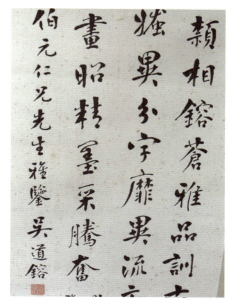

吴道镕书法作品

辛亥革命以后，吴道镕杜门著述，以遗老自居，不问外事。广东省志局、学海堂曾礼聘他，皆辞而不就。1918 年由梁鼎芬、卢维庆所修的《番禺县续志》开局，吴道镕为三位主纂人之一。

晚年吴道镕崇信道教，一度寓居罗浮山酥醪观。1936 年，吴道镕病逝于广州，终年 84 岁。遗命以道服殓，葬于东门外石鼓冈。

第四节　志坛名家邬庆时

民国时期，广东出了一位方志大家邬庆时，从事修志研究和实践竟达半个世纪。邬庆时关注修志，是从对乡贤屈大均的敬重开始的。他自小就听母亲讲屈大均的事迹，长大以后，对屈大均了解更多一些，于是找来县志阅读，读了三遍，"始隐约觉有其人"，由此才理解修志者用心良苦，修志不是可有可无的事。他一生主修过《桂平县志》《续番禺县志》《宝安县志》《龙门

县志》《高要县志》《中山县志》《新兴县志》《茂名县志》《番禺末业志》等9部志书,主编过《广州年鉴》。他还将编修志书所拟序例汇集成《修志序例》一书,由商务印书馆出版。

邬庆时(1882—1968),字伯健,番禺南村人。先后在时敏学堂、两广方言学堂读书。曾在孙中山大元帅府财政部工作,财政部长廖仲恺对他的工作很满意,对他的文才也很欣赏。孙中山曾题字赠他父母,以示褒扬。他对财务工作颇有责任感,曾写道:"理财之道,苟或不当,其弊甚于司法。司法不当,仅一家器矣;理财不当,则一路哭矣。"1926年离开财政部后,任中山大学庶务主任兼文科讲师。日军侵占广州前夕,曾随中山大学迁往内地,后因照顾家人返回广州,又往香港等地。新中国成立后回到广州,曾应中科院广东民族研究所之请,编纂《两广少数民族史料》。时与一些老诗人学者聚会,切磋诗词、诗钟艺术。他生活俭朴,注重养生,严寒时每天早上仍用冷水洗澡。他学识渊博,治史一丝不苟,著述甚多,计有《半帆楼诗稿》《九峰采兰记》《鼎湖诗草》《番禺隐语解》《东斋杂志》《穷忙小记》《漏邑痛述》《番禺末业志》《南霜草堂笔记》《听雨楼随笔》《南山佳话》等28种。整理先贤著作十多种。他对书法亦有研究,从水手系船得到灵感,创出一种"菊梅兰竹"执笔法。但他一生最突出的成就,是从实践到理论对地方志事业的贡献。

清宣统元年(1909),他阅读《番禺县志》时,觉得"修志之不可以或缓也"。1915年,他到了慈利,与吴悔晦相见。吴悔晦曾因修志的事入狱。两人谈及方志,意气相投,从此,邬庆时研究方志的兴趣更浓。1918年,梁鼎芬等倡修《番禺县续志》,邬是六位分纂之一。续修的工作直到1931年秋才完成。其间邬又跟随程子良完成《桂平县志》的编修。这14年间,庆时备尝修志之甘苦,所得修志学识及经验至多。修志的艰难并没有使他退缩,相反,他有感于战争频仍,文献散佚,发愿要尽其力于修志。

在实践中,邬庆时对修志方式进行了切合实际的改革。他认为当时国难方殷,警报不断,重修方志,似属不急之务,但战争愈烈,保存文献之心也愈急;方志是各地方文献之总汇,要保存文献就必不可不修志。那么,必须速修,即"修之又须得其法,方能以最短时间、最少费用,而获最多之助力,以成最良之新志"。他从《番禺县续志》编修的体验,体会到该志的编修,用人虽多,为时虽久,而全书实成于停支薪水之后与不支薪水之人,悟到修志固不在乎人多钱多,尤其是不在乎时间多。他曾经拟出一个不用人、不支薪水之法。1932年,他将此设想说给宝安县长李晖南听,后试用此法重修《宝安县志》,果然方便可行。此后,重修《龙门县志》、纂修《中山县志》,都采用了这一方法。同年,高要县续修《高要县志》时,采用回常规之法,结果是开局15年未及成书,而两位总纂相继去世,他认为这是重蹈覆辙。1934年,邬庆时为广州市政府编纂《广州年鉴》时,采取折衷办法,设立编纂委员会,其下设立事务、征集、编纂三个组,聘请各门材料关系人为委员,专心致志分工合作之三人为各组主任,主任有责任有报酬而委员则无。

对编纂体例的改革,邬庆时也做了探索。他认为,各县、市修志办法不同,编纂体例也因而各异。《番禺县续志》的体例是因袭旧志,《高要县志》大致摹仿《德庆州志》。至于修宝安、龙门、中山各县县志及《广州年鉴》时,邬庆时已有了一定的实践经验,他将各师友及各方志遗范进行了一番比较,因时不同,因地不同,对修志做出不一样的处理。他最为满意的是最后修成的《中山县志》,面目一新,与前志相比判若两书。有人说邬庆时是一个无定见的人,也有人说邬庆时是一个有进步的人。邬庆时自己说不知道所作所为到底是进还是退,也不问是进还是退,只是"尽吾力之所能,行吾心之所安而已"。他将前后为各志所作的序例,汇为一辑,以便反复检查,继续改进,并与各地修志者共同研究。

1933年,他在宝安任职时,见到县城内外因频年战争所残而满目荒凉,县人对此段伤心史,大半茫然无以应,且有说居南头不如香港之乐。他因此觉得修志不可缓,遂向县长李晖南提起重修县志之事。不一月,李晖南去任,邬庆时向新任宝安县长张远峰重提修志旧事。不料三个月后张又去任。邬庆时受到宝安旅港诸绅挽留,住到香港宝安商会,继续纂修县志。过了六个月,终于完成书稿40卷。邬庆时曾携所拟宝安县志例言前往请教在港编

修《高要县志》的陈焕章。《宝安县志》完稿后,邬应聘赴修《龙门县志》。1934 年,广州市成立广州年鉴编纂委员会,聘邬庆时为编纂组主任。《广州年鉴》历数月时间脱稿,共 21 篇,是一种类似志书资料长编的著述。1936 年,中山县长杨子毅聘请邬庆时总纂县志。邬庆时认为如不抓早抓紧必不能完成,于是一面征集资料,一面为编纂做准备。此志改革之处也多。后因日军侵华,战事日近,终未能完成,题为《中山县志稿》。

第五节　末科探花商衍鎏与古文字学家商承祚

清代末科探花商衍鎏闻名遐迩,然而商氏祖上由何地迁粤则说法不同。按商家后人商志醰说法,先祖在康熙年间从辽宁铁岭参军入粤,商衍鎏参加乡试及题名金榜的身份都写着"广州驻防正白旗汉军人"。商衍鎏中探花后,与其兄前往商姓聚居地花县水口营村(今属广州市花都区)认祖归宗,乡亲们特为兄弟二人立碑刻字。今水口营村民确系多姓商。据族谱所载,商氏始祖商禄公来自河间府沧州南皮县(今属河北),为明朝名将徐达麾下,明初率部驻禺北冬瓜窿,时属番禺治下,因军功世袭俸禄。清兵入关后,朝廷革除世袭俸禄,允许商氏家族仍于驻地屯居,因入籍番禺,居水口屯(今水口营)。新方志《番禺县志》人物传称商衍鎏是"兴仁社水口营人。自幼在莲花巷读书"。莲花巷在越秀区纸行路,据《驻粤八旗志》载:"镶红、镶蓝旗满洲箭道,在莲花巷。"水口营村中老人说,上一辈曾资助商氏兄弟进京赴考。花都区文联主席毕应胜说他留有商承祚给他的亲笔信,可证商氏一脉祖籍水口营村。总之,《商承祚自传》自称"广东番禺人"是确定的。

商衍鎏的父亲是个穷秀才,七次参加科考皆不中,便将希望寄托在商衍鎏、商衍瀛这两个儿子身上。他在广州莲花巷尾辟地莳花种竹,盖茅屋数间,取名玉莲园,以供儿子静心攻读。二子果不负期望,均考中进士,得"禺山双凤"美誉。商衍鎏之子商承祖、商承祚分别是南京大学外文系、中山大学史学系教授。商承祚子女也都是专家、教授。

商衍鎏，字藻亭，号又章、冕臣，晚号康乐老人。生于光绪二年(1876)，中举后在光孝寺西华堂读书多年，又入学海堂、菊坡精舍、应元书院。于光绪三十年(1904)年中末科探花，授翰林院编修，历任秘书郎、国史馆协修、实录馆总校官等职。其间被派往日本东京法政大学留学。毕业后归国，提出变革社会的主

商承祚(左)与父亲商衍鎏(右)

张，不为清廷所用，遂辞去官职。民国初年，商衍鎏兄弟及家眷避居青岛，应邀赴任德国汉堡殖民学院东亚系研究助理，帮助筹建了中国语言和文化系，奠定了今汉堡大学汉语系基础。商衍鎏1916年回国，曾任国民政府财政部秘书。他建议财政部修改不恰当的条文，财政部交其执笔修改。有商人托人说项，许以酬金5万元，要求商衍鎏按他们的利益改动条文。商衍鎏严词拒绝。1927年，鉴于时政腐败，愤而辞职。

新中国成立后，商衍鎏先后任江苏省政协委员、南京市文史馆馆长、中央文史馆副馆长、广东省政协委员、广东省文史馆副馆长。晚年，由其子商承祚接回广州定居。中央新闻纪录电影制片厂于1956年摄制《探花晚年》。他撰写了《清代科举考试述录》《太平天国科举考试纪略》，凭记忆默写出当年考题，成为宝贵的史料。他擅长书画，尤以绘竹石著称。1962年病逝于广州，终年88岁。

商承祚，生于光绪二十八年(1902)，字锡永，号契斋。幼承家学，酷爱古器物、古文字。20岁时北上天津拜罗振玉为师，研习甲骨文、金文。入北京大学研究所，为国学门研究生。21岁撰著《殷墟文字类编》，由其父商衍鎏出钱刻木版，是我国最早、最有建树的甲骨文字典之一。1925年任东

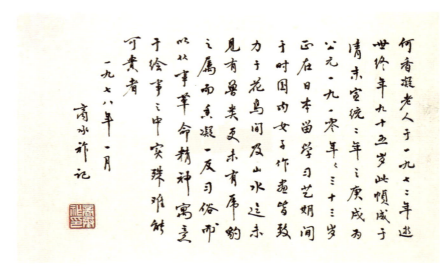

商承祚书法

南大学讲师。1927年任中山大学语言历史学研究所教授。1929年,主持语言历史学研究所工作。1928年在所内成立考古学会,任主席,并亲自到北平搜购古碑、古造像,设立古物陈列室。1930年7月辞职离校,先后在北平女子师范大学、清华大学、北京大学、金陵大学、四川教育学院、重庆大学、重庆女子师范大学等校任教授,并从事考古及古文字研究。1938年,日机在长沙频繁轰炸,商承祚冒着危险抢救性挖掘楚墓,后来写成《长沙古物闻见记》《长沙出土楚漆图录》,开楚文化研究先河。1948年秋,回广州,被聘为中山大学文学院语言学系教授。

1956年,商承祚和容庚联名招收古文字学研究生,直至"文革"前共招四届9名,"文革"后再招一届6名。两位导师指导研究生别具一格,不开课,更不考试,主要是谈话聊天、答疑解惑,再就是赐赠著作,审阅文稿,视其佳者推荐发表,称之为"因材施教"。1978年冬,商承祚赴长春出席中国古文字研究会成立大会暨第一次学术讨论会,被推举为理事会召集人。"文革"结束后,他频频参加各种学术活动,在中山大学主持召开中国古文字研究会第二次年会,赴香港出席第一届国际中国古文字学研讨会。他被推举为中国考古学会名誉理事,中国古文字研究会、中国语言学会理事。

1991年5月12日逝世。

他一生著述甚丰,共出版了15种专著、两种书法作品集,发表了60余篇学术论文。其代表作《殷契佚存》为研究甲骨文者必备之书,《十二家吉金图录》是治金文者的必备之书。80岁后合著《先秦货币文编》,是中国第一部货币文字典。

商承祚是饮誉中外的书法家,曾任中国书法家协会理事兼广东分会主席。最擅长小篆,晚年钟情秦隶,创造出既浑穆雄奇又婉通流畅的风格,被称为"商体"。出版有《商承祚秦隶册》《商承祚篆隶册》。篆刻以古玺见长。他生前曾将家藏的一千多件珍贵文物无偿捐赠给故宫博物院、中国历史博物馆、广东省博物馆等多家博物馆,其中属国家一、二级文物的超过60%。

第六节　坐拥万卷书的藏书家徐信符

1928年,广州城小北开筑马路,藏书家徐信符将居所前座拆建为两层楼以藏书,称名"南州书楼"。徐信符很以此楼藏书之丰富为自豪,曾自题南州书楼诗云:

> 翰墨生涯作蠹鱼,北山斜对好安居;门虽近市何嫌俗,且拥琳琅万卷书。

诗中说到的"万卷书"并非修饰夸张。南州书楼称雄岭南藏书界于一时,藏书最盛时达600多万卷,其中以广东文献、各省通志最为齐备,收藏的本省县志亦达十分之八。中山大学教授冼玉清曾在此楼披阅累月,录成《南州书楼所藏广东书目》,共列出书目483种,其中有许多明清广东名家作品。这是唯一一部较系统地反映南州书楼广东地方文献收藏情况的书目,但由于是仓促编就,遗漏不在少数。1940年在香港举办的广东文物展览会上,南州书楼送展之书,有被公认为孤本的明朝戴璟所修之《广东通志稿》。此书为首创之《广东通志》,曾有日本学者断言已成佚本,商务印书馆

藏书名家徐信符

版《省志综》亦没有列入。此处还有各种珍贵的文献和手迹,数种较罕见的宋元版本以及大量的明刻本。是年,李汉魂、叶恭绰延请饱学之士校刻《广东丛书》,第一集共七种文献,其中就有五种是南州书楼藏书影印的。徐信符无疑是岭南藏书家中的佼佼者。

徐信符,名绍棨,以字行,又字舜符。原籍番禺,光绪五年(1879)出生于英德,后迁到广州状元桥(今小北路)定居。9岁时其父去世,少年孤苦。他聪敏好学,每试均名列前茅。光绪二十四年(1898)岁考录为博士弟子员。光绪二十六年(1900)肄业于学海堂、菊坡精舍。光绪三十年(1904),他与汪精卫、胡汉民、古应芬、陈融、朱执信、史坚如等组织群志社,每月集资购图书,共同研究。群志社同人后来走上追随孙中山的道路,有"旧游皆权贵"的说法,如廖仲恺、朱执信、胡汉民等皆当要任。徐信符堂兄徐绍桢曾为南京卫戌司令,后任广东省长,唯独他不乐仕进,一生只知教书与藏书二事。25岁时,他应聘到香山隆都学堂教书,从此开始了教学生涯。之后,曾在广东高等学堂、广府中学、两广高等师范大学、岭南大学、广东法科学院、中山大学、广东勷勤大学、广东教忠学校,以及香港培英、执信中学和澳门教忠学校等十多间学校任教,主讲课程涉及文学、历史、古籍书目诸科。先后编著了《中国文学史》《历代文体辨别》《中国书目学》《中国版本学》《西洋史要》《亚洲各国史》《汉书刑法志》《古籍校读法》《楚辞离骚》《文选研究》《文学说略》等十多种教材,充分反映了他知识渊博、治学严谨以及对教育事业的执着、创新和敬业精神。他倾心教学,平易近人,甚得学生拥戴。广府中学学生闹风潮,最后由学生自择老师才恢复上课,获留任续教者仅得他一人。他执教40多年,桃李满天下,培育出不少英才。广州市长朱光、省文史馆副馆长冼玉清、中国近代图书馆事业的先驱中山图书馆馆长杜定友,都是他的学生。

徐信符是著名藏书家，对岭南地方文献的收藏、整理、研究卓有成就。他曾兼任广东省立图书馆董事会董事、中山图书馆特藏部主任、广东编印局委员、文献馆理事和修志局编纂等职。他以保存地方文献为职志，广为搜集乡贤文献乃至各类图书。徐信符年少时因家贫购不起科举考试必读书《十三经注疏》和《资治通鉴》，其时各大书院均有专题课士，于是他常写文章投递，结果获奖学金甚多，积资年余，卒获购二书。此为其藏书之始，而得书之艰难使他倍加珍爱收藏之书。他节衣缩食，粥饭之外，皆付于书肆和藏书之费，不少孤本、善本为此时所得。粤雅堂、东塾书楼等散出的藏书亦多为其所得。他的南州书楼所藏的大量广东地方文献，久为学者所重视与使用。徐信符还藏有光绪二十四年(1898)至1921年的上海《申报》《时报》，广东历史最早的《羊城报》《岭海报》亦历年无缺。书楼还兼藏书版，有《史通通释》《东塾读书记》《林和静集》《复古编》等。徐信符不仅嗜好藏书，更致力于乡邦文化的整理研究。他见到清代著名书院广雅书院及学海堂刻印丛书之版片堆积如山，无人清理，任其弃毁，乃挺身而出，呈请自行筹措款项，成立广雅版片印行所，对残版分类校补，选书150多种，汇为《广雅丛书》。又修订学海堂版，编辑印行《学海堂丛书》。所藏鸿篇巨制如武英殿聚珍丛书，菊坡精舍、海山仙馆、粤雅堂等所刻书版，亦先后印行。还刊印了《岭南三大家诗》《南园前后五子诗》《五百四峰堂集》等广东文献，为古籍的保存和流传做了大量的工作。所著《广东版片纪略》，勾画出广东刻书的历史。

徐信符于诗文颇有研究，曾编著《中国诗学史》《历代诗选》《唐诗研究》，偶也为诗，朴实无华，率然天性。他以学者和藏书家的眼光写出《广东藏书纪事诗》，先以一首诗概括，再以文字做具体诠释和介绍，共收入广东藏书界名人150人，附录28人。文作记述了每个藏书家的藏书特点、研究专长、主要著述及所做贡献，如数家珍，精辟中肯。

抗战时期，广州为日军侵占，徐信符先将善本运往香港，寄存于香港大学堂、冯平山图书馆及香港寓所。香港沦陷，复将典籍分批运往澳门寓所，遭匪徒所劫和敌军飞机轰炸，损失不少。徐信符避难港澳时，在当地中学任

教,生计日艰,在澳门被逼将所存之书沽出,但他断然拒绝汪精卫所办广东大学的聘请,写诗对受聘者嗤之以鼻,表现其风骨气节。

抗战胜利后,徐信符回穗,拟将劫后存书整理编目,将存于港澳的书籍运回内地,事未竟,1947年逝世于广州,终年69岁。南州书楼藏书在抗战期间损失惨重,徐信符逝世后,除部分为岭南大学(后并入中山大学)图书馆、中山图书馆收购外,余皆散失。

第七节 中国社会经济史学奠基者梁方仲

凡做学问,不随波逐流而终能屹立于当世,是最高境界,却是要付出代价的。20世纪50年代以来,以所谓"资本主义萌芽"问题为刺激,明代经济史臻为显学。在研究中,不免有不惜迎合教条以取悦时风的,以抽象的概念扭曲史实而风光一时的。时过境迁,这些论说的价值随之贬损。而立足于经济制度基本史料,尤其是以基本数据为研究对象的一位教授,风动而心不动,坚持学术的独立和研究的科学性,当时未获耀人声光,反被称为"只专不红"的典型,其学术方向也被排斥于主流之外。这位教授就是中山大学历史系教授梁方仲。他在岭南大学、中山大学任教二十余年,在非常艰难的条件下,坚守学术理念,辛勤耕耘,以扎实的文史修养和良好的西方经济学造诣,不断沿着自己开拓的学术道路,致力于把社会科学的理论和方法引入中国历史研究,建立中国新史学的研究范式,在中国社会经济史研究领域做出了奠基性的贡献,其著作随着时光变迁而益显价值。梁方仲对"一条鞭法"的研究享誉学界,被当代史学泰斗何炳棣尊称为"明代赋役制度的世界权威"。近年来,在中国社会经济史研究领域,梁方仲先生的学术成就以及他提出的研究课题和学术见解,重新被人们认识,也越来越受到重视。

梁方仲,番禺县黄埔乡人,原名嘉官,以号"方仲"行世。他是十三行四大富商之一的天宝行行商梁经国的第六代孙。曾祖、祖父分别是翰林、举人;父亲曾在刑部任职,辛亥革命后投身教育,在中学、大学执教30余年。梁方仲生于北京，辛亥革命爆发后，随父亲南返故里。出身书香世家的他，从小得到名师指导，奠定了良好的古文基础和对诗文的爱好。在五四运动影响下，他热烈追求新学，于1922年回到北京读书，从小学一直攻读到清华大学经济学硕士学位。1934年到中央研究院社会科学研究所经济史组工作，从此开始了他研究中国社会经济史的学术生涯。

1934年，梁方仲与吴晗、罗尔纲等志趣相投的青年学人发起成立了"史学研究会"。研究会在西方社会科学方法和马克思主义的影响下，提出了倾向历史唯物主义的进步主张。"史学研究会"在天津《益世报》和南京《中央日报》开辟《史学》副刊园地，编辑出版我国第一个以社会经济史命名的《中国近代经济史研究集刊》。集刊创刊于1932年，比创于1941年5月的美国经济史学会出版的"The Journal of Economic History"还要早9年，在中国乃至世界社会经济研究史上具有重要的地位。梁方仲积极为副刊和集刊撰稿，一度是集刊的主编。此后，按照"史学研究会"的宗旨，梁方仲致力于明代社会经济史的研究。1936年5月，他发表了长篇论文《一条鞭法》，眼光独到地指出嘉靖、万历间开始施行的一条鞭法，使自古以来的实物缴纳田赋制度一变而为白银缴纳，"为田赋史上一绝大枢纽，

梁方仲

"史学研究会"在北京汤泉合影

它的设立,可以说是现代田赋制度的开始"。此论得到中日许多学者的高度评价,一举奠定了他的学术地位,赢得了国际声望。美国费正清教授在英译本序言中赞扬这篇专著"对于近代中国货币经济发展的任何研究有着奠基的作用"。这年梁方仲年仅28岁。

翌年,作为中国少壮学者,梁方仲奉派赴日考察学术。卢沟桥事变爆发后,他拒绝了日本学者的挽留,毅然提前回国共赴国难,随社科所辗转内迁至四川南溪县李庄镇。在困苦环境中,梁方仲仍坚持社会经济史的研究,并做了许多实地调查研究,包括进入陕甘宁边区调查研究,聆听毛泽东的两次重要报告。回到四川,他更加努力进行明代经济史的研究,发表了《明代银矿考》《明代的国际贸易与银的输出入》《明代江西一条鞭法推行之经过》《明代的户帖》等论文。1942年,梁方仲晋升为研究员,时年34岁。

1944年,梁方仲接受美国哈佛燕京学社为中央研究院提供的科研资助奖金,与陈寅恪、闻一多等人应邀到美国研究考察,被哈佛大学经济系聘为研究员,任期二年。在此期间,参观访问了美国一些名牌大学、研究院、博物馆、档案馆和图书馆,广为收集社会经济史资料。1946年,赴英国伦敦大学政治经济学院从事研究工作。其间,他曾被聘为中国文化代表团专员前往法国参加联合国教科文组织成立的第一次大会。1947年回国,在中央研究院社会科学研究所任研究员,兼任中央大学教授。翌年代理社科所所长,主持全所工作。

1948年9月,解放军南下,中央研究院院长朱家骅秉承蒋介石意旨,命令全院各所做迁往台湾的准备,并将各所资料先运往上海。梁方仲以实际行动做了反"迁台"之回应。1949年3月,应岭南大学校长陈序经、教务长冯秉铨所邀,梁方仲就任岭南大学经济商学系教授兼系主任,创办岭南大学经济研究所。1952年高校院系调整以后,岭南大学被撤销,梁方仲任中山大学历史系教授。1957年出版专著《明代粮长制度》,属于窄而深的专题研究,他大量引用方志史料,辩证明代此特殊制度的源流及变异,堪称厚积薄发之作。1962年完成书稿《中国历代户口、田地、田赋统计》(因"文革"拖至1980年始正式出版),此书综合西汉至清末的历史数据,资料丰富而翔实，寓论断见解于疏注之中，运用统计数字反映我国封建社会经济发展的趋势，为历史计量研究的空前巨著。日本史学家佐竹靖彦指出这是一部世界仅有的大型历史统计书。美国哈佛大学教授杨联升指出，这部书"数百年后还有人要参考的"。

对历史经济研究有真知灼见的梁方仲却不谙政治。在1958年批判陈寅恪的运动中，他坚持"陈寅恪不能批判"。他与明史学家吴晗交谊深厚，"文革"时"愿以名义和生命保证吴晗绝无政治问题"，因而横受迫害。1970年5月，梁方仲因患肝癌而逝。他致力于笺证的《明史·食货志》和撰写的《十三至十七世纪中国经济史》只完成部分，未竟全功。其论文曾辑为《梁方仲经济史论文集》，后连同所有专著，重编为《梁方仲文集》八册。2013年，梁方仲教授与夫人陈瑛材女士的骨灰奉移康乐园，安葬岭南坟场。校方此举，意在弘扬中山大学的精神。

第八节　矢志整理地方文献的汪兆镛

汪兆镛，番禺捕属（今属广州市越秀区）人，字伯序，号憬吾（亦作景吾），自号慵叟，晚号清溪渔隐。原籍浙江山阴（今绍兴），绍兴出师爷，清中叶，汪氏家族中人陆续入粤为幕佐，落籍番禺。汪兆镛是汪家长子，与汪兆铭（汪精卫）是同父异母兄弟。他自幼聪颖，少从叔父汪瑔于随山馆读书，10岁能诗，24岁考入学海堂专课肄业生，成为陈澧得意门生。得陈澧教导，辑《孔门弟子学行考》《补三国食货志》《补三国刑法志》。

光绪十五年(1889)，汪兆镛中举，赴京获光绪帝接见，奉旨以知县用。汪兆镛到吏部领执照，却没有到任，因为父亲的意见和自己的目标不在此。后来他三次会试均不中，遂对科举灰心，结束应考生涯。汪家祖辈曾为幕客，他也学习时称"刑名"的律例，南归后，辗转赤溪、遂溪、顺德、乐昌等县出任幕僚，虽地位低卑，也用心为之，因此得到上级赏识，小有名气。岑春煊出任两广总督后，聘汪兆镛入督府，掌司奏章，备加礼敬，曾保奏其

清朝遗老汪兆镛(前排右一)

加四品顶戴,荐任湖南知县。但他矢志于钻研经史、金石和诗文,谢而不就官职。

武昌起义告成,新政府曾邀请汪兆镛出任地方官职。汪兆镛以清朝遗老自居,不肯任事于民国。汪精卫邀他替民国政府效力,也被一口回绝,誓言"不屑为朝秦暮楚之徒"。胡汉民邀他担任总秘书一席,广东盐商公请他为盐政局长,一概辞之。他侨居澳门时,撰有不少诗文,多为怀旧厌新之作,慨叹所谓"礼教亡矣!何以国为"。他以遗老自居,对清逊帝溥仪尊敬有加。在澳门,他和一批同样自诩为先朝遗老的诗人学者刻意模仿明末遗民,以诗歌表达不事民国新朝之志,在二龙喉张园设莲峰陶社雅集。此"陶"字就是取陶潜隐居之意。清逊帝溥仪亲书"福"字赐给他,他喜不自胜,即将居所取名"赐福堂"。他去世后,溥仪还再赏以"志节不移"匾额。在此期间,他两上罗浮山,住在酥醪观,自号觉道士;又游杭州西湖、苏州虎丘诸名胜。行迹到处,皆有诗文,与四海名流广结文字之交,收藏书画不惜重价,所获极丰。

汪精卫在政坛上翻云覆雨时,身为兄长的他就对人说:"精卫心术不端,他日不仅贻羞汪氏,且将为国家罪人。"其时汪精卫尚未做汉奸,他已有先见之明了。家人甚至不敢在他面前提及汪精卫的名字,否则必遭痛骂。抗战时期,汪兆镛誓死不替日伪政权出力。汪精卫投敌后,他更是和这个不肖胞弟断绝往来,宣布将汪精卫永远开除出家族,告诫子孙勿卖国求荣。

汪兆镛重视修志,经常建议地方官员修撰地方志。他到赤溪时,赤溪直隶厅知事金湜生在吏事之暇,考订此间山川、风俗、物产等,撰成《赤溪杂志》。汪兆镛大加赞赏,并为《赤溪杂志》作序。他勉励赤溪人士能以此志为先导，日后集众人之力，同修《赤溪县志》。他在乐昌工作时间最长，为当地文教出力最多，写下《乐昌杂诗》13首，是对乐昌及邻近地区历史文化有详尽考察、纪事性强、可作史实保留的文学作品。他应乐昌县令要求，考订乐昌历史沿革，并建议其延请学者文士重修《乐昌县志》。汪兆镛与学海堂同学梁鼎芬过从甚密，梁鼎芬主持修《番禺县续志》，他担任分纂，独力完成其中《官师》《宦绩》《金石》《前事》四分志，还与他人合作其他分志，撰写志稿几占百分之八十。此志史实翔确，群称善本。汪兆镛还整理编撰了大量乡邦文献。他对广州出土文物考据颇精，著有《广州新出土隋碑三种考》。广州拆城筑马路，他收集不少残砖断碑，逐一考证，写成《广州城残砖录》，对研究广州城建历史大有裨补。

汪兆镛是近代有名的词人，他一生历经中法战争、甲午战争、辛亥革命、抗日战争等多个时期，其诗词多为纪实之作，当称史诗。激烈变化的时代风云冲击着汪兆镛，壮志莫酬的悲哀和对国事的忧患在他思想深处积淀，发之于诗词，酿成了《雨屋深灯词》沉郁苍凉的风格。

汪兆镛长于考据订讹，擅骈文、诗词，以著书撰文自乐。所著计数十种共200余卷，尤以史志见长，广及上下古今、经史诗文和金石书画，蔚然大观。他定居于澳门蕉园古村（今马臣大街），断断续续在澳门居住了20多年，对澳门社会、历史、民生等都极为留意，以吟咏自娱，将《澳门竹枝词》30首（后扩成40首）、《杂诗》26首、《澳门寓公咏》8首，汇编成《澳门杂诗》。他撰写的《椶窗杂记》，是广东重要的史料著作，广泛记载如陈澧、朱启连等一代名人学者的行事以及清末民初的史事。他搜集黎简的散佚诗篇，辑印成《五百四峰草堂诗钞》的集外诗；搜集陈澧的散佚诗词，编印成《忆江南馆》词及其补遗集、《东塾遗诗》等；自编的族谱《山阴汪氏谱表》也颇有史料价值。他研究了晋代典章制度，编著了《晋会要》；还搜集了元亡后汉人中不出来为明朝任职者资料，编纂成《元广东遗民录》；撰成收有唐至清代岭南400多画人事迹和成就的《岭南画征略》，取用精宏，裁断严谨，学人赞其"多发前人所未及"。他毕生力作是《碑传集》三编，将有清一代政治、军事、文化、艺术名人墓志、碑铭结集成册，涉及4500

余人 7300 余篇碑传文献，成为研究清史第一手资料，对清代人物多有订讹、补遗、参证、续纂之功。其中汪兆墉所撰碑传包括《李文田遗书记》《梁鼎芬别传》《严崇德家传》《王舟瑶家传》。此外，还著有《四部总录艺术编》《金石篇》《微尚斋杂文》《微尚斋诗》《续举贡衣》《老子道经撮要》《诵芬录》《兆镛印存》《微尚斋丛刻》等。

1939 年汪兆镛病故于澳门，后归葬于广州三宝虚蚬岗。

第九节　中国铁路名宿凌鸿勋

光绪三十年（1904），"中国铁路之父"詹天佑被中国铁路总公司聘为工程顾问。此后一年，任官办京张铁路总工程师，被选为上海欧洲皇家工程师建筑师学会会员。再过一年，他主持设计施工的京张铁路首段建成通车，他的事业正攀向光芒四射的高峰。与此同时的光绪三十一年（1905），一位 11 岁的少年刚步入广州府中学堂校门。因湖广总督张之洞督办粤汉铁路，粤境一段归商办，需要广为集资，规定广州在校学生每人须认购一股，计广东毫洋 5 元，先交 1 元。他照数缴纳，就这样，他和铁路建设发生了第一次联系。这位学子自己万万料不到，他将成长为中国继詹天佑之后另一杰出工程师，将西方铁路科学技术引入中国并逐步实现铁路设计与建设自主化。这位"铁路巨子"就是老一辈铁路工程人员熟知的铁路名宿凌鸿勋。

凌鸿勋（据《凌鸿勋口述自传》，其祖先原姓淩，后改用凌），字竹铭，祖籍常熟，光绪二十年（1894）生于番禺。他天资聪颖，记忆力超强，在广州府中学堂毕业后，清宣统二年（1910），以第一名的成绩考取了上海高等实业学堂（交通大学前身）预科。第二年升入本科，其间参加了辛亥上海光复之役。在校第三年发起组织南洋学会，发行《南洋学报》，任总编辑。1915 年他从土木科毕业。由于各学期成绩均列第一，受唐文治校长推荐，被交通部派往美国桥梁公司实习，之后进入哥伦比亚大学进修。1917 年 12 月，他在纽约参与发起组织中国工程学会，这个学会几年后与詹天佑在国内创建的中华工程师学会合并成中国工程师学会，成为中国近代史上一个举足轻重的学术组织。1918年回国，先后在京奉铁路和交通部路政司任工程师，代理上海工业专门学校校长。1921年，回交通总部任职，曾出任京汉铁路桥梁工程师，参与黄河铁路新桥设计审查工作，踏勘龙烟铁路和朝锦铁路，拟定国有铁路建筑规范，为我国铁路技术标准奠定了初步基础。1921年，交通部将上海、唐山及北京三地的直属学校合并组成交通大学，1922年交大又分为南洋大学和唐山大学，凌鸿勋与茅以升分别任教于两处，号称"南凌北茅"。他为商务印书馆编纂了《市政工程学》和《铁路工程学》两书。1923年，凌鸿勋任交通大学教授，次年任校

铁路名宿凌鸿勋

长，年仅30岁。任校长四年多，颇有建树，建立中国高校最早附设工业研究所。他还在建校30周年纪念中，铺了一条环绕校园的小铁路，用小机车牵引几节小车厢行驶。这看起来类似今天儿童游乐园小火车的可爱项目，在当时每天可以吸引两三万人参观。

　　凌鸿勋的辉煌年代在1927—1943年。1927年8月，任广西梧州市工务局长。1929年，调南京铁道部任技正，同年任陇海铁路工程局长兼总工程师。陇海铁路至今是我国东西方向最重要的铁路干线。1912年由中国政府向比利时银行借款兴筑，起自连云港，原定五年后通至兰州。但随着第一次世界大战爆发，筑路工作停顿下来，之后中方渐渐从比利时国家公司收回营业管理权，但材料及工程技术方面仍由比籍总工程师掌握。1930年11月工程监督局改为陇海路潼西工程局，凌鸿勋兼任局长及总工程师，自此完全由中国工程师负责修建。陇海铁路修筑中最具特色的是潼关线路的设计。此段铁路取道潼关城北则太近黄河，取道城南则需开几座隧道。最后，凌鸿勋决定在城底下开一条长1078米的隧道，直通城区。这是中国铁路史上从未有过的大胆尝试。

　　正当潼西段工程紧张进行时，1932年10月，凌鸿勋调任粤汉铁路株

韶工程局局长兼总工程师。株韶段因资金缺乏和地形特别复杂，已停工14年。英国工程师曾提出过多种方案，因种种困难未形成定案。凌鸿勋亲自主持路线方案的选择，将原来需建的70多座隧道减为16座，最低越岭垭口标高也低了18.30米，大大缩短了工期。株韶铁路有五大石拱桥，其中3座跨径超过100米，最长达190米，当时属国内最长的铁路石拱桥。在6公里范围内桥隧相连，五跨白沙水，高出河床面约30米，颇为壮观。五大拱桥由我国工程技术人员设计和主持施工，以其设计跨度大、施工注重质量和造价低廉而闻名于世。而粤汉线与广九线的接轨，更是大大方便了抗战物资的运输。1936年4月28日，粤汉铁路提前15个月全线贯通。1937年，中国工程师学会将首枚金质奖章颁给凌鸿勋，以表彰其在铁路领域的杰出贡献。

凌鸿勋的杰出贡献，还体现在他对西北铁路网的规划设计上。凌鸿勋在西北地区铁路线路规划中，基本上遵循孙中山《实业计划》所拟定的内容，即从兰州经新疆到乌苏，使之成为欧亚铁路系统之主干。但他认为此线目标首先在于国防，在西北铁路网没有完全建成之前，苏联的"土西铁路以弧形环我，我以单线与之相通，则无异以剑柄授人，而以剑头向我"。同时，他认为在西北仅建一条从兰州到乌苏长达2400多公里的铁路，单线直入，实过于单薄，因而主张在此线南北分别建筑国防线，用以屏蔽和联络，而以此路为主干之中线。在西北开发的考察与规划中，凌鸿勋兼有规划者和建设者双重身份。他率领技术人员进行了大量勘测，包括兰宁铁路、甘青铁路等，为未来的铁路建设留下了宝贵的技术资料。

1929—1945年间，凌鸿勋主持修建铁路大约1000公里，测量铁路线约4000公里，被誉为"铁路圣人"。

1945年1月，凌鸿勋任国民政府交通部常务次长。抗战胜利后，先后督导津浦、粤汉、平绥、胶济等铁路的恢复工作。1948年，受聘为中央研究院院士。1949年5月流寓香港。1950年至台北定居，被聘为"总统府"国策顾问、台北大学教授、"中国石油公司"董事长等职。1981年8月在台北逝世，终年87岁。其著述有《铁路大志》《抗战八年交通大事记》《桥梁学》《中国铁路志》《工厂设计》等21种。

第十节　中国现代高等农林教育先驱沈鹏飞

如今的白云山，林木苍莽，是一处国家级风景名胜区。80年前，时任中山大学农学院院长的沈鹏飞编制了白云山模范林场森林施业案，是中国最早的森林施业案之一，至今广州白云山林场还大致保持当年规划的格局。沈鹏飞教授是为祖国林业献出毕生精力的林业先驱者、著名林业专家和教育家。由于对我国林业科学和教育事业做出了卓越贡献，他被载入《中国农业百科全书（林业卷）》。

沈鹏飞，字云程，番禺人，生于清光绪十九年(1893)。幼年在番禺私塾读书，14岁进入两广方言学堂学习，以诗词文章在同辈中闻名，被誉为"番禺才子"。辛亥革命时，满怀激情参加革命军，稍后到北京清华学堂（清华大学前身）留美预备班学习。1917年赴美留学，后获俄勒冈大学林学学士、耶鲁大学研究院林学硕士学位。1921年回国后，就任广东公立农业专门学校林科主任、教授，讲授制材学和森林经理学。1923年，他应北京农业大学校长章士钊之邀，任该校森林系主任、副教务长。翌年返广州任广东大学农科教授。1925年，广东大学改名中山大学，沈鹏飞先后被任命为中山大学森林系主任、农学院院长、事务管理处主任。1926年至1931年期间，曾代行中山大学校长职务。1923—1932年期间，沈鹏飞除讲授森林经理学外，还讲授过植物学、测树学、制材学、森林工学、森林较利学等课程，显示出多方面的知识和造诣。在此期间，他与陈焕镛创办了中山大学农林植物研究室（中国科学院华南植物研究所的前身），与丁颖创办了中山大学稻作试验场，还创办了广东第一模范苗圃和中山大学白云山第一模范林场。他还参加组织了对西沙群岛的考察工作，编写出版的《调查西沙群岛报告书》成为我国研究西沙的早期文献而被各方所引用。他和当时在中山大学任教的德国专家G.芬茨尔等，共同进行了中国早期的森林经理调查，编制了我国最早的森林施业案之一的"白云山模范林场森林施业案"。

  1932年,沈鹏飞到南京任国民政府教育部高教司司长,与于右任等人参与西北农林专科学校创办工作。1934年之后,担任上海暨南大学校长,同济大学、广西大学教授。1937年,任广东省粮食管理委员会委员、粮食管理处处长。抗战胜利后,担任南京总理陵园纪念植物园园林处处长,在此期间与郑万钧筹办了南京总理陵园纪念植物园。

  1949年,沈鹏飞重返广州中山大学任教。1951年,沈鹏飞积极参加了橡胶事业的开拓工作,开设橡胶经理学课程,写出我国历史上第一本橡胶经理学讲义,为我国橡胶事业发展初期的规划、经营、管理提供了科学指导。1952年,任华南农学院教授、林学系主任,设立华南林业研究室,兼任主任,带头深入林区研究山林、油茶经营及技术经济问题,是我国早期将技术经济引入林学领域,特别是经济林的研究者之一。20世纪60年代,他在海南岛霸王岭林业局建立了热带林主伐、更新实验区。

  "文革"期间,沈鹏飞先被打入"牛栏",后去干校。"四人帮"倒台后,较长时间未被安排领导职务和教学任务,他不计较个人得失,为恢复中国林学会和广东林学会四处奔走,帮助和推动广东九个地区成立林学分会,将补发的工资捐献给中国林学会奖励基金会。对待自己的生活,他有一套随遇而安的养生之道;对待学生的思想、学习、工作和生活,他却十分上心。他对学生的作业要求严格,一字之错也会受他批评。学生都说他既是老师又是家长。晚年他着重做了两件工作:在华南农学院建立了森林经理研究室;在广东推动环境遥感事业的发展,在林业部主持下成立中国林业的第一个遥感试验场——南方林业遥感试验场。1979年,他组织了林业、水电等有关单位42人的科学考察团,跋涉于粤西六个县,对广东水土保持工作提出成套意见。同年又组织科学考察小组,连同地方有关部门,对西江上游水源林进行调查分析。1980年再次组织专家学者30人,考察流溪河、增江上游水源林,并向有关部门提出保护和发展水源林的建议。1981年,沈鹏飞发起召开南方森林经理理论与实践座谈会,在龙门县办起合子森林永续利用实验点,将不足20户的小山村办成林茂粮丰、人均收入全县最高的一个地方。1982年,沈鹏飞年届九十高龄,仍然南北奔波于科研、教学第一线。他赴京开会，到东北考察森林资源和北方林业遥感试验场，写下考察报告并向林业部提出对林业建设的建议。回到广州后，学校安排他到中山县度假，他却利用这一段时间，亲自攀登五桂山，检查一个遥感研究课题的情况。就在这次活动中他染上感冒转为肺炎。他在病床上亲自起草了森林经理研究室的基建计划，要求助手为他准备资料，研究华南林业建设新面临的问题。他从12月上旬就开始计划1983年的工作，不料病情恶化。适逢中国林学会第五次全国会员代表大会召开，他对助手口授了给大会的贺电："热切期望更多的中青年进入理事会""愿青山绿涛把红色中华衬托得无比壮丽"。

1983年1月6日，这位中国林业界老一辈的学者，离开了他终身奋斗的林业工作岗位。

第十一节　海陆空专家罗明燏

抗日战争进入后期阶段的1945年，美军取得对日作战制空权。这年春，美国空军人员拿来一张广州军用地图，准备轰炸侵占广州的日寇，并请当时中国赴美、加航空工程考察团团长罗明燏指点轰炸点。罗明燏坚决反对，他说："这是我的家园，你们不能去炸它！"此事遂受到拖延。不久，日本投降，美军空军轰炸广州一事终未执行。

罗明燏(1905-1987)，番禺沥滘乡(今属广州市海珠区)人。罗氏乃名门望族，其父罗文庄曾任清驻檀香山领事和刑部主事；叔父罗文干曾任段祺瑞政府代国务总理和南京国民政府外交部长，1938年因见当局与日本签订妥协的塘沽协定愤而辞职。罗明燏幼时在广州私塾就读，1916年北上北京接受新式教育。1922年，罗明燏考入唐山工学院土木系，师从茅以升。1926年，毕业返广东，在中山大学教预科班。随后在广州工务局从测算员做起，三年内升至技正(总工程师)，深得广州市长林云陔及后来主粤的陈济棠赏识，却从未以此谋私获利或转道仕途。1928年底，罗明燏担任广州最早的别墅式建筑区——梅花村工程监理并负责设计主要工程。梅花村100

多幢园林式楼房中,他设计了主要的十多幢,其中包括耗资五万大洋、占地4000平方米的陈济棠私邸。房子竣工,罗明燏没有收取分文设计费。当局答允拨地让他在梅花村盖一幢住宅作为回报,被他婉拒。

1932年,罗明燏赴美国麻省理工学院留学,通过两年的努力,同时获得土木工程及航空工程两个硕士学位。1934年6月,进入英国帝国理工学院继续攻读航空系博士学位,顺利通过了学院最为严格的航空系博士生资格考试。实际上,他精通英、德、法多门外语,在建筑、结构、力学、造船和飞机设计等方面都堪称专家。就在他准备完成博士学业时,忽然接到父亲病逝的噩耗,只得放弃学业回国守孝,此为终生遗憾。不久,陈济棠颁发委任状,任命罗明燏为第一集团军总司令部少将技正,全权负责港江兵工厂的工程建设。兵工厂一完工,罗明燏又立即投入东莞糖厂的建厂工作,仅四个月的时间,工程便全部竣工。陈济棠失势后,罗明燏离开工务局,赴任广东勷勤大学教授,主讲土木工程。抗战前夕,应余汉谋所邀,设计粤赣闽湘边界国防公路。他不负重望,短短一年间,便在四省边界修起可通坦克的桥梁40座,节省资金50多万元。

1937年11月,罗明燏到北洋大学(天津大学前身,其时学校内迁陕西为西安临时大学)执教,翌年任西北工学院教授兼航空工程系主任。1937—1944七年间,罗明燏为中国培养了一大批优秀的航空人才。1944年,北美

华南理工大学首任院长罗明燏

华侨捐款资助中国航空考察团赴美考察，罗明燏被选作五人团的领队。动身前，集训教员邀请他参加国民党并许以官位，他以"不想当官，也不要什么好处"为由拒绝。考察完毕后，在美国航空咨询委员会（现美国太空总署前身）做飞机结构研究工作，并在密歇根大学选修造船。美方询请他申请绿卡留居美国，他表示"仍打算回中国"。

1947年，罗明燏回国出任中山大学工学院院长，兼机械系主任。陈济棠委托他代购两艘美国退役舰船，承诺付给佣金15000美元。罗明燏把包括佣金在内的全部余款归还，陈改口说借给他30000港币买下香港附近一个岛，也被谢绝。

新中国成立之初，罗明燏怀着一腔爱国热忱投入社会主义建设中。1950年3月广州市人民政府开始修复海珠桥，重新设计桥梁的任务落到了罗明燏肩上。仅用了六个月的时间，这一具有战略意义、贯通广州南北的唯一桥梁就得以开通。南方大厦前身城外大新公司，抗战时遭受烧劫，成了仅剩下焦黑钢筋水泥框架的危楼，外国工程专家经检查认为破损严重，无法修复，罗明燏协助市建工局制定修建计划，大楼起死回生。

1952年，罗明燏任华南工学院（现华南理工大学）筹委会主任。1955年4月，周恩来总理亲署任命书，委任罗明燏为第一任院长，一直到1968年4月。同年10月，当"两弹一星"元勋钱学森冲破重重阻碍回到祖国时，罗明燏和陈焕镛等人一同前往广州火车站迎接。身为院长的他教授过土木系结构、造船系材料力学、机械系零件等课程，华工师生尊称他为"海陆空专家"。学问满腹的罗明燏以院长身份致辞发言时，总是"惜字如金"。某年华工开学典礼，主持人邀请罗院长上台致辞。他缓缓走到麦克风前，中气十足地只说了一句："同学们好，谢谢！"回头就走，全场哗然。他儿子回忆说："在华南工学院院长办公室里，并没有父亲的办公桌，有的只是他的研究室，人在哪个系，研究室就在哪个系。"在他的号召、影响下，许多理工科专家汇集于华南工学院，各展所长。罗明燏治学严谨，但不教条，要求学生学以致用。

20世纪50年代至70年代，他亲自勘测、主持设计与审查200多项国家工程项目,广州火车站、广交会陈列馆、扩建东方宾馆以及设计白云宾馆,倾注了他不少的心血。他与邝正文联合主持设计的薄壳拱顶广东顺德人民大礼堂(位于大良),为当时亚洲穹顶跨度最大的建筑物。新丰江水库兴建,他发现地基所用混凝土质量不合要求,果断要求毁掉重来。经调查,所用水泥掺入了肥田料,幸得处理及时,不致酿成祸患。水库建成后,不断发生地震,叶剑英邀请他去"诊治"水库。他测算蓄水总容量给地层造成的负荷,提出降低水位,把库容限制在地层负荷限度以内,有效解决了问题。广州白云宾馆建成后,罗明燏仅凭借一把计算尺,很快推算出这座30多层的大楼摆度在万分之六以下,验证其稳固性。

1982年,罗明燏赴美参加学术会议,国家拨给出国经费3000美元。取道香港回广州时,行李中除了几本最新的外文资料、佩戴多年的旧手表,没有带回一件高档商品。如此"形迹可疑",竟引起海关人员盘查。回国后,他将节余的1600美元经费余款悉数上交,他说:"国家存点外汇不容易"。罗明燏为国家设计完成200多项工程项目,参加过的军事工程及民用工程设计超过100项。这些均是他作为教授职务以外的工作,全部无偿贡献,分文未取。中南某地建地下油库,由于外国专家设计错误,15栋库房塌了11栋。华南分局第一书记叶剑英请罗明燏"去看看能否改变原来的设计,重起炉灶"。一个月后,罗明燏交出重新设计的图纸,按此施工,地下油库落成,还比原计划节省100万元。滨海某地建军用机场,按苏联专家勘测,建跑道填土工程浩大。他提出只在硬土层顶浇灌16厘米混凝土,缩短施工期6个月,节省146万元,可降落飞机由18吨提升为40吨。

"文革"期间,罗明燏在华工成为受冲击的主要对象。他曾留学英美,又曾在国民政府工作过,一条条莫须有的罪名使他百口莫辩,最终被打成"反动学术权威"和"现行反革命分子",并于1968年被下放到粤北地区曲江县枫湾"五七干校",负责看管五只牛。1978年,出席全国科学大会的几十位专家得知罗明燏还未平反,联名请求为他平反。经国务院副总理方毅和广东省省长习仲勋过问,罗明燏终得昭雪。

第十一章　名臣贤宦留青史

第一节　智斗权奸的大声秀才陈谔

明代政治腐败的一大衰象，是宦官当权，扰乱朝政，横行不法。特别是受差遣到地方的宦官，常常借题发挥，作威作福。地方官员只有百般逢迎，才能免祸及身。当此之时，却有一位在籍官员敢于设计智斗这班狐假虎威的宦官，并由明人黄佐写入他所撰写的《广州人物传》中。这段历史说的是得宠于皇上的大宦官阮巨奉命以进贡为名来广东索取虎豹。在籍官员陈谔接待了他，陪同饮宴。乘酒酣意兴，他向阮巨讨了张虎皮回去。第二天，陈谔以虎皮为证据，起草一奏疏，弹劾阮巨将本来用以喂养老虎的好鱼好肉都用以请客和慰劳从人，致使要上贡的老虎饿死在解送进京途中，又要老百姓再次提供老虎进贡，既犯上不敬，又劳民伤财。他有意将草疏弹劾之事泄露风声，让阮巨听到。阮巨心中有鬼，自知不妙，慌忙置酒款待陈谔，这回傲气全消，只是低声下气地恳求不要弹劾他。陈谔不置可否，只等酒喝到差不多了，又从容地对阮巨说："听说你并没有被净身，最近还娶了房小妾，可有此事？"阮巨连忙否认此事，并请陈谔进内室察看。陈谔见阮巨内室放置着许多坛坛罐罐，心知里面装的都是他受贿的金银财宝，却故意发问所装何物。阮巨回答是"酒"。陈谔笑着说："我就是特意来索求美酿的。"立即叫人把这些坛坛罐罐扛走交公。阮巨只好实话实说，并再三恳求。陈谔这才留下一半给他。这次可是把钦差整了一下，再也不敢耀武扬威，只得灰溜溜地离开广东。此事着实让粤人传为笑料。

陈谔是番禺人,永乐六年(1408)由乡荐入太学,两年后卒业于太学,官拜刑科给事中。他遇事刚果,弹劾无所避,更有一个特点,就是每遇上朝奏事,声音洪亮如钟,令心中有鬼者闻声悚然。朝堂岂是大声喧哗之处,永乐皇帝对他的大声奏事也不以为然,于是诏令饿他几天才让他奏事,不料他一出声还是洪亮如故。他说话大声大概是天性,皇上只好谑称他为"大声秀才"。陈谔不仅嗓门大,而且耿直,奏事不免得罪皇上。于是,永乐皇帝下旨将他活埋在奉天门外,身子都埋入土了,只露出脑袋。死到临头,陈谔还是那副诙谐的性格,他叹着气对埋他的人说:"我今晚要被大瓮害苦了!"那人问他这话是什么意思,陈谔骂他说:"你连这个都不懂?朝廷埋人是要用大瓮的,这样才死得快。"埋他的人信以为真,真的把他的身子装在大瓮里再埋。陈谔身子得以屈伸,过了七天还死不了。皇上获报,以为此是天意不让他去死,因而赦免其罪,准许他官复原职。不久,改任吏科给事中,仍不改其性格,甚至鼓动同列奏事,又再次"忤旨"。这次,他被罚修象房,以观后效,再作定夺。被驱赶去修象房的同事花钱雇人代劳,先完成任务,只是降职就算完事。陈谔是一个清官,没有钱佣工代劳,只好亲自干活。恰好皇上到象房观象,见有人在此修屋,便问是谁在修房。陈谔匍匐在地,陈明缘故。永乐帝念他性格戆直,又可怜他清贫如洗,倒有些心生恻隐,不久便让他复职。陈谔从此仍直言弹劾,劝谏皇上,言辞更是尖锐,朝廷上下为之震肃,永乐皇帝对他的大嗓门已是习惯了,反是深为信任。此后,陈谔奉使云南,回朝后署通政使司事。不久署应天府(治今南京市)府尹,署刑部事、鸿胪寺事、工部事,业绩显著。但这几个职务之前都带个署字,即是代理而非正式。直至永乐十年(1412),他升任顺天府(治今北京市)府尹,当上了首都行政长官。虽是位居要职,却是天子脚下,且满城高官显贵、皇亲国戚,执法不易。他却能做到政尚严明。有一次他出行巡城,在城角转弯处误冲撞了太子的仪仗,太子将此事告到永乐皇帝那里,永乐皇帝倒是豁达,居然说"陈府尹是我的父母官",也不问罪陈谔。可见陈谔受到器重。

陈谔虽得到皇帝信用,却被执政者妒忌,担任顺天府尹的时间不长,就改出任湖广按察使。在任三年,为官清正,没有冤狱。对前任官员营建未竣工的工程,他重新规划,不烦劳民力而完工。他即将离任时,吏部侍郎师逵奉命到湖广执行任务,让陈谔留任督军,陈谔下令"扰民者斩",使百姓得以安宁。事竣,改任山西按察使。因在湖广时得罪了宗室楚王,他到山西不久,就被连降数级贬任浙江海盐县令。

永乐帝死后,明仁宗即位,要为藩王选配辅助者。廷臣推荐陈谔,说他忠厚老成,才德兼备。明仁宗对陈谔的事迹也有所闻,竟主动问左右"大声官人何在?此人宜为辅导"。陈谔于是又被起用,任荆王府长史。他果然不负皇上重托,对荆王及时提出建议,匡救多所裨益。明仁宗特赐予他"忠良鲠直"四个大字。从陈谔身上,我们看到李昴英"南人无党"的正直无私的传统得到发扬。宣德三年(1428),陈谔因丁母忧回到家乡。郡人向来敬服他为人刚直,受到欺压者多向他申诉,陈谔都能为之雪冤。本文开头说到他智斗宦官阮巨之事,应也发生在此期间。服满,再度出任藩王长史。但他的直言性格终于引起藩王的反感,以致被解除长史职务,改任镇江府同知。此时,户部侍郎周忱在江淮一带督办漕运,指示陈谔修陂塘堤岸。陈谔根据实际情况进行筹划,镇江府呈现出一番新气象。任期未满,他以年老乞归,不获允。他想干脆离职而去,当地民众苦苦挽留,使他不得行。经再三上奏章乞归,终于得到批准。回到家乡两年后病卒,终年67岁。

第二节　冷面寒铁公周新

古代城市中设有城隍庙,奉祀城隍。不同地方的城隍神各不相同,但皆是生前为官清正深受当地百姓崇敬者。明代有一位番禺人周新,死后被尊为浙江杭州城隍神。周新事迹《明史》有传。永乐十年(1412)十二月,皇帝下旨将监察御史、浙江巡抚周新处死刑。周新临死大呼:"生为直臣,死当作直鬼!"永乐帝闻说他临刑之言,感到后悔,叹说:"想不到岭外乃有此人,枉杀之矣!"后来永乐帝在恍惚之中,见到周新穿着红衣立于日中,禀告其已为神,为陛下治奸吏。明人著作中更记载,说周新告诉永乐帝,说上帝以臣刚直，命臣为城隍云云。清乾隆时，杭州人陈树基编写了《西湖拾遗》一书，收入小说《周按察折狱成神》，又演化为周新告以永乐帝，说是上帝敕为浙江城隍之神云云。

周新，世居广州城南高第里，其为人好学，从小就有一种凛然气质，好打抱不平。他在府学见到同学有过失就当面指出，有人以为这样做有点过分，周新严肃地说："督促从善，是朋友之道，如果阿谀奉迎，要朋友干什么？"洪武年间，他任大理寺评事时，即以刚直著称，断狱公允，同事都自愧不如，每逢疑案必由周新做出决断，而他往往一语中的，使事情真相大白。

永乐帝即位，周新改任监察御史。他直言弹劾，屡次得罪皇帝，仍言词恳切，无所避忌。权贵外戚都畏惧他，称他为"冷面寒铁公"。京城中小孩调皮捣蛋，一说"冷面寒铁公来了"，也慌忙躲藏起来。明代，沿海设立卫所以防倭寇侵扰，卫所将官不尊重地方官员的事时有发生。周新巡按福建时，奏请谕令都司卫所不得欺凌府州县，地方官员与驻军将领必须相待以礼，终使武官态度趋软。周新巡按北京，发现当时判徒刑流放的罪犯，在监禁期间，等待手续往复批报，不少人不堪折磨而病死，便奏请由刑部或巡按官员勘查以决定其去向，又请求允许家属收赎畿内被处决的罪犯。永乐帝对周新很信任，所奏无不允许，又直呼其"周新"。此前，他本名周志新，至此，将姓名改为周新，以志新为字。

永乐三年（1405），周新升任浙江按察使，浙江含冤关押在狱者欢欣鼓舞，说："冷面寒铁公来也，我有生还希望了！"周新到任果然即替他们洗冤。周新断案如神，有次到境内巡视，成群蚊虫迎着马头飞过，他心觉有异，跟踪蚊虫，竟在灌木丛中发现一具尸体。此尸身上系有钥匙和一小木印，经检验知死者原来是一个布商，于是密令衙役四处买布，注意有印纹者就将卖布者拘押起来，最终众盗贼都落网。周新令将布匹都归还商人家人。布商家人一直以为商人在外经商，至此才知道罹难了。又一日，周新在衙署办公，忽然一阵风吹来树叶，飘落案前，见那树叶形状奇特，问及左右之人，说是只有在离城甚远一座寺院里才有这树。周新料定事有蹊跷，就说梦到有冤魂向他告状。派人到那树下，果然发掘出一具妇人尸体，杀人的寺僧只得服罪受刑。有一商人在外面发了财，携巨资归家，走到半路，天已黑了，怕遇上拦路打劫，遂将银钱藏在祠庙内石下。到了家里，商人将此事跟妻子说了。天亮以后，商人回到庙里，银钱竟不翼而飞。商人告到官府，周新断定商人老婆有外遇。经过勘核，原来是私通商人之妻者藏在商人家中，窃听到消息，径自将钱先取走了。浙江境内发生虎害，周新写成祷文，在城隍庙行祭祀之礼，同时布置捕虎，消除了虎患。在他治浙期间，他审判的案子，人们都能认服，各级监狱关押甚少。浙江民众谈及周新之治政，皆能娓娓道来。

有一次，周新微服巡按属县，触犯了县官，被关押到监狱里。狱中他与囚犯交谈，了解到百姓面临的困难。第二天他公开了身份，县官惶恐谢罪。从此以后，诸郡县官员闻风战栗，不敢横行恣肆。周新对清官廉吏则明察褒举。钱塘知县叶宗行有廉能之称誉，周新亲往暗访，果见其家中空空如也，只有墙上挂着太湖产的鱼干，是他老家托人带来的，便取了少许笼在袖里带走了。次日，他把叶宗行叫来一同饮酒，出示了鱼干，当面表扬了叶宗行。叶宗行受到激励，更加磨炼操行，时人称其为"钱塘一叶清"。同事因有所求，赠送周新一只鹅，他下令将鹅煮熟了挂起来，以后有谁再送他东西，他就指着那鹅给人看，再也没有人给他行贿求办事了。同事或有受礼于人的，总是要问到："这事冷面寒铁公知道吗？"浙西水灾歉收，官府仍催征税粮，百姓纷纷逃亡。通政赵居任瞒报此事，周新据实上奏。户部尚书夏元吉为赵居任辩解。永乐帝派人复查，证实周新所言，减轻了百姓负担。嘉兴倪宏三造反，聚党数千人，累败官军，劫掠旁郡。周新督兵围捕，封锁水路，追至江苏桃源将倪宏三捕获。锦衣卫指挥纪纲派千户往浙江查案，此千户作威作福，收受地方官吏贿赂。周新本要将千户绳之以法，却给他溜了。不久，周新送文册进京途经河北涿州，遇到这位千户，便将其关押在涿州牢中，千户仗着有后台再次走脱，并向纪纲投诉。纪纲向皇帝诬奏周新专擅生杀，皇帝大怒，下旨逮捕周新，将他处死。后来真相大白，纪纲服罪伏诛。周新却不可能起死回生了。

周新未发迹时,夫人以缝织、出售坐垫维持家用。他当了官,妻子随任到了浙江,同事家眷过访,见周新夫人穿着朴素,与村妇无异,相形惭愧,也都纷纷易其衣饰。周新死后,夫人独自携其遗下的衣服及数卷书回到广东,过着一贫如洗的生活。都御史杨信民巡抚广东,见周新家生活困难,每月从俸禄中提取部分予以周济。周新无子,夫人死时,还是靠在广东任官的浙江人会同为她办了丧事。杨信民对人说:"周志新,当代第一人,我们这些人比不上他。"

第三节　修成三大志书的郭棐

郭棐是明代编纂方志最多的疆吏。他出任四川、广西、湖北地方官时,曾主持编修过《四川通志》《夔州府志》《酉阳正俎》《宾州志》《右江大志》《广东通志》等。仅从这一连串的志名,就可以看出他重视编修方志,任官所至,都有修志之举。作为一位修志大家,他更熟悉地情,关心民瘼,所至之处,亦多有政绩。只是因为他性格刚直,不惧权贵,不阿当政,故而仕途坎坷。

郭棐(1529—1605),字笃周,明番禺人(根据《明进士题名碑录》所载,郭棐的军籍为广州府南海县,郭纂《广东通志》则自称番禺人)。其父郭大治师从名儒湛若水,有志于百粤典故,曾任萍乡教谕和虞城、新城知县,因绳法豪强,得罪上官,拂衣归里,得到百姓的尊敬,死后入祀萍乡名宦祠、广州乡贤祠。其人格、学问对郭棐有很深的影响。郭棐少时,与弟郭槃一同师从湛若水,学习心性之学。他20岁中举人,25岁入国子监肄业,33岁中进士。主考官本拟将他列为进士第一,却被权相所阻。隆庆帝即位翌日,即提出册封七夫人之事,身为礼部主事的郭棐极力谏阻,他说:"方今先帝庙号未尊,皇后也未正名,而急于封七夫人,何以向天下人交代?"此事就此搁置。内阁首辅高拱专权,被时人指摘,他私下试探郭棐道:"人说宰相肚里可撑船,遇上蛮横的人该怎么办?"郭棐应声说:"那就希望相公更加宽宏大度了。"高拱听了很不高兴。郭棐知道高拱难以相容,请求归乡奉养老祖母,却不被批准。他在其位谋其政,疏陈十事,包括设立史局官,录用于谦后人,允许薛瑄、陈白沙从祀孔庙。这些建议都被朝廷采纳了。

因为耿直,郭棐数次得罪当权者,致外调出任四川夔州(治今奉节县)知府。夔州山多土瘠,文教落后,郭棐提倡农耕,兴办仰高、夔龙两所书院,并亲自督教。后升任湖广屯田副使,代管蕲州道。有人聚众数千对抗官府,湖广巡抚意欲派兵剿灭,郭棐力主不可,自告奋勇独自前往,用计擒获首恶,解散余党,避免了一场杀戮。万历初年,内阁首辅张居正权势正盛,郭棐往来数次经过张居正家门,一次也不入张府谒见。万历五年,郭棐改任四川提学,他为官公正,人们都佩服他筛选人才的眼力。梁山通判杖毙生员李梦祥,巡抚有意袒护犯官,郭棐坚决维护生员权益,依法惩治,因而得罪巡抚,被免职。五年后,他到京等候选任,首辅申时行、阁臣余有丁,都是他的同科进士,本想荐引重用,但郭棐每次与他们相见,说的都是些规讽的话,听来很不入耳。他对申时行说:"愿公远去中贵人,则相业兴矣。"劝说宰相远离朝中得势之宦官,显然不合时宜,申时行听了不出声。结果,只委派他任广西右江副使。郭棐到任之后,平定象州、洛容等地动乱,修建柳州、庆远、宾州、象州四地之学宫。不久,郭棐迁湖北参政。适逢湖北饥荒,他籴谷万石,以工代赈,修缮了武陵、龙阳、沅江等县堤六千丈;用计擒拿造反的苗族头目杨广和等,保一方平安。任满,转山东提刑按察使,值倭寇侵扰气焰正盛,他策划防守,山东一境晏然。未几,升云南右布政使,代行巡抚职务。云南人正苦于用兵不断与筹措朝廷贡金之困,他平定丁苴之乱,力戢来自缅甸方向的犯寇。又上疏请罢追加的贡金二千两,却为阁部扣压,不得上闻。

郭棐清廉刚直,直谏不避祸福,这种性格和他同时代的海瑞十分相似。海瑞比郭棐大16岁,却是同年中举,因称"同年"。性格相同,宦途近似,使他们成了莫逆之交。海瑞冒死上谏被捕下狱,隆庆帝即位时获释,升大理寺丞,并奉旨赴广州祭告南海神。郭棐此时因谏阻隆庆帝封七夫人事被外放夔州，他并不为自己担忧，而是为海瑞被起用高兴，撰诗《送海刚峰大理寺祭告南海兼归省》赠行，诗中有句"风云万里意，歧路十年情。粤水今龙跃，朝阳昔凤鸣"。此后，海瑞复因直言再度罢官，直至万历十三年(1585)始被朝廷召回任南京部吏，郭棐此时则因得罪权臣而被免职，仍不肯取媚权势。听说海瑞重新任职，郭棐又撰《寄怀海刚峰同年》，以"莫漫悲晨路，还凭振古才。何当对明月，握手一衔杯"，互相勉励。

万历二十三年(1595)，郭棐请求退休，得诏进封光禄寺卿致仕。此后南归广州，闭门著述。悠游林下凡10年，终年76岁。他为官30多年，两袖清风，平素对家乡建祠、睦族、建塔、浚濠、恤难之事，皆竭力为之，家无余积，后事靠亲友资助才办成。

郭棐对广东最大的贡献是撰成《粤大记》《岭海名胜记》和纂修《广东通志》等"三大志书"。他在四川提学任上就开始撰写《粤大记》，历时18年完成。《粤大记》全书32卷，记载广东地方事迹、人物和典章制度：以人物为主，辅以记事；以历史为主，辅以地理；以叙述为主，辅以评论。此书资料翔实，仅介绍的广东人物就达574人，与广东有关的人物421人，书末附有《广东沿海图》。清代两广总督阮元纂修《广东通志》，其中"宦绩"部分引用《粤大记》68个人物传，"列传"引用《粤大记》123个人物传，大多一字不易，可见《粤大记》记述之精广。《岭海名胜记》20卷，对广东名胜古迹详细记录，辑入大量前人诗文，尤多金石碑刻，今多不传，殊为珍贵。万历二十七年(1599)，两广总督陈大科鉴于黄佐纂修《广东通志》已过了40年，省情变化很大，聘请退休在家的郭棐主持修志。郭棐在此前已编纂了《粤大记》《岭海名胜记》，为纂修《广东通志》奠定了深厚的基础。当年九月开局，到了十一月因各种原因辍工，翌年十一月恢复开局，终于在第三年三月完成《广东通志》72卷。郭棐主张修志要做到"必公是非，不虚不隐，而后可以无愧于月旦之评也"。此论颇得时人称颂，也是修志者所应奉同之志德。

第四节　兴修水利的状元庄有恭

广东历史上的状元总共不出十个，这些状元经历不同，有的在民间有不少传说流传，大多实际上很难说有太大作为。其中居官最高、事迹最显著的，要数乾隆年间的状元庄有恭。清代学者钱大昕在他为庄有恭所撰墓志铭中说："封川莫、南海伦、琼山丘、江门陈，科名事功相后先，惟公兼之在一身。崇冈郁郁宰木繁，千秋万岁名不湮。"这是说唐代"岭南第一状元"封川莫宣卿，明代榜眼、户部尚书、武英殿大学士琼山丘濬，理学家江门陈白沙，科名事功各有成就，而庄有恭兼于一身，其名字与功业将流传千古。庄有恭为后人所崇敬，主要是他造福人民的治水政绩。钱大昕撰的墓志铭中云及："百城保障气若春，水旱拯恤无因循；清波可活涸辙鳞，筑塘捍海土石坚。"

庄有恭在乾隆三年(1738)中状元，时年25岁。殿试时，阅卷大臣以庄有恭卷子呈进，主考官看他来自边省，将试卷搁置于外。如此三举三斥，粤西籍的吏部右侍郎杨嗣璟忍不住质问主考大臣，为何冷落粤生？主考大臣答以"向来粤、蜀、滇、黔都无进呈之例"。杨嗣璟追问，例出圣旨还是你们这些人？主考大臣无言以对，只好将卷子呈送乾隆帝，庄有恭竟然被钦点为状元。庄有恭的对策深得乾隆喜爱，因此留下好印象，此后仕途一帆风顺。数年间，他历任翰林院修撰、侍读学士、光禄卿、兵部侍郎、提督江苏学政、户部侍郎等

庄有恭在善元庄公祠内的画像

职。乾隆十六年（1751），从朝臣转任封疆大吏江苏巡抚。打个比方，当了13年公务员，升任正部级，算是青云直上了。他发誓要以清勤自励，政务不敢稍有懈怠。

江浙一带是鱼米之乡，全国财赋重心，民生国计受江河水势影响极大。庄有恭任此一带大员，十分重视水利河务，提出："自古致治以养民为本，而养民之道，必合兴利防患，水旱无虞，方能使盖藏充裕，缓急可资。"署两江总督任上，他疏请酌借库银160万两给绅士自募夫役，续筑太仓镇洋海堤。朝廷准其所请。淮阳诸郡受洪涝水灾，他亲往察勘抚恤，奏准朝廷截下漕粮120万石，发库银500万两以备赈济，救活不少人。乾隆二十年（1755），大江南北又遇天灾，庄有恭上疏陈言救荒之策，为乾隆帝所准，所费内府银千余万两。他督率属吏，检视给散，使胥吏不得侵渔。第二年，民多病疫，他带头捐俸，令有关部门给百姓施药治病，收殓死者，并下令在所辖区域内按此办理。庄有恭调任浙江巡抚时，浙西三郡受风、雨、虫三重灾害，米价腾跃，他奏请动用司库银26万两，委官往湖广采买大米，平抑了米价，使百姓歉年不饥。为根治钱塘江水患，庄有恭经过勘察，加固海宁河段石堤，后来水势虽大而有备无患。乾隆帝南巡，对此赞赏有加，特赐诗曰：

己未亲为策士文，精伦蕊榜得超群。
起行不负坐言学，率属偏能先己勤。
鹤市旧声犹眷眷，龙山新政更殷殷。
海塘正是投艰处，磐石维安勉奏勋。

乾隆皇帝对庄有恭的经历如数家珍，一一肯定，这是对臣属最大的奖赏了。不久庄有恭即调任江苏巡抚，晋加太子太保衔。太子太保，是东宫三师之一，名义上是太子的老师，从一品，在清代是加官的最高待遇之一。乾隆二十九年（1764），庄有恭擢升刑部尚书，暂留巡抚任。他大修吴淞江、娄江、东江三江水利。三江分流，经12州县，分别开宽疏浚，以资分泄。工程历时3月告成，用去白银22万两，朝廷先用国库垫支，然后按受益田亩分年征还。庄有恭在组织水利工程中，既纾民力，又强调一鼓作气。他采取的措施得力，注重质量，使工程经受住了大潮、风暴的考验。直至道咸年间，迄此"八十余年，吴淞无水患"。庄有恭功效卓著，升协办大学士，暂留巡抚任。乾隆帝第二次南巡，再次召见他并赐御诗，有"德政吴淞在，何曾让华亭"句。

庄有恭每次升迁，都是因为公正廉明、政绩显著，且都是皇上特擢，不须荐举。乾隆两度南巡，皆赐御诗赞誉他，看来深得恩宠。但他也有仕途艰险之遭遇，曾三度获罪革职，甚至被收监候斩，与所受恩宠形成强烈对比。

乾隆十四年(1749)，庄有恭在江苏学政任上受文字狱牵连，本应严惩，因治水有政绩，乾隆皇帝只以"纵逆"之罪，仅罚学政养廉银10倍，计银6万余两。乾隆二十一年(1756)庄有恭丁母忧，乾隆特命给其百日假回籍治丧。临卸任前，泰兴县捐职州同朱某主使杀人，按律应斩，呈请以巨款赎罪。庄有恭准其所请，奏候朝廷处理。朝议庄有恭擅自批准赎罪，又有其他擅批议罚之事，拟定将其革职解京治罪。乾隆帝复审此案，认定庄有恭罪有应得，但已将赎款全部入库，无私吞情弊，从宽免死，改为发往军台效力。过了两个月，朝廷命他戴罪署理湖北巡抚，此厄也就过了。庄有恭第三次获罪，在他即将离任江苏巡抚时。他曾弹劾苏州同知段成功纵役累民，要求将其革职。不久，按察使朱奎扬、知府孔传炯奏段成功因患疟疾不能检点案牍，致家人贪赃，本人实未与知。继任江苏巡抚奉旨核查，发现段成功假借生病为自己开脱，而庄有恭的奏章中也有"段成功抱病，家人蒙官舞弊"之语。乾隆帝原认为这是他即将离职，对下属心存宽厚之故。此案再追究下去，又发现庄有恭曾授意知府、按察使为段成功隐瞒事实。乾隆十分恼火，一怒之下，挥笔将此案通告全国，为各省督抚之戒。庄有恭拟罪该斩，乾隆御批"着监候秋后处决"。到了八月，念及庄有恭以往功绩，乾隆将其赦罪，并委任他为福建巡抚。

经过这三次风波，乾隆帝对他算是特别开恩，庄有恭则格外谨慎了。出任福建巡抚，他预先告诫乡人不要上门造谒，办事则更加勤勉，后竟积劳成疾，卒于任上。乾隆帝还记得他尚欠罚银之事，下谕对未追还的6万余两银"加恩宽免"。

第五节　担任三国公使的侨领胡璇泽

如果你到了新加坡的实龙岗二条半石一带，就会发现这里的许多地名，是以黄埔命名的：黄埔路，黄埔河（或称黄埔涌），黄埔学校，黄埔中学等，还有挂着"黄埔民众联络所"牌子的社区活动中心。在有着百余年历史的番禺会馆墙上，刻着创办者、第一任大总理胡南生的名字。在圣陶沙的"历史世界"，竖着"黄埔先生"蜡像，展览厅里陈列着黄埔先生——胡璇泽的事迹，横幅标题是：IN MEMORY OF WHAMPOA(纪念黄埔)。这些名字，与清代居住在新加坡而名噪一时的黄埔先生有关。黄埔先生来自广州番禺新滘镇黄埔村（今属海珠区）。扬名中外贸易史的清代黄埔港，其实是在黄埔古村。由于河道变迁，当代的黄埔港已在黄埔古村东北面。随着时间推移，黄埔古村渐渐淡出，黄埔先生的名字也为家乡的人们淡忘。20世纪80年代后期，广州华侨志办公室得到一本《新加坡先驱人物》，里面有一篇《黄埔先生胡璇泽》。工作人员如获至宝，立即委托黄埔区侨办查询，答复是黄埔区的胡姓人氏中没有此人。不久，为编修华侨志，侨志办人员与中山大学数名教授组成联合调查组，到黄埔村调查，但多方打听，当地村民都说不知胡璇泽其人。功夫不负有心人，后来终于找到了胡璇泽叔父的第四代孙，他拿出秘藏的已被虫蛀的族谱，上而记载着："十八世胡璇泽，钦命新加坡领事。"至此，终于确定胡璇泽的家乡就是琶洲塔东南的黄埔村，从而更正了国内外一些学者的误传。

胡璇泽，家谱名维隆，原名阿基、玉玑，又名植，号琼轩。因其曾经营南生号及辟建南生花园，别名南生。清嘉庆二十一年(1816)，胡璇泽出生于黄埔村。14岁赴新加坡，与叔父一起协助在那里开店的父亲料理生意。他家店号"黄埔公司"，专营牛肉、面包、蔬菜及供应英军军舰、商船和居民食品。胡璇泽留心生意，勤学外语，掌握了英、法、俄、日多国语言，与各方关系甚好，更和英军远东舰队司令交成密友。十年之后，黄埔公司成为新加坡海军部唯一的食品供应商，生意蒸蒸日上。其父去世后，他继承家业，继续扩大公司业务。有一个时期，黄埔公司垄断了全新加坡的牛肉、面包经营，独资创办了面包厂、冰厂。当地人因其公司名而尊称他为"黄埔先生"。他的名气也随着各国商船而传到世界上许多国家。

胡璇泽在城郊的实龙岗二条半石购地造了一处别墅，又扩大为占地70亩的花园，称"南生园"。园内修筑亭榭、小桥、荷池、假山、曲径、花圃、果林等，还养有珍禽异兽，成为新加坡第一处名胜风景区。他还以东陵区60亩私产地换回一大片沼泽地，让政府辟为植物园。他倡导每年举行一届花卉展，推动各界人士种花植树。新加坡后来被誉为"花园之国"，与他的倡导之功是分不开的。

胡璇泽在关心侨胞疾苦、调停华人纠纷上也做了大量工作。新加坡宣布为自由港之后，各地华人源源涌入，各种宗派势力也纷纷传入，彼此常因小事纠纷而大打出手。政府对此束手无策，只能邀请侨领出面调停。黄埔先生多次被邀出面参与调解。他还经常周济侨胞贫乏者，恤养鳏寡者，雇用无业者，资助流浪者回乡。他重视女子教育，常资助莱佛士女校学生。因此，他在华侨社会中有很高的威信，成为新加坡著名侨领，也因此为当局赏识，先后被新加坡政府授予立法议会非官守议员、行政会议特别委员、太平局绅及名誉理事等荣誉头衔，协助处理司法事务。英国女王更特赐其圣米迦勒及圣乔治三等勋章 (C.M.G)。此勋章于1818年由乔治四世设立，一般授予对英联邦或外交事务做出贡献的人士。

光绪三年 (1877)，新加坡已有八万多华人。清政府派往伦敦处理问题的外交正使郭嵩焘建议清政府在新加坡设立南洋总领事，并推荐胡璇泽为总领事人选。英国人担心清政府削弱他们对华侨的控制，提出领事必须从本地华族居民中产生，而不是来自北京的官员。再考虑到胡的人望、节省使节经费等，清政府只好决定由胡璇泽任新加坡首任领事。就在同一年，胡璇泽应俄罗斯所请，兼任俄国驻新领事。两年后，日本政府又委任胡璇泽兼任日本驻新加坡领事。这样，胡璇泽不仅成为中国驻外领事第一人，同时又是国际外交史上第一位身兼三国领事的外交官。

任职两年多,胡璇泽未领过三国政府任何薪俸,而且动辄受殖民当局的制约,只能在有限的条件下尽力履行一些职责。1877年,国内山东发大水,胡璇泽发动侨胞踊跃捐献,募得义款28000多元用于赈济灾民。1879年,他在新加坡成立番禺会馆,被选为首任大总理。他还参加了一些外交活动。曾纪泽、郭嵩焘出使欧洲途经新加坡时,都受到他的迎候接待。胡璇泽一口广东话,曾纪泽一口湖南话,只能用英语交谈;郭嵩焘的副使刘锡鸿是广东人,就可以直接用广东话交谈了。曾纪泽的随员杨淦在新加坡病故,胡璇泽将他的灵柩运回上海,交给其家属安葬。

1880年,胡璇泽病逝于南生园。新加坡各行政机关,中、俄、日三国领事馆均下半旗志哀,清廷追封他为太仆寺卿。家人遵照他临终"死后归葬故里"的嘱咐,将遗体运回埋葬在广州对面的长洲岛。胡璇泽的后人除分布在新加坡外,也有迁居香港、美国、加拿大、澳大利亚的。20世纪90年代,居住吉隆坡的胡璇泽叔父第五代孙到家乡寻根。家乡人惊喜地发现,此人以前从没到广州,居然讲得一口流利的黄埔家乡话!

第六节 泽被许地的许祥光、许应镕、许应骙

广州市北京路高第街中最出名的小街首推许地,其得名源于许氏家族,这可是大名赫赫的广州第一族。清乾隆年间,许家远祖许永名由粤东澄海县抵广州经营小生意,安家高第街。许永名逝后,其子许拜庭经商成功,成为广州一大盐商,许家从此兴旺起来。而从许氏家族许多名人的事迹中,可以一窥中国百余年政治风云的沧桑变幻。仅在晚清,许家就出了三位功业显赫的省部级大员,此三人是许祥光、许应镕、许应骙。

许祥光是拜庭长子,是许氏家族第一个中举、第一个进士、第一个戴上红顶官帽的子孙。随着家业兴旺,他于道光二十九年(1849)率族人在高第街修祠堂、建大宅,许氏家庭在此聚族而居,这便是今日"许地"的来历。高第街地属番禺,故许氏子孙有"番禺许君"之称。许祥光不仅是许地大

宅、拜庭家庙的创始人，也是广州抗英运动领导者之一。街坊邻里至今流传着他拒英人入城的佳话。在第一次鸦片战争后，按《南京条约》，广州虽为五个通商口岸之一，但英人惧怕粤民强悍，不敢贸然进城。英军以坚船利炮闯入珠江港口，以攻城恫吓，欲强行入城。许祥光联合广州爱国士绅，反抗英人入城，号召城内外居民每户出壮丁一至三人，挨户注册，很快征得民兵十万多人，集中军训，日夜守城。他带头捐银6万两，劝集捐银40万两，用于购买枪械。一时间，广州城内外刀枪林立，战旗飘扬。许祥光以粤绅名义正式致函英军，陈说利害。他措以严厉的外交词令，更指出匪徒对夷馆觊觎已久，"动借'公愤'为名，万一酿成焚烧洋楼之事，殃及各国远人，玉石不分，咎将谁诿？"英国领事馆文翰不得已，只好布告"严禁英人入城"。许祥光因抗夷有功，获赐三品顶戴。

许祥光之后，广州许氏第四代"应"字辈极为显耀。许祥光七个儿子个个中举，人称"七子登科"。其侄儿许应镃是道光举人、咸丰进士，官至浙江巡抚。初时，他在家乡办团练，因抗击英军入城有功，被特赏以主事职衔。出任临江知府时，他将游手好闲、扰乱治安的游民集中起来，教育、鼓励他们参加生产劳动并授以种植技术，自此地方平安无事。他教民种植柑子，当地至今有"许公柑"之说。任吉南赣兵备道时，他创办蚕桑局，亲自把家乡种桑养蚕技术教授给乡民，江西的养殖业从此发达起来。他在江西任职时间最长，办了很多好事，尤以兴学校、办善堂、祛除民间溺女婴陋习为最。老百姓对他十分敬重。许去任时，百姓依依不舍，以丰盛的酒菜夹道相送。署江苏按察使时，他特设"沙洲局"发展生产，行垦荒政策，很快恢复经济。他认真处理积案，不到半年，平反冤狱百余件，百姓称他为"许青天"。许最后到任的浙江，刚经历太平天国和清军间的战火，且水灾为患，疮痍满目。他到任后，即筹集巨金，全力修筑水利，使百姓免受水患之害。法国入侵越南时，台州土寇乘机骚扰海疆，许应镃积极策划防守，做到有备无患。他强干廉明，光绪皇帝评价道："应镃办事认真，才长心细，平生清介自持，服官三十余年，俸余周济贫乏，不置产业，戚里称羡。"

第四代许氏后人中，许应骙的职衔级别最高。许应骙在道光年间连中

被称为"戊戌黑旋风"的许应骙

举人、进士,继而授翰林院庶吉士,历任洗马、翰林院侍读、侍讲学士、甘肃学政、内阁学士、兵部左侍郎。他任甘肃学政时,多方策划选拔高材生,陕甘总督左宗棠称赞在他治下的甘肃是"曹邶小邦,得比邹鲁归美者"。光绪六年(1880),许应骙奉旨充会试副总裁,是在科举史上充当会试总裁的广东第一人。调任仓场侍郎后,针对当时仓政纷乱,连年侵耗的情形,他认真查办仓场积弊,奏以代用"放代盘之法",即令编内各纳税民户买粮补税还仓,既往宽贷,此后严责,终于使南新仓颗粒无亏。慈禧太后特赏他可在紫禁城骑马。他一度充任总理各国事务衙门大臣,因性格刚方,不胜任外交事务,旋转礼部尚书,充任经筵讲官。光绪帝下诏宣布变法,许应骙持守旧立场,极力主张将经济科并归八股。光绪帝诏令他对照御史对他的参劾明白回奏,他在回奏中极力为自己辩护,指陈维新领袖康有为"居心尤不可测",提出应将康有为驱逐回籍。光绪帝气愤之下,将许应骙等礼部的六位高级官员革职,是为轰动一时的"罢斥礼部六部堂事件"。

戊戌政变后,许应骙因"首发康有为之奸",被提拔为闽浙总督。他在福建厉行整顿,对财政、兵备、外交、海防都刻意筹划。福建山多田少,时有缺粮之状。许应骙派人出省乃至出国到暹罗、西贡采购粮食,加大平粜力度,充裕粮食供应。光绪二十五年(1899),兼署福州将军、船政大臣,独掌一方大权。义和团起事,清廷向列强宣战,许应骙参加东南督抚的"东南互保",防止了义和团势力向长江流域及东南蔓延。他派出精兵星夜赴剿在浙江起事的刘加福,不到20天事平。日本人在厦门办的教堂被烧,外国领事托词调兵,一时战舰云集。许应骙讲究策略,由英美出面调停,日本不得不将军队撤走。他扩建福州机器局,全局都是中国人,技术精、费用省,为各省仅见,所制造的小口径快枪、重机关枪与进口的没有两样。但他对张之洞奏陈变法的主张仍持"不能操之过急"之老调。御史李灼华上奏弹劾许应骙督闽各弊甚深,清廷令张之洞查复。张之洞奏言所参各节皆无实据,主张免议。从中也可见他与张之洞皆以国事为重,不以政见不同而有成见。但朝廷仍将他开缺回籍。此后他深居简出,闭门谢客,最后病故于家中。

第七节　北美华侨教育开山祖梁庆桂

光绪三十二年(1906),美国遭地震之灾,清廷曾拨库银4万两,由外务部汇驻美大使馆,作为赈济华侨之用。赈灾余款,决定用于建立一所中西兼授的华侨学堂。这笔款落入会馆中某些主事者手里,他们以私害公,既不办学,也不肯交出款项。此时,清廷派出的到美洲劝学办学专使梁庆桂抵达三藩市(今旧金山),他再三劝谕这班人交出款项办学,唇焦口燥也无济于事,只好呈请清廷学部究办,才使问题得到解决。梁庆桂在三藩市历尽5个多月才打破僵局,以后继续奔走于美国和加拿大的11处地方劝学,各地华侨情况不一,劝学也困难各异,如家族隔阂、划分邑界、纷立堂名、人情涣散、众议分歧、地点难选等,不一而足。他在美洲兴教劝学一年,备尝艰辛,终于排除各种阻力,成立了8所侨校,归国后陆续呈报成立的侨校又有4所。梁庆桂主持订立的学校章程、时间表各项,为侨校多年沿用,其所核聘的教职员人选,皆属上乘。他开创的北美洲华侨教育事业,还影响到海外其他地方纷纷成立侨校。

梁庆桂(1858—1931)是番禺黄埔村人,出身书香门第、簪缨世家。曾祖父是十三行行商梁经国,祖父梁同新、父亲梁肇煌两世翰林,均曾任顺天府尹。梁同新曾任国史馆总纂官,梁肇煌官至江宁布政使。梁庆桂19岁中举,与梁鼎芬、康有为时相往来,为至交好友。

光绪二十六年(1900),清廷与美国合兴公司订立贷款4000万美金修筑

梁方仲的祖父梁庆桂

粤汉铁路的合同，合兴公司又私下将铁路股份的三分之二售与比利时公司。此事引起朝野轰动。广东绅商成立路权公司，刊印传单，发布公电，展开一系列收回路权的斗争。清廷从策略上考虑，决定把这次中外交涉化为商务行为，筹款赎路，再交回商办。梁庆桂之子梁广照时任刑部主事，两次上疏弹劾督办铁路大臣盛宣怀。梁氏父子在斗争中联合广东士绅集股做赎路准备，最后由中方与合兴公司签订合约，赎回粤汉铁路利权。

铁路收回之后，交由官办还是商办成为不得不面对的问题。广东商绅力主招股商办，湖广总督张之洞则授意两广总督岑春煊务必设法筹足款以保官办之权。粤汉铁路为粤、湘、鄂三省共有，三地经济实力不同，主张不一。广东绅商为争取粤汉铁路广东路段商办，推举出梁庆桂、黎国廉为代表，赴武昌会同两湖代表一起谒见张之洞，达成三省合承分办之协议。此后，广东绅商公推卸任驻美大使黄埔村人梁诚为铁路总办，梁庆桂为副总办。岑春煊却仍坚持官办方针，官商分歧相持不下，筹款一直没有着落。岑春煊向全省加征苛捐杂税，甚至打算借外债以抵制商办，导致矛盾激化。广州知府受岑春煊差遣到广济医院会同绅商讨论筹款方法，梁庆桂、黎国廉代表绅商据理力争，当场谈崩了。当晚，岑春煊密令番禺知县拘捕梁、黎二人。梁庆桂获报，化装避往香港。当岑春煊宣布免去梁、黎两人职衔后，广东总商会立即号召全城商店全体罢市，并将本案始末电请同乡京官代奏，同时迅速集股2000万元，在各地开展认股活动。朝廷派人到粤查核，逼于民意，只得释放黎国廉，开复梁、黎官衔，将岑春煊调离广东。广东商绅争取粤汉铁路广东段商办的斗争取得了胜利。

庚子事变后，慈禧太后迫于内外压力，实行新政，废科举，行教改。擢为京师大学堂提调（校长）、学部右丞的李家驹，与梁庆桂交情甚厚，大力举荐梁就任内阁侍读。清朝派出赴欧美考察宪政的端方、戴鸿慈了解到华侨在美洲难以受到中华传统文化教育的情况，提议设立华侨小学堂，毕业领照与内地一视同仁。梁庆桂在上学部手折中说到,在海外举办华侨学校,利于"中西融合,造成全材,足备国家官人之选",又可节省派学童赴美留学所需经费。当时朝野一般人尚轻视华侨教育,相比之下,梁庆桂的见识是远大的。光绪三十三年(1907),梁庆桂被委派赴美办侨民学务。临行前,他请假回广州料理行装。此时正当清廷颁布预备立宪诏旨,各地闻风而起,着手筹组、建立立宪团体。梁庆桂认为实行立宪是中国走向富强的必由之路,是改变中国落后面貌的一个机会,又是一件新鲜而复杂的事,必须好好研究,才能成功运作。因此,在此次暂回广州期间,他倡办了广东地方自治研究社,粤商在此时也成立了自治会。广东地方自治研究社在广州文园召开成立大会时,梁庆桂做了报告,宣读了章程草案。他在研究社的第二次会议上被选举为社长。此后,他又创办了对广东各地自治研究机构起指导作用的《广东地方自治研究录》杂志,这才启程由香港赴美履任。

梁庆桂在美洲,经过五个月的说服工作,在三藩市中华会馆办起华民学堂;在芝加哥着力打破族姓藩篱,联合办成学校;在温哥华,将已办的旧学堂改良章程。他制定各校办学宗旨,使驻美华童"兼通中西学术,各怀忠爱,归国效用"。后人将梁庆桂誉为北美华侨教育的开山始祖。梁庆桂回国之后,学部接到美洲华侨联名禀报,要求表彰其高风亮节。原来,当时美国物价昂贵,梁庆桂为顾国体极重排场,用于酬酢宴会、演说、结交人缘的花费甚多,学部拨给他的出差费用仅有2000多元,根本不敷使用,他自耗家财过万元。华侨目睹其办学功著,又闻其为此赔垫至巨且从不接受馈赠,特联名禀报学部,以表感激。

归国后,梁庆桂在学部任职,为参议行走,仍念念不忘美洲华侨教育事务,上疏朝廷多项支持华侨办学的动议,无奈朝廷颟顸无能,令他感到失望。不久他南返广东,继续鼓吹宪政和参与地方自治事宜。他曾总办广州自来水公司,总纂《番禺县续志》。1911年,梁庆桂与梁鼎芬、黄节等人重开广州南园诗社。民国年间,他与汪兆镛等结成九老会。虽然在野,政府官员却常上门咨询,他多次拒绝接受大礼相聘出山问政。晚年致力于诗文,志益淡泊。

第十二章　岭南文化多才艺

第一节　岭南画派先驱居廉、居巢

清咸丰年间，在番禺河南隔山乡（今属广州市海珠区）有座十香园，那是在岭南美术史上颇有名气的画家居巢、居廉的住所和开馆授徒之处。

居巢（1811—1865），字梅生，号梅巢、今夕庵主。祖父及父亲均做过县官，他自幼受到父亲指点，精诗词，擅金石，尤长于书画，有较全面的艺术素养。在绘画一门中，既工花卉、草虫，又善山水、人物。他善于师承前代名师，花鸟远绍恽南田。恽南田是明末清初著名的书画家，开创了没骨花卉画的独特画风，作画以写生为基础，务得其活色生香的神趣而后已。这种"写生正派"对居巢的创作有极大影响。居巢近师宋光宝、孟觐乙——这两位江苏籍画家名列清代著名画家"嘉（庆）道（光）十六画友"中，曾受礼聘流寓广西桂林教画，居巢是众多从学者之一。宋光宝擅长花鸟草虫，精于用粉敷色；孟觐乙早年擅画山水，晚年专写花鸟。居巢称咏宋氏"团扇家家乞折技"，可见其作品风靡一时。居巢还从宋人、元人作品中汲取了许多精华，山水深得"四王"家法精髓。

有云学画须"师古人、师造化"，居巢既善于继承传统，又重视取法自然。为了画好花鸟草虫，他常常不分日夜地在草间林下仔细观察。他还留心技法，大胆运用撞水撞粉之法，即作彩画时，趁画面色墨未干，即从作画对象的受光部分注入清水或粉水，与色、墨自然融化，形成浓淡、明暗多种层次以及天然轮廓线。此法宋人小品中偶有所见，居巢将前人无意所得的技法效果加以揣摩总结，有意地经常使用，使之得到推广，成为后来形成的岭南画派技法的一个重要特征。

居廉(1828—1894)，居巢堂弟，比居巢要小17岁，字士刚，号古泉，别署隔山老人、隔山樵子。他的命运比居巢要坎坷得多。其父是郡庠生，不拘行迹，未任过官，能诗，善画山水。居廉父母早丧，从小与姐姐相依为命，靠替人缝布鞋边为生，日子过得十分艰难，更没有机会入学读书。居巢收容了他为书童，并教他识字绘画，从此有缘踏入艺术之门。在居巢的指点下，他进步很快。也曾私淑于宋光宝、孟觐乙，尽摄两位画家之所长，曾刻一"宋孟之间"印章，可见他受两位画家影响之深。

道光、咸丰年间，东莞人张敬修在广西先后任知府、兵备道、按察使。此人素喜书画，善画梅兰，亦工刻印。道光二十八年(1848)，张敬修慕名聘居巢入其府幕。居氏兄弟在他幕下，少不了游戏丹青，切磋墨技。居廉诗文、书法之修养，与居巢相比先天不足，但他以勤奋补不足，靠的是苦心力学，写生尤勤。他对桂林的奇峰秀水并不专意，公余之日，自携笔墨纸砚于野外踏青，追摹花鸟草虫。经过不懈的努力，画艺大进，写草虫尤工细灵活，超过之前明清画家的成就。他师法居巢的画风、技法，一样善于敷色用粉，长撞水撞粉之法，渐达神韵俱佳，名气随之日长，渐与居巢齐名，并称"二居"。

咸丰六年(1856)，张敬修被参解职，回原籍东莞。在广西期间，由于张敬修的举荐，居巢曾担任过同知一职。张敬修革职，居巢亦随之辞职，带着居廉，追随张敬修回到广东。此时，居巢已45岁，居廉28岁。张敬修回到东莞，在故乡博夏村修建了一座占地2200多平方米的私家宅园"可园"，并邀请二居到园中客住。张敬修之侄张嘉谟亦爱好书画，常从二居习艺。在这处"内储书史，外莳花木"的园林中，四人日夕赏花喝酒，切磋画事，日子过得非常惬意。如此诗情画意，触发了二居的创作激情。张敬修每日命人搜集奇花异卉和各种昆虫，供居廉写生。居廉果然聚精会神，每日写册子一页。这类精品，可园积藏达数十册之多。岭南美术出版社于1960年出版二居扇面画选，其中多是可园的藏品。二居乐不思蜀，来来往往在可园住了八年。同治三年(1864)，张敬修病逝，他们只好离开莞城返回番禺了。

隔山村十香园

此番回乡，二居在隔山村故居修建了十香园，作为居室及作画授徒之所。居廉亲自栽花叠石、饲养禽鸟虫鱼。园内种有素馨、茉莉、紫藤等十种香花及各种草木，以供写生之用，故称"十香园"。与跻身"粤中四大名园"的可园相比，十香园要简陋朴实得多。如紫梨花馆，因馆前种有紫藤、凤凰树等花木得名，其实只是一处面宽6.5米、深4.4米的青砖平房。

在十香园，二居粗茶淡饭，安之若素，作画不辍。居廉给画室题额："居廉让之间"，自抒情怀。十香园建成不久，居巢溘然长逝，成了此园匆匆过客。居廉继承乃兄之志，在园中潜心作画课徒。与居巢书卷味较浓的画风相比，居巢更为注重师造化自然。他课徒的方法，不同于传统的只授笔墨技法，兼采用写生之法。如要描绘昆虫，即捕来昆虫，以针插其腹部使之固定，或蓄于玻璃箱中，让学生对着实物观察描绘。画毕，又将昆虫钉于另一个玻璃箱中，以供学生观摩，类似现代之标本。他又带领学生在豆棚瓜架、花间草上细察昆虫的动静各态。他对所画的对象观察入微，以蝴蝶为例："蝶分春秋两种，置于春花者则翅柔腹大，以初变故也；秋花者则翅劲腹瘦，以将老故也。"正因为能注意到常人所忽略之处，他画出来的花鸟昆虫莫不栩栩如生。他还有独到之处，就是眼到笔到，无物不能入画。前人认为不登大雅之堂的月饼、火腿、腊鸭，在他笔下颇有一番趣味。他教育出来的学生，敢于打破传统思想，创造出一代新的艺风。学生中涌现出高剑父、陈树人这样的杰出人才，二者与高奇峰一同揭起岭南画派的大旗。二居也被视为岭南画派的祖师，也有人称他们为"前岭南派""隔山派"。十香园因而被称为岭南画派的摇篮。

第二节 岭南画派创始人高剑父、高奇峰、陈树人

20世纪20年代，岭南画派崛起于南国，在中国画坛上独树一帜。岭南画派其实并不是一个纯粹专注于绘画技术与风格的画坛流派。《广东风物志》称："岭南画派是近代中国画的一个流派，它随着中国近代民族和民主意识的勃兴而诞生，具有时代的创新精神，是中国画的改革派。"这一概括也许是比较全面的。岭南画派的创始人是被誉为"岭南三杰"的"二高一陈"，即高剑父、高奇峰、陈树人。他们不仅是国画革新之旗手，而且是民主革命的猛士。他们的画作被评价为"志士之画"，这是对岭南画派作品最为画龙点睛之评价，却是今时一些标榜为岭南画派传人者所未意识到或所欠缺的神气。

二高一陈都是番禺人。高剑父与高奇峰是兄弟，分别排行老四、老五。高剑父(1879—1951)，出生于番禺南村员岗乡，名麟，号剑父。小时家贫失学，曾师从在十香园设馆的居廉学画。求学时，他每日早出晚归，步行

高剑父(前排右五)与岭南画派名家合影

10多里路走读，中午空腹候课。居廉为其好学感动，留他食宿于啸月琴馆半工半读。他爱画入迷，梦中得人指点，醒来点灯，如法炮制，果有长进。他甚至对着蚊帐雨漏渍痕冥思苦想，豁然悟通"撞水"之法，渐而得心应手。其后，寓居于家境富有的师兄伍懿庄的伍氏万松园，得以遍阅巨家望族藏画，结识不少诗人、画家。在此期间，高剑父结识了日本画家山本梅涯，在他推荐下，得以出任述善小学图画教员。1900年，在世交长辈资助下，高剑父入澳门格致书院，课余从法国画家麦拉学习素描。1906年，不断追求更高画艺的高剑父辞去述善小学的职务，东渡日本。此后他开始将西洋画透视、明暗等技巧融入国画作品之中。在日本，他得遇廖仲恺、何香凝夫妇，受其影响，逐渐倾向革命，并加入同盟会。经过在日本的学习，高剑父的绘画主张与手法逐渐形成。为了生活，他经常到陶瓷厂、玻璃店参与手工艺品的绘画和制作。随着生活的改善，他终于能够将寄食他人家中、屈为小役的高奇峰接回家中学画。高奇峰曾到日本师从著名画家田中赖璋。为增强奇峰的自信心，高剑父数次佯称有人因慕奇峰名愿出资购其画，使高奇峰欢欣鼓舞，更加苦练不已。

为宣传革命，高剑父与潘达微等人于1905年8月创办了广东最早的石印画报——《时事画报》，其宗旨是"仿东西洋各画报规则办法、考物及记事，俱用图画，以开通群智，振发精神"。1908年，高剑父任同盟会广东支会会长。他在医院、学校、寺观、教堂及乡村设立数十处秘密据点，曾在广州"河南"创办一所美术瓷窑，作为秘密聚会和制造炸弹的地方。又在博物商会的烧窑处制造炸弹，制成后藏在窑底。他们日间奔波忙碌联络同志，夜间则安寝于下面满储炸弹的床上。因策划周全，英勇机灵，黄兴称他是"小诸葛"。1910年，高剑父参加了"支那暗杀团"，策划指挥行动，炸伤广东水师提督李准，炸死广州将军凤山。参与刺杀凤山的女敢死队队长宋铭黄后来与他结成夫妇。在"三二九"广州起义中，他参加选锋队，冲锋在前。辛亥革命后，他担任东路军总司令，率部攻占虎门要塞和鱼珠炮台。即使在紧张的战斗日子里，高剑父也没有放弃手中的画笔。1910年，他在广州办画展，受到文化界人士的关注。1911年11月广东光复后，各军争任都督，高剑父首先解散部众，联合诸将领设立"海陆军团协会"以控制局面，自任副会长。各军将领共推他为广东都督,他坚辞不就,宁愿投戈从艺,以笔墨效劳革命。

民国成立后,孙中山派他组织北伐军战事写真队,计划发行《战士画报》。得广东军政府特别资助,兄弟同赴上海,创办了最早印行美术作品的"审美书馆",出版了《真相画报》,向全国展示了岭南画家的艺术风貌。

孙中山逝世后,高剑父出于对时局的失望,公开表示"永不做官""不问政治",而把精力放在为国家培育艺术英才上,先后创办春睡画院、南中美专、广州市立艺专,历任中山大学国画教授、南京中央大学艺术教授,培养出包括黎雄才、关山月、杨善深、何磊、黄独峰、赵崇正、容大块、方人定、司徒奇、苏卧农、杨之光、陈金章等一大批画坛英彦。高奇峰在二沙头疗养期间,建了座天风楼,在那里设帐授徒,从学者数千人,较有建树的就有黄少强、叶少秉、张坤仪、赵少昂、何添国、周一峰等"天风六子"。1921年,高剑父在广州举办第一

高奇峰(右三)与"天风六子"

次全省美展,还曾到东南亚、欧美等国家考察并举办美展、演讲,将中国美术推向世界。二高之画作,无论是题材、技法,都对传统国画有大胆的突破创新。二人的艺术风格又各有千秋:高剑父擅花鸟、山水、走兽,风格奇拔苍茁;高奇峰写生功夫独到,翎毛、走兽、花卉风格雄健俊美,把居派的撞水撞粉与西洋水彩画技巧的结合,发挥到淋漓尽致。高奇峰在画坛上十分活跃,不幸于1933年在筹备中国绘画展时旧病发作逝世,年仅44岁。高剑父在抗战期间移居澳门,抗战胜利后曾返广州,与陈树人、赵少昂、关山月、黎葛民、杨善深等组成"今社",发扬国画新风。1951年6月22日,高剑父病逝于澳门,终年72岁。

居廉的关门弟子陈树人

陈树人（1884—1948），名韶，又名哲政，字树人。他是居廉的关门弟子，得居师器重，将侄孙女居若文许以为妻。陈树人青年时以笔鼓吹革命，1905年加入同盟会。翌年赴日学习美术并开展革命活动。学成归国，任教广东优级师范学校、高等师范学校。曾受孙中山委派赴任加拿大国民党总干事。1922年返国抵香港，闻陈炯明炮轰总统府，即与妻儿诀别，冒险赶回广州登上永丰舰，誓与孙中山共生死。他以国民党元勋身份，曾任广东省民政厅长、广州国民政府秘书长、国民党中央执行委员等高职。他无心利禄，始终保持学者、诗人、画家的品质和风格。他说："艺术为国魂，推陈出新，予将以此为终生责任。"他勤奋作画，尤重写生，一生作画逾千幅。作品讲究线条的优美流畅、构图的新颖独特、诗意的格调，较"二高"之画更具温文尔雅气息。他为人耿直清廉，一生淡泊，家无余财，靠卖画得款作治丧费，令艺术界同仁十分敬仰。

第三节　从三稔厅走出的何博众及何氏三杰

广东地区最早被公布为全国历史文化名镇的，沙湾为其一。沙湾镇得此殊荣，原因之一即这里是广东音乐发祥地，传扬海内外的《雨打芭蕉》《赛龙夺锦》等乐曲就在此诞生，创作粤乐的沙湾何氏音乐世家声名远播。

沙湾在清代已是珠江三角洲一个经济发达的大镇。何姓在沙湾是世家大族，家业殷厚，长辈只希望子弟们博取功名以光宗耀祖，却不愿他们遭受仕途凶险。因此，何氏不少子弟在取得科名之后，不谋职业，在家过着清雅悠闲的日子。其中有不少人沉醉于玩乐作曲，形成此地浓厚的音乐氛围。据族谱记载，何姓远祖何昶就精通乐律，擅弹琵琶。此风代代相传，上溯到南宋时南迁落籍沙湾的祖先中，有叫何起龙的，熟悉礼乐和民间音乐、戏曲艺术，后任太常寺卿，主管宫廷礼乐。道光年间的何博众，是沙湾何家二十二世孙，他继承和发扬祖传的琵琶技艺，别出心裁地创出独具岭南风格的"十指琵琶"。据说他演奏名曲《十面埋伏》，音色悦耳动人，曲从情变，情倚曲生，来如千军万马，去若行云流水，令人赞叹不已，因有"琵琶大王"之誉。他还善于书画，会装飘色，乃至掌握蟋蟀断腿再植绝技。关于他的事迹，知道的人并不多，直到20世纪70年代，才被人从香港灌制粤乐唱片的旧档案资料中查考出《雨打芭蕉》《饿马摇铃》等名曲乃是他所创作，《赛龙夺锦》也由他的首稿(原称《龙舟竞渡》《龙舟攘渡》)演变而来。何博众从青年时代开始，即出入沙湾镇中心的三稔厅(俗称"沙湾大厅")和另一处翠林厅，与乡中热爱音乐的人交流切磋，聚会授徒。他在三稔厅培养出在粤剧中兴中发挥了重大作用的一代名旦何章(艺名"勾鼻章")。20世纪20年代中期，何博众的孙子何柳堂、何与年及何氏后人何少霞等，也曾以三稔厅为基地，演奏和创作粤乐，使粤乐扬名天下，成为广东音乐典雅派的开创者。此三人被誉为广东音乐史上的"何氏三杰"。

何柳堂(1874—1933)，名森，柳堂为号。少喜习武，跑马射箭，竟能百发百中。24岁时考中武秀才，取得功名后，经济上照例得到家族优待，得有条件从艺。他自幼直接受到祖父何博众的教育和影响，习得"十指琵琶"奥妙神韵。初时在广州从事广东音乐的创作及演奏活动，后应聘在香港"琳琅幻境"音乐部当音乐员，继而担任"钟声慈善社"音乐教习，得与精于音乐的钱广仁、尹自重、吕文成、何大傻等人共事，提高更快，更激发了创作热情。他和何与年、何少霞等对何博众的遗作进行再创作，三易其稿，形成《赛龙夺锦》。铿锵激烈、振奋人心的节奏，从此深入人心，波及世界各地，成为中国民间音乐的代表作。他还整理加工何

善弹琵琶的何柳堂

博众手创的乐曲《雨打芭蕉》《饿马摇铃》，署名"何氏家传秘谱"，交给广州的唱片公司灌制，成为广为流传的音乐名作。他的作品还有《七星伴月》《金盆捞月》《玉女思春》《垂杨三复》《鸟惊喧》。其中《七星伴月》全曲转七个调，需要很高的演奏技巧。他在《粤华报》上登载出这首曲子，并刊出广告：能从头到尾完美地奏完此曲者，奖白银30两。广告登出许久，没有人应招。20世纪30年代初，何柳堂从香港回到沙湾。他每年的经济收入不少，可惜败于好赌，加上又得了肺病，晚年较清贫。1933年病逝于故乡。

何氏三杰之何与年

何与年（1880—1962），名树人，与年为字。他是何博众之孙，自幼受祖辈音乐陶冶，跟随堂兄何柳堂学弹琵琶，后又精通三弦、扬琴等乐器。其弟少儒毕业于张之洞办的广雅书院，为乡中大绅，在乡中地位较高。何与年以经营烟馆、赌馆为生，却又酷爱音乐。他对音乐创作严肃认真，推敲乐句，一丝不苟。他与何少霞等人多次协助何柳堂修改《赛龙夺锦》，乐曲的每一节拍都反复推敲，最后由他总其成写成终稿。吕文成创作《银河会》《落花天》等曲子，也请他修改。何与年对粤剧演出素有研究，认为演员演出必须掌握分寸，要充分发挥广东音乐在粤剧中的作用。"南海十三郎"、"上海妹"、"小燕飞"、张月儿、关影莲等许多名角的唱腔和音乐都是请他设计，由他演奏。从1935至1937年，何与年与何少霞、尹自重、吕文成等在广东灌制了《娱乐升平》《十面埋伏》等一批唱片。抗战时期，广东音乐界出现不健康的商业化现象，一些演奏者为讨好观众将乐曲疯狂变奏，并加上各种怪异的表演动作。他对此十分反感，愤而质问演奏者："你地（你们）不能为了搵食（粤语，意为"混饭吃"）就不顾我们的笔底（声誉）！"抗战胜利后，他在广州市区教授、演奏粤乐、粤曲，曾与刘天一等人合作，在茶楼组织音乐茶座。1949年底定居香港；1957年还曾领人回广州演出，大受欢迎，后病逝于香港。

何少霞（1894—1942），名振渠，号少霞。出身书香之家，自幼受粤剧熏陶。其兄何振煊是徐闻县长，家庭富有而显赫，崇尚读书。他常到翠林厅跟何柳堂、何与年学习音乐，弹奏琵琶。民国七八年间，少霞离开家乡到广州教忠中学读书。读书之余，对新音乐兴趣越加浓厚，为他日后的音乐创作活动打下良好基础。毕业后回乡，以教学谋生。他在沙湾本善女子小学教授音乐课，悉心传授学生简谱和乐理知识，为沙湾培养了不少音乐人才。教学之余，常到三稔厅、翠林厅与何柳堂、何与年等研究音乐，《赛龙夺锦》第三稿中很多花音就是他经手整理的。20世纪二三十年代是他创作的活跃时期，计有《将军试马》《陌头柳色》《桃李争春》《吴宫戏水》等曲。他的古典文学修养较深，所创之粤曲唱词《一代艺人》《游子悲秋》，亦精练独到。他与何柳堂、何与年、

何少霞

吕文成等人合作灌唱片，多用南胡、二弦参加演奏。抗战时期，他痛心山河破碎，人民流离，创作出《白头吟》《夜深沉》等悲愤乐曲，引起听众共鸣，成为广东音乐名曲。由于几年间缺乏营养，他身体越来越差，1942年不幸染上痢疾病逝。

第四节　中国戏剧人物画开山鼻祖关良

关良(1900—1986)，是中国早期十大油画家之一，又是中国戏剧人物画的开山鼻祖。然而，不少人有疑问：关良的画有什么好，像小孩子画的那样！可是，连郭沫若、茅盾、老舍等大文学家都为关良题画"点赞"。1956年，李可染带着关良去拜会齐白石，93岁高龄的白石老人为关良画了两幅画，画跋写得极谦虚："良公老弟同道，九十三岁白石璜请讲。"同年，关良在京举办画展，李苦禅带中央美院国画系的学生看画，有学生问："画家为什么不把人体画得标准些？"李苦禅说："良公画法叫做得意忘形。"后来郭

沫若参观画展，回答青年美术工作者的提问就说："关良就是关良派。"并说关良的画有的看不懂，这正是他高明之处，"画都懂就坏了"。这还是国人的说法。外国人呢？德国人主动为关良出画集并付与丰厚稿酬，中国画家得此待遇的，仅有齐白石和关良。显然，关良的画自有其超人的艺术魅力。有评论家说，关先生的画，有童真之趣，不做作，大巧若拙，这种童趣不是装的，是自然而然流露出来的。

关良，字良公，番禺新造南亭村人。关良在作品上使用的印章和署名多是"番禺关良"，可见他对故土感情极深。关良小时家境贫困，父亲做些小生意养活他们兄弟姐妹八个。关良9岁入广东南强公学，11岁时随家迁往南京，寓居两广会馆，先后在南京圣公会学校、金陵中学读书。他父亲是个戏迷，常带他去看戏，又因经商常从各地带回很多绘有"武松打虎""豹子头林冲"之类的香烟画片。耳濡目染之下，他自小喜画"公仔"，尤喜画戏剧人物。1917年关良随兄东渡日本学习油画，先入川端研究所师从画家藤岛武二，后转入太平洋画会(后改为太平洋美术学校)师从中村不折先生，学习素描和油画，尤喜爱西方的凡高和高更的绘画风格。他研究了西方各种流派的美术作品，深感路是人走出来的，流派是实践中闯出来的，决心走自己的艺术道路，努力探索新的表现手法。1923年毕业回国后，他在吴昌硕、齐白石、黄宾虹、刘海粟、潘天寿的影响下开始学习中国画，最终形成了以中国艺术精神为旨归，融合中西技艺的独特的风格特色。他先后在上海神州女子学校、上海师范学校、上海美术专科学校任教。1924年在宁波旅沪同乡会举办画展，声名鹊起，被著名文学团体"创造社"聘为美术编辑，为郭沫若主编的《创造》杂志画插图和设计封面。1925年，任教于上海艺术大学。他课余常欣赏京剧艺术，拜师学戏，甚至自购髯口、马鞭、靴子，揣摩戏中人物的眼神、手势、身段等，学懂多种曲牌，掌握各个行当特点，因此增加了戏剧人物画创作的生活积累。1926年，郭沫若赴中山大学任文学科主任，关良也南返广州，任教于广州美术学校、中山大学附属中学。随着革命形势急剧发展，他在就职于国民革命军总政治部的郭沫若荐引下，任该部宣传科艺术股长。"四一二"政变后，郭沫若避往日本，他也只得回上海美专执教。抗战爆发，上海沦陷，关良辗转到昆明，又转成都技艺专科学校任教。为了创作出具有民族特色的水墨戏曲人物画,他毅然辞去教职,跋涉西北,周游中原,饱览名山大川。为了筹集路费,他在成都举办画展,还在报上发表《关良艺术论》,使观众对他的画有所了解。西北及中原之行历时两年,此间他写生千百幅,是他艺术生涯中一段宝贵的经历。抗战胜利后,关良回到杭州,他向名演员盖叫天学戏。两人相互砥磨,成为艺术上的知音。盖叫天常到他家里让他画哪吒、武松。此时盖便摆出架势,示范各种动作,让关良摄取最能刻画人物性格和入画的最美瞬间。关良因而画活了剧中人物,这对其戏剧人物画风格的形成起了重要作用。

1956年,文化部在北京举办关良画展,观者如潮,因有本文开头的诸名家评价。梅兰芳认为,关良的戏剧人物"有一种魅人的艺术感染力量"。1957年,关良与李可染在德国柏林举办双人画展,莱比锡的出版公司为他编选出版了一本德文版的戏剧人物画册,成为继齐白石之后编列入"世界美术丛书"第二人。"文革"期间,关良备受折磨,受到冲击,曾将自己的心血之作用水泡烂冲进厕所里,但比起许多画家的经历已是幸运多了。"四人帮"倒台后,他绘的第一幅画是"孙悟空三打白骨精",表达了对"四人帮"的无比愤怒。此后,他不仅创作了大量的戏剧人物画,而且对油画的题材、技法等方面做了研究。一些外国画家、学者、教授认为这是中国的油画,充满中国气派。

关良画戏剧人物有二味:一是戏味足,比戏更有味,是静而动的舞台艺术;二是画味足,中国文化最讲究写意,他的戏剧人物画高度概括与凝练,笔墨以少胜多,喜用秃笔,笔法稚拙,落笔沉稳有静气,不尚华巧。关良绘《晴雯补裘图》,以戏剧人物造型为基础,不拘泥于对人物的解剖和透视,而是以夸张、变形的手法传神写照,不加修饰,甚至带有孩童画的稚拙,演员的"看""瞟""盯""瞄"等眼神,却能捕捉到位,人物情态惟妙惟肖、纯真幽默。他所绘的《武剧图》,人物造型吸收民间造型艺术的某些特征,仅仅通过身段、手势、腰腿等简练的笔触,就把人物动态刻画得栩栩如生。戏剧人物的脸谱、装扮、服饰等也以最概括的手法表现,绝不拘泥于细节描摹。

关良曾任中国美术家协会理事、上海美术家协会副主席,出版有《关良京剧人物画册》《关良戏剧人物》《关良画集》等作品。

第五节　人民音乐家冼星海

中乐和西乐各有所长，西乐中的大合唱与交响乐章是大型管弦乐套曲，能表现宏伟意境与磅礴气概。取西乐之长与中乐相结合，成功地写出新中华大合唱与交响乐章的第一人，是人民音乐家冼星海。他在短暂的一生中，创作了歌曲数百首，现存250余首，包括大合唱4部、歌剧1部、交响曲2部、管弦乐组曲4部、狂想曲1部，小提琴、钢琴等器乐独奏、重奏曲多首。他所创作的《黄河大合唱》是划时代的伟大乐章。

冼星海，祖籍广东番禺榄核镇(今属南沙区)，1905年出生于澳门一个贫苦的渔民家庭。父亲在他出生前数月被大海吞没生命，母亲黄苏英就着天上闪闪的银星和茫茫的大海，给他起名"星海"。6岁时随母亲去新加坡，母亲靠做佣工维持生活并供他入读养正学校。其间他被选入校军乐队，开始接触乐器和音乐训练。1918年，广州岭南大学在新加坡募集经费并招收优秀华侨学生回国深造，冼星海为首批被选中者之一。回到广州后，入读岭大附中，毕业后考上岭南大学文科。他的语文老师是女学者冼玉清，这为他的古典文学打下了坚实的基础。1922年冼星海写的习作《如梦令·春思》，为冼玉清所称颂，由其推荐登在《南大思潮》：

"人民音乐家"冼星海

试问春归何处？勾指柳梢残雨。往事寻堪题，尽在游丝飞絮。无语，无语！乳燕双双休去！

在岭南大学，冼星海以半工半读维持生活，他还参加了学校的管弦乐队，开始步入音乐殿堂。他经常挤出休息时间，躲在校园的僻静处潜心吹奏黑管,寒暑不易。此举感动了一位留德教授,主动表示愿意义务辅导他。他还积极自学音乐知识,经常参加校内外演出,演奏技巧由此大有长进。后来他成了附中管弦乐队的指挥,连培正中学也请他去做音乐教员和乐队指挥。1926年春,冼星海考入北京大学音乐传习所,靠在学校图书馆任助理员维持生活,其间师从作曲家萧友梅和俄籍小提琴教授托诺夫。1928年,考入上海国立音乐学院,主修小提琴和钢琴,后因参加学潮被迫退学。

1929年,得冼玉清大力资助,冼星海赴巴黎留学。他勤工俭学,靠在餐馆跑堂、在理发店做杂役等维持生活,曾几次饿昏在街上。1934年,考入巴黎音乐学院高级作曲班,学习作曲兼指挥,成为班上的第一个中国考生。参加考试时,由于衣着不够华丽,他险些被法国门警所阻而无法进入考场。考试后,主考老师代表全体评委宣布:"我们决定给你荣誉奖,按照学院的传统规定,你可以自己提出物质方面的要求。"冼星海只说了"饭票"两个字,就再也说不出话来了。

1935年,冼星海毕业回国,随即投入抗战歌曲的创作当中。这一时期,他创作了大量群众歌曲,并为进步电影《壮志凌云》《青年进行曲》、话剧《复活》《大雷雨》等作曲。1937年全国抗战爆发后,他参加上海话剧界战时演剧二队,进行抗日文艺宣传。冼星海参加上海学联到郊区救亡宣传的活动,保安队到现场阻止学生,对峙时剑拔弩张。这时,青年诗人塞克把自己写的一首诗交给冼星海。冼星海只用五分钟就写出曲谱。"枪口朝外／齐步前进／不伤老百姓／不打自己人／……"这首《救国军歌》当场在学生中唱响,在场的老百姓甚至连保安队的士兵也跟着唱,很多人边唱边流泪。1937年年底,他到国民政府军委会政治部第三厅第六处任音乐科长,主持抗战音乐工作,先后组织了近百个歌咏队,多次举办大型的抗战歌曲集会,掀起以武汉为中心的全国抗日救亡歌咏运动高潮。这段时间他创作了《在太行山上》《到敌人后方去》《反侵略进行曲》等救亡歌曲。

1938年9月,冼星海应延安鲁迅艺术学院邀请,与钱韵玲携手离开武汉去延安,途中两人结成伴侣。他担任鲁迅艺术学院音乐系主任,并在延安"女大"兼课。在延安的一年半,也是他的创作巅峰期,他谱写了《军民进行曲》《生产运动大合唱》《黄河大合唱》《九一八大合唱》。光未然作词的《黄河大合唱》,他只用了6天时间谱曲,成了旷世千古的绝响。1939年5月,在庆祝"鲁艺"成立周年晚会上,冼星海穿着灰布军装和草鞋,打着绑腿指挥《黄河大合唱》。他的指挥独具一格,特别是指挥唱"起来!起来!起来!"时,第一个"起来"用左手向前一挥,第二个"起来"右手一挥,到了第三个"起来"两个手一齐向上挥,跟着向前跨了一大步,极具煽动力,把在场观众的情绪全都激发起来。周恩来听闻此曲后,赞誉其"为抗战发出怒吼,为大众谱出呼声"。在《黄河大合唱》感染下,更多的人唱着"风在吼,马在叫",走向抗日战争最前线。6月,他加入中国共产党。

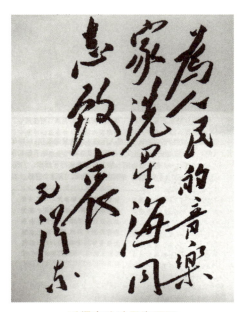

毛泽东为冼星海题词

1940年5月,冼星海赴苏联为大型纪录片《延安与八路军》进行后期制作与配乐。苏德战争爆发后,片方不得不暂停制作。他想经新疆回延安,途中受阻,被迫羁留于哈萨克的阿拉木图。在困难的条件下,他相继完成了《民族解放交响乐》《神圣之战》《满江红》等管弦乐组曲、交响诗和以中国古诗为题材的独唱曲。因劳累和营养不良,他的肺病日益严重。被送回莫斯科治疗期间,他以钢铁的意志创作了管弦乐《中国狂想曲》,后不幸于1945年10月30日病逝,年仅40岁。毛泽东亲题挽词:"为人民的音乐家冼星海同志志哀"。

人民永远记住这位音乐家。1985年,冼星海的骨灰迎葬广州,广州音乐学院改名星海音乐学院。1995年,广州天河体育中心举办万人大合唱《黄河大合唱》,以此纪念冼星海。1999年,哈萨克斯坦共和国阿拉木图市的弗拉基米尔大街被命名为冼星海大街。2005年,番禺博物馆以首层3000多平方米设立冼星海纪念馆。2009年,冼星海被评为为新中国成立做出突出贡献的100位英雄模范之一。2012年,广东省设立综合性音乐活动"星海音乐节"。2015年,澳门举办"冼星海周"以纪念抗战胜利70周年、冼星海诞辰110周年。

第六节　战地摄影家石少华

如今在纪念抗战的展览活动中，常见到一些极为宝贵的反映冀中军民抗日斗争的照片，其中包括毛泽东与杨家岭农民谈话、与两个小八路谈话等照片，还有《铁骑——冀中八路军骑兵部队》《狠狠打击侵略者》《儿童团》《埋地雷》《白洋淀上的雁翎队——冀中水上游击队》《冀中军民的地道战》等作品。在当时的环境条件下，这批照片从器材的筹备到摄制人员的物色，殊不容易。为了报道具有神奇色彩、以独特方式抗日的"雁翎队"（白洋淀上的抗战队伍，成员靠打鱼、大雁为生），这位摄影记者竟六进白洋淀。这位摄影者，就是来自广州的年仅20岁的石少华。

石少华(1918—1998)，祖籍番禺，生于香港，1923年随父母回广州定居。之后在岭南大学西关分校附中和岭南大学附属高中读书，业余爱好摄影。1938年4月，在廖承志的介绍下，他带着照相机奔赴延安，先后在陕北公学、抗日军政大学（简称"抗大"）学习，同年加入中国共产党。抗大毕业后，被选进高级政治军事研究队学习。一天，他接到抗大校部通知，临时抽调他到抗大三周年纪念展览会筹备组工作。筹备组只有三个人，负责人是抗大四大队政治部主任刘鼎，石少华负责拍摄展览所需的全部照片，还有一位来自上海的学员负责冲洗胶卷、放大照片。这次拍摄活动，从1938年10月开始到翌年5月结束，前后约半年多时间。拍摄内容很广，主要是抗大的学习、训练和生活，中央领导同志对抗大的关怀，还包括延安风光、军民生活，以及陕北公学、鲁迅艺术学院、马列学院等兄弟单位的活动。当时延安搞摄影的人不多，还有的同志到前方去了，暂时只剩石少华一个人。他在这年夏天拍摄的世界青联代表团访问延安的照片受到很高评价，因此，展览会的摄影工作就全部交给他了。这次纪念活动中央很重视，周恩来特地经西安运来胶卷、放大纸等一批摄影器材。石少华使用的是他从广州带去的德国产老式折叠相机，抗大代理校长罗瑞卿把他的一部小型相机也借给石少华备用。在那段时间里，他凭着一股子革命青年的抗日热情，四处奔波，拍摄

战地摄影家石少华

了不少关于抗大活动和延安生活的照片，其中包括毛泽东的一些活动照片。

1939年9月石少华随抗大总校迁往华北敌后抗日根据地，任记者团摄影记者、冀中军区政治部摄影科长。他在冀中开办摄影训练队，培训学员百余人。1943年，他任晋察冀军区晋察冀画报社副社长，继续开办摄影训练队，在此期间拍摄了一批实地反映冀中军民抗日活动的作品。日军投降后，石少华随军进驻华北重镇张家口，拍摄了《突进张家口》《大好河山重放光明》等作品。在解放战争前线，拍摄了《怀来前线的炮兵阵地》《抢修怀来人桥》等作品。《晋察冀画报》提供很多照片给妇联送往国外展览，收到邓颖超来信赞扬。1948年石少华任华北画报副主任，主持《华北画报》工作。1949随团长郭沫若参加在捷克举行的世界和平大会，之后到苏联访问。

新中国成立后，石少华任中央新闻摄影局副秘书长兼新闻摄影处处长。1952年任新华社新闻摄影部主任。筹备出版《人民画报》，筹建中国图片社，组织抗美援朝摄影报道工作，筹备全国摄影艺术展览，在北京大学讲授摄影课，筹建成立中国摄影学会并任第一二届主席，筹备并出版《中国摄影》《大众摄影》杂志，石少华为新中国的摄影事业倾注了满腔心血。1959年参加大型画册《中国》拍摄工作及主持画册编辑工作，担任新华通讯社副社长兼摄影部主任。1970年后任国务院文化组秘书长，多次率团出国进行文化交流。1979年任新华社副社长，1981年筹建新华出版社并兼任社长。

石少华从事摄影工作半个世纪，多次参加国际摄影学术交流活动，担任国际影展评委。1962年，他在北京举办个人作品展览，展出1940—1961年拍摄的部分154幅作品，受到毛泽东接见和鼓励。1963年赴越南访问之后,他举办了"石少华、陈勃访越摄影展览"。1965年,率中国新闻代表团出访非洲七国,并在北京举办非洲七国之行摄影艺术展览。1961年,他婉拒了江青向他学师摄影的要求,后经毛泽东出面说情方才答应,毛泽东高兴地留他吃了午饭。

1982年离休后,他仍然活跃在摄影园地:摄影创作、参加各类摄影学术活动及讲学,出版《石少华作品选》,担任中国老年摄影家协会主席,在广州举办"石少华摄影作品展览",在广州、深圳举办"沙飞、石少华摄影作品展"……1986年,石少华获"国际影联荣誉杰出活动家"荣衔,1989年获日本第五届东川国际摄影节海外作家奖。

石少华的摄影艺术有很深的造诣,不仅擅长新闻摄影,在人像、风光、舞台摄影等方面也都有极深功底。其作品题材广泛,表现形式新颖多样,具有真实、自然、生动、质朴的特色,有些作品虽已经过漫长的历史岁月,至今仍具有艺术感染力,堪称不朽之作。一版再版的《摄影理论与实践》一书,是他五十年摄影创作实践与理论研究成果的重要概括。

第七节 新兴木刻运动先驱李桦

"九一八事变"发生时,一对在日本留学、刻苦学习美术的中国青年夫妇愤然回到广州。"七七事变"发生后,这对夫妇中的妻子已不幸难产去世,丈夫将四岁的女儿托付给岳母照看,毅然携笔从戎,辗转于抗战前线。1939年到1942年间,日军先后三次大规模进攻长沙,中国军队与之展开殊死搏斗,他参加了全部三次会战,绘下了大批战地写生,举办了多次战地画展,以此激励抗日将士。这位青年人就是中国新兴木刻运动的先驱,被誉为"中国版画界的灵魂人物"的李桦。

李桦,原名俊英,曾用名浪沙、小泉,别署滴泉斋,番禺石井大冈乡(今属白云区)人。家里原经营瓷器店,后家道败落。为了生计,他14岁进广东省无线电台学习,一年后分配在广州无线电台当报务员。喜爱美术的

他，在 1924 年考上刚成立的广州市立美术学校，开始了艰苦的工读生活，白天到美术学校上课，晚间在无线电台上夜班。由于工作表现突出，他曾随广州考察团赴日本考察两个月。省港大罢工爆发，国民革命军即将挥师北伐，革命热潮使他激奋。他目睹了"沙基惨案"，创作了许多反对英帝国主义的宣传画和漫画。奔波于家庭、学校、电台之间，他终于苦熬至毕业。在美术学校学习期间，他与同班女同学梁益坚意气相投。1930 年，两人在报上刊登结婚启事，然后东渡日本学美术，开始了清苦的留学生涯。1931 年"九一八事变"爆发后，他们与许多留学生一同愤然返回祖国。

　　迫于生计，李俊英回到电台做报务员。1933 年，在母校广州市立美术学校西画系任讲师时，开始使用李桦这个笔名。然而，爱妻却因难产被夺去年轻的生命。他悲痛欲绝，为女儿起名"纪慈"，让她永远记住慈爱的母亲。1934 年，受新文化运动和鲁迅倡导木刻的影响，李桦开始自学版画，随后在广州举办个人版画展览会，并邀集其学生赖少其、潘业、唐英伟、刘仑、吕蒙等 27 人，成立了现代版画研究会，主编出版了南国第一份版画刊物《现代版画》丛刊，为广州《市民日报》编《木刻周刊》，还出版了《李桦木刻集》。12 月中旬，李桦给鲁迅写了一封信，报告研究会情况，并寄上作品。翌年，鲁迅复信称赞道："先生的木刻成绩，我以为极好。最好要推《春郊小景》，足够与日本现代有名的木刻家争先。"这使他深受鼓舞。在思想、艺术和木刻运动等方面，他更深受鲁迅影响，创作了《无家可归》《怒吼吧！中国》。因搞木刻运动，他被校方解聘。1936 年，他负责筹备的"第二次全国木刻流动展览会"，先后在广州、上海展出。鲁迅在逝世前也拨冗前往参观。此后，他创作了《丰收也是一样的穷》《一二九的抗议》和《黎明》等 100 多幅作品，出版了《现代版画》第十集《反帝专号》。1937 年，抗战爆发，李桦等发动筹组的"第三回全国木刻流动展览"流产，展品交托野夫辗转带到广西展出。李桦毅然于当年 11 月参军。他随军走遍了粤、桂、湘、鄂、赣、豫等广大地区，画了不少战地速写。1938 年 6 月 12 日，中华全国木刻界抗敌协会（简称"木协"）在武汉成立，李桦是发起人之一。1942 年中国木刻研究会成立于重庆，他被推选为理事、常务理事。抗战期间,他举办过个人作品"战地素描展""战地写生展""第二次长沙大捷战地素描""第三次长沙会战史画及洞庭湖素描展览""常德会战画展""版画水墨画展"等展览,并与木刻同仁代表"木协"在桂林办事处举办"鲁迅纪念木刻展"。此外,他还为《开明日报》主编《抗战木刻》与《诗与木刻》副刊,出版《木刻教程》《抗战木刻选集》,主编《木刻导报》,举办木刻函授班。

抗战胜利后,李桦离开军队,来到上海。1946年6月,木协改名为"中华全国木刻协会",李桦被推选为理事长。9月,协会在上海举办抗战八年木刻展览会,其间周恩来在中共代表团上海办事处接见了李桦等部分木刻家与漫画家,并亲切交谈。民主人士李公朴、闻一多在昆明遇害后,李桦立即刻成《民主死不了!》的招贴画。1947年李桦应徐悲鸿邀请,到国立北平艺专任副教授,讲授西洋美术史。他观察北平的风土人情,对天桥那些靠一技之长生活在最底层的"小人物"无限同情,每逢周日都去画速写,后辑成《天桥人物》组画;又在门头沟矿区写生,创作了一套《窑工汗血》水墨组画。1948年底,徐悲鸿等北平艺专主要负责人抵制国民党南迁的决定,带领全校师生,进行护校和迎接解放的工作。李桦创作了《向炮口要饭吃》《团结就是力量》等大量富有战斗性的作品,又与叶浅予、董希文、周令钊等印制了大量迎接解放军的木刻宣传画,其中有他的木刻作品《人民解放军是人民的军队》。北平解放那天清晨,艺专师生把这批木刻宣传单贴满全城。

新中国成立后,李桦出席第一次全国文代会,当选中华全国美术工作者协会常务委员。1953年,他加入中国共产党。1954年负责筹建中央美术学院版画系,任系主任。李桦创作了许多反映祖国建设、富有时代气息的作品。"文革"使他的创作中断,直至1976年才重新走上教学岗位。1980年10月,中国版画家协会成立,李桦被选为主席。1988年,获日本日中艺术交流中心颁发的"中国新兴版画运动贡献金奖"。1991年,获中国美术家协会、中国版画家协会颁发的"新兴版画杰出贡献奖"。著有《木刻的理论与实践》《铜版画技法研究》《西屋闲话》《美术创作规律二十讲》《刀法组织48种》《美术新论》等。

第八节　蜚声中外的一代文史大师叶恭绰

在中国近代史上，有这么一个人，他曾任清朝邮传部承政厅长兼代理铁路局长、北洋政府交通总长、大元帅府大本营财政部长、南京国民政府铁道部长。他是现代交通事业开拓者，曾创办交通大学，掌管交通银行；他是治学博洽的学者，通达历史，还是图书馆事业家；他是贯通艺坛的才子，诗词创作境界超拔，书画成就名满天下；他收藏文物遗珍无数，又无偿捐献给国家。20世纪的学坛、政坛，提起他的名字无人不晓，他的名字叫叶恭绰。

要给叶恭绰下一历史定位的结论实在不易。他曾谈论自己的事功："铁路以外，余于外交、财政、实业、教育、文化，暨其他有关管理与技术之事，亦深感兴趣。"还曾介绍自己："我一方面在讨论工业上技术问题，同时却可以谈谈宗教、哲学；一方面研究一个公司要怎样组织，同时又会想到音乐、书画上的问题，而且似乎不会混乱与偏颇。"又说："余对文学艺术，本有先天之遗传，故书画、古物之鉴别，似颇具只眼。且余恒秉爱憎与是非不能并行之说"，"故品评一切，颇得虚心之誉。此外，土、木、竹、骨、玉、石、漆之雕刻，抟塑，丝、棉、麻之织绣，音乐、戏剧、歌谣、金石、碑帖、建筑、营造、诗歌、词曲、篆隶真草，虽未敢云悉有心得，亦庶几具体而微。"总之，他脑里的储存如无所不有的万花筒，随时都可以一样一样地取出。

叶恭绰，字裕甫，号遐庵，晚号矩园。祖父叶衍兰是粤东大儒陈澧的入室弟子，曾任军机章京。叶恭绰出生于北京，翌年因祖父称病辞官随归广东。因此，他日后遇到广东人、北京人、浙江人，均称"老乡"。他自小聪明过人，早年毕业于京师大学堂仕学馆。光绪三十二年(1906)，清朝成立邮传部，将航、路、电、邮四政事务全部纳入管辖。邮传部首任尚书张百熙对叶恭绰应童子试获第一名的《铁路赋》印象深刻，遂将他引进邮传部。在邮传部，他的才干得到发挥，甚至"一岁五迁"。民国初年，叶恭绰以厅长身份看守部务，兼任交通银行帮理(即副总裁)，为交通银行的发展殚精竭虑。

1912年，任中华全国铁路协会副会长。他与广东老乡唐绍仪、梁士诒等逐步控制了铁路、航运、电信、邮政等事业的领导权及若干大银行、大铁矿煤矿，成为北洋军阀统治时期一个金融财团，也是一个政治派系，被称为"交通系"。他有诸多建树，最为人所乐道的是在我国首倡播音，并创造了"广播"这个如今已无人不晓的词语。1915年创设交通博物馆、铁路材料陈列所，任交通部次长兼邮政总局局长。1920年任交通部长，翌年将交通部下属四所学校合并为交通大学，任首任校长。1923年，应孙中山所召，至广州任大元帅大本营财政部长。

交通大学首任校长叶恭绰

可贵的是他不同于一般的政客，心目中只有权和利，而是用相当多的力量从事文化事业。他是现代中国画史上重要的美术活动家和组织者。1920年，他支持创办中国画学研究会。1925年，他出任北京大学国学馆馆长，组织筹办第一届全国美展。他提议并在上海组建"中国画会"。1933年创建上海博物馆，将重金购得的稀世珍宝王献之《鸭头丸帖》真迹捐献给该馆。他能诗能文，能书能画，不是一般的写得好字，而是有独特风格的书法家。其字集刚劲、厚重、奔放于一体，与沈尹默齐名。他很晚才学画，只画竹、兰之类，而且造诣很高，一幅画曾卖到五百银元。

他是一个有大善心的佛教徒，著名的佛学教育家。1918年，他与蔡元培等人于南京创办"支那内学院"，设计并捐建藏书楼，刻印佛教经典数百册。1920年，他四十岁寿辰，祝寿者众，他从寿仪中拿出5万元用于慈善事业，其中1万元用于收养灾区孤儿，1万元用于直隶省抗旱打井，各县农民称这些井为"叶公井"。1923年，他在法国参观屠宰场，觉惨不忍睹，发誓从此不再吃肉，此后果然茹斋长达45年。他出任保护动物会理事长，并为画家丰子恺的《护生画集》配诗并书写。1931年，他50岁生日，又将收到的礼金赈灾。1931年，他组成上海影印宋版藏经会，历四年刻印宋版经

502部,耗银23.4万元。1934年,他受青岛市长委托,主持湛山寺设计、筹建工作,结束了青岛无佛寺的局面。

日本侵占香港时期,避难于香港的叶恭绰逃脱不成,受到日本特务的严密监视,他拒绝出面组织文化协会与担任广东省长、华南政府主席,坚持了民族气节。

1949年,他应邀出席在京的全国政协会议,参与了人民英雄纪念碑的设计意见。1952年,他与柳亚子、李济深、章士钊等人联名上书毛泽东,提出不应迁走在京的袁崇焕墓。后来袁墓不仅没有被搬迁,还得到修葺。新中国成立后,他历任北京画院院长、中央人民政府政务院文化委员、中国文史馆副馆长及代馆长等职,编有《全清词抄》《五代十国文》《广箧中词》《广东丛书》,著有《遐庵汇稿》《谈艺录》《交通救国论》《历代藏经考略》《遐庵词赘稿》《序跋一辑》《叶恭绰书画集》等。1957年,叶恭绰加入中国农工民主党。1958年,他被划为"右派分子",受到不公正的对待。在此情况下,仍接受周恩来给他的任务,写信给他在台湾的侄子叶公超,劝其回归大陆。1959年,有关部门给他摘掉"右派"帽子,邀请他参加第三届全国政协。他将收藏的古籍、书画、器具全部捐给北京、上海、广州、苏州、成都等地的博物馆、美术馆,捐给广州的就有湛若水、陈子壮、黎遂球、梁佩兰、黎简等明清名家书画作品。"文革"中,他无例外地受到打击迫害,《光明日报》发表题为《中国官僚资产阶级的老祖宗——叶恭绰》一文。他看后大受刺激,一病不起。1980年,文化部在全国政协礼堂为叶恭绰举行追悼会,称他是"正直的爱国主义者"。

第九节　粤剧表演家"广东梅兰芳"千里驹

1928年,京剧大师梅兰芳首次到广州演出。演出期间,他抽空看了一些粤剧。接见记者谈及对粤剧的看法时,他对当时粤剧"动不动就搞机关布置讨好观众","有些粤剧的内容淫靡,置社会公益不顾"予以直率批评。他特别提到:"千里驹是我最崇拜的一个人,因为驹伶演戏时,七情能够上面,且能剧中人化,处处不肯放松,认真去做,绝无欺台之弊。唱曲能露字,口法极佳,又能咬线(指唱曲能与伴奏吻合),是一个完全领会演戏要领的艺人。"之后,梅兰芳每次来粤,必拜会千里驹,切磋技艺。20世纪二三十年代,粤剧中兴,艺坛名伶群星璀璨,千里驹独享"广州梅兰芳"的美誉,绝非仅仅同是男花旦而惺惺相惜。其实在梨园圈内及观众中已有公论,他在演艺唱功上有"花旦王""中板王""滚花王"等盛誉,在艺德上更有"伶圣"的美名。

千里驹(1888—1936),番禺乌洲乡(今属佛山市顺德区)人。原名区家驹,字仲吾,同辈或后辈名伶如薛觉先、白驹荣、马师曾等都尊称他"仲哥"。其父是个不得志的秀才,早逝而家道中落。区家驹稍长便到木器店当伙夫。他自小喜爱粤剧,十二三岁时便进入戏班"过山班"充当小角色,先后拜刀马旦"扎脚胜"、小生"架架庆"为师。千里驹所在的戏班是"过山班"中的"八仙班",这是粤戏班中规模最小,演出和生活最为艰苦的一种,演员需要一专多能。这使他苦练出全面的表演功底,谙熟小生、小武、花旦等多个行当,也为他后来细腻刻画各种人物特别是苦情戏人物的内心世界准备了丰富的生活体验。17岁时,在一次演出中偶然被香港著名的戏班公司宝昌公司班主何萼楼所赏识,何用3000元把他从架架庆手中买下,安排在省港大班凤凰仪班任第三花旦,并改艺名为"千里驹"。第三花旦多是演荡妇、淫妇、毒妇等令人生厌的角色,千里驹却以其出色表演而渐受观众欢迎。两年后,擢升到有"省港第一班"之誉的人寿年班做名旦肖丽湘的副手。他虚心学习,又勇于创新,形成自己的风格。21岁被调到国中兴班当正印花旦,从此奠定其大班正印花旦地位。他出演《荡舟》《牡丹亭》《再生缘》等风情戏,扮相俊俏,美目流盼,春情上脸,大胆的表演为观众所喜爱。千里驹决心突破自我,请开戏师爷(即编剧)为他编家庭伦理剧《舍子奉姑》。他在剧中演女主角钱氏,戏假而情真,悲恸之处,声泪俱下;愤恨之时,气冲斗牛。观众常常悲泣成一片,连台上见惯表演的乐师和后台人员竟也泣不成声。演出取得巨大成功,一扫从前千里驹演不了苦情戏的物议,成为千里驹的著名首本,他也因此获得"悲剧圣手"的称号。这之后,他又演了《暴雨折寒梨》《万劫红莲》《断崖飞絮》《可怜女》等,都成了粤剧中的著名悲剧。据记载,千里驹每连演《舍子奉姑》等苦情戏数日,因用"真火"表演,必两眼红肿如桃,大伤元气,以致不得不服用大量人参才能补回。千里驹曾数度息影以至最后中年早逝,与其演出苦情戏时用情太真、染上内疾有很大关系。他自知嗓音有略喑哑的先天不足,在博采前辈艺人唱腔艺术精华的基础上,另辟蹊径,多以中音区运腔,把"滚花"与"中板"的唱功练得炉火纯青,从而形成独树一帜的"驹腔"。后来薛觉先的"薛腔"、上海妹的"妹腔"等深受其影响。他率先把平喉唱白话引入旦行之中,把低音乐器引入伴奏,身体力行推广新剧"时装戏"。种种锐意革新的探索,也影响了当时和后来的粤剧创新。千里驹在宝昌公司属下戏班主演20多年,其中在人寿年班时间最长。他以艺术、艺德团结演员,既是驰骋舞台的主将,又是培育英才的一代宗师。有趣的是,千里驹一生并未曾收徒写师约,他曾让戏给嫦娥英,破格重用薛觉先,端正马师曾戏路,扶持白驹荣。据研究者统计,凡与千里驹演过对手戏的演员,90%都能成名。由于他的扶持,粤剧界开启了后来著名的"薛马争雄"时代。在"教出徒弟,饿死师父"的年代,千里驹以这份绝不忌才的胸襟、倾心向后辈(其实也是竞争对手)授艺的无私精神,赢得了艺坛乃至后人的景仰。1927年,他离开人寿年班,先后同薛觉先、白玉堂、新珠、马师曾、靓少凤、新周瑜林等组织新景象、永寿年、义擎天等戏班,除在广东、香港、澳门演出外,还到上海、越南等地演出。

千里驹戏德高尚,从不欺场,有时遇雷雨大风台下仅数名观众,他也一样倾力演出。他是行内有名的"好衣食"(指不计较报酬和工作条件),从不摆大老倌的架子。当时极少有名伶愿意在日场演出,他也愿意领衔献演。他作风正派,对爱情忠贞,从不拈花惹草,也不沾染不良嗜好,还经常规劝吸食鸦片的艺人应以身体、事业为重,戒除恶嗜。他是艺人公益活动的中坚,组织"守礼会",让当时染缸般的演艺圈中人从事文明的活动,并参与发起改组"八和公会",废除封建行会式的行长制,创立民主的委员制,为艺人争取经济、政治权益。他几乎所有的时间都用在粤剧上,平常除了忙于演出,就是思考、琢磨演戏。一方面,他自己生活很俭朴,年薪达二三万元,当年饮餐茶只需一毛钱,这笔钱可买十处房产,但他家里摆设的是相当普通的酸枝家具,饮食也从不奢侈。另一方面,他又相当慷慨大方,不管谁有困难,都能解囊相助。他一生潜心粤剧艺术,粤剧带给他生前荣耀、身后美名,但也因长期大量演出的劳碌,特别是用情太真而染上内疾。1936年3月20日,年仅48岁的千里驹病逝于广州。出殡当天,粤剧界所有名伶及许多政商名流云集哀悼,灵车过处,万人空巷。

第十节　岭南琴派一代宗师杨新伦

广东有两大国家级非物质文化遗产:一是粤曲,知之者众;一是岭南古琴,知者寥寥无几。古琴是中国流传久远、文化影响深刻的一种古老乐器。关于古琴的创制,有伏羲、神农、黄帝、唐尧诸说,说明古琴早在上古时期已存在。据《诗经》《论语》所载,可证至迟在周代,古琴已成为社会上普遍流行的一种重要器乐。在千百年的流传中,古琴受到各地风土人情、民间音乐、语言及师承关系影响,逐渐形成不同流派,岭南派便是其中之一。南宋末年,元兵南下,皇室从临安迁到冈州(今江门新会)崖山,相传《古冈遗谱》就是皇室携来遗留下的古琴谱。明清时期,广州府著名琴人辈出,清代终于形成了岭南琴派。当代,使古琴艺术得到复兴的是岭南派古琴一代宗师、广东古琴研究会原会长杨新伦。杨新伦从岭南琴派传承、岭南古琴艺术研究、古琴保护等方面对岭南古琴派做出了一系列贡献。他搜集整理岭南派古琴谱,收藏古代名琴数十张,培养了一批出色的古琴人才,是使岭南古琴从民间走上高等学府的第一人。

杨新伦(1898—1990),祖籍番禺鸦湖乡(今白云区人和镇鸦湖村),字克定,号振玉斋主人。光绪二十四年(1898)生于上海。父亲杨柏斋早年在上海当教师,通晓音律。杨新伦在广肇义学读书期间,与后来成为广东音乐鼻祖的吕文成同窗。这对杨新伦的古琴艺术生涯产生一定影响。杨新伦自幼习武，先后在上海精武体育会、广东昆维女子师范学校、江苏振江闽城中学等地担任武术教师。他与武术名家霍东阁同在精武体育会当会员，切磋过拳艺。杨新伦曾随上海精武体育会与中华音乐会联合组成的赴京旅行团到北京等地演出，同团的有著名粤乐大师吕文成、尹自重等人。这加深了杨新伦对音乐的浓厚兴趣。20世纪20年代中期，杨新伦在东北美亚保险公司任职期间，深感业余生活枯燥，遂与公司同事一道，合资聘请了一位天津民间艺人传授民族器乐。许多人半途而废，他却很快就掌握了三弦等民族乐器的演奏，显示出超人的音乐天赋。有一次，杨新伦从东北回上海探亲，恰遇古琴家吴纯白在精武会举行的晚会上演奏古琴，这是他第一次接触古琴。领略过古琴音乐不同凡响的优雅娴静，他不禁为之倾倒，便下定决心学习古琴。1928年，他在广州文德路清秘阁购得古琴一张，随后拜广西人王绍祯为师，向他学习古琴初法及《仙翁操》《陋室铭》等曲子。在王绍祯介绍下，他结识了卢家炳、陈淑举、容心言、谈少抚等古琴界有影响的人物，并拜卢家炳为师，学习了《渔樵问答》《白雪》等琴曲。通过卢家炳介绍，他得知广东有一位古琴高手，同时也是岭南古琴的正宗传人——郑健候。他设法找到郑健候，并拜他为师。郑健候孤身一人，生活无依无靠，杨新伦便将他接回家中奉养，直至抗战时期两人因战乱失散。师从郑健候期间，杨新伦刻苦研习《古冈琴谱》等曲目，尽得其琴艺真传，更成为名曲《乌夜啼》的唯一传人。

杨新伦后又辗转在广东、上海、天津、沈阳等地从事保险职业，直到1953年回到广州，1956年就职于广东文史研究馆，才结束了半个多世纪的漂泊生涯。至此，他专心从事岭南古琴的发掘研究和教学工作。他加入中国音乐家协会，并接受广东省音乐家协会的委托，联络了幸存的老琴家招鉴芬、周桂菁、孙暮唐等人，时时聚集在一起切磋琴艺。1959年，杨新伦出席了在北京举行的全国"文代会"，并受到毛主席的接见。1960年9月，杨新伦受聘于广州音乐专科学校（星海音乐学院前身），在民乐系古琴专业任教。1960—1966年间，广东琴坛十分兴旺，音协广东分会先后组织了两场内部的古琴音乐演奏会，由杨新伦师生和招鉴芬、周桂菁等琴人演出，还为杨新伦、陈灵等四人在南方剧院举行了一场独奏独唱音乐会。1962年,广州举行首届羊城音乐会,杨新伦率学生谢导秀、关庆耀参加演出,齐奏《渔樵问答》获得成功,岭南古琴首次登上大雅之堂。音乐会期间,特邀前中国音协副主席、北京古琴研究会会长查阜西前来举行南北古琴学术交流。1963年,杨新伦出席了全国第一届古琴曲打谱会议。为了多渠道培养古琴接班人,广东文史馆文史夜学院也特地开设古琴科收徒。

"文革"中,不知多少名贵古琴被摔烂或葬身火海。杨新伦千辛万苦保护好珍藏多年的名贵古琴和资料,使之在十年动乱中丝毫无损。"文革"后,杨新伦召集学生共商重振岭南古琴大计。此时,著名古琴家李祥霆随同中国歌舞团来广州演出,一时广州掀起了"古琴热"。曾跟随杨新伦学习拳术的学生也兼学起古琴来了,再加上文史馆的一班老先生及原来文史夜校的师生,沉睡多年的岭南古琴终于重新振作起来。20世纪70年代后期,杨新伦与弟子谢导秀共同整理完成岭南派琴曲经典文献《古冈遗谱》,又把珍藏多年的20把古琴(其中有著名岭南画家居廉收藏过的名琴"啸月")与清代《琴学汇成》孤本等无偿献给国家。明代仿唐式古琴"谷响",至今已有630年的历史,桐木上的断纹如冰裂一般,十分飘逸。此琴曾先后被新会谢氏、居廉收藏,后来传至杨新伦手中。杨新伦在临终前将此琴传给了嫡传弟子谢导秀。1980年10月24日,广东古琴研究会成立,杨新伦亲任会长。年已八十二高龄的杨新伦,身体日渐瘦弱,渐显力不从心,仍日夜为琴事而操劳。这时还有一批新弟子求教于门下,杨新伦仍尽职尽责地传授琴艺。1983年7月,为将杨新伦毕生艺术成就记录下来,广东电视台拍摄了以"琴心剑胆 岭南瑰宝"为题的纪录片,收集了他所演奏的《碧涧流泉》《渔樵问答》等六首琴曲。这是他留给后人唯一的声像资料。1990年杨新伦在广州去世,享年92岁。

第十三章　民主革命先驱

第一节　为共和殉难的史坚如

清光绪二十六年(1900)九月初六清晨，一声轰然巨响，打破广州城黎明前的寂静。霎时浓烟滚滚，只见广东巡抚衙署的后墙被炸毁了近十米，附近七八家民房也被震损。原来，这是革命党人实施的一次爆炸行动，目标是署理两广总督的广东巡抚德寿。执行爆炸任务的是革命党人史坚如。

史坚如(1879—1900)出生于番禺一个殷实人家，自小丧父，由母亲养育他兄妹三人成人。他天资聪颖，对八股旧书不感兴趣，唯好浏览古今史册，每读至荆轲、聂政等壮士抗击暴政的义行，就羡慕赞叹不已。他讲求经世致用之术，尤好西政、西艺、军事、舆地诸学，善作书画，雅号"小军师""小画家"。中日甲午战争之后，他愤而对友人说："今日之中国，正如数千年来之破屋，败坏至不可收拾，非尽毁而更新之不为功！"他看透清朝专制统治之腐败，提出"民主为天下公理，君主专制必不能治，即治也不足训"。哥哥史古愚劝他谨慎些以防惹祸，反而使他觉得空言无济于事，从此萌发了革命思想。原来瘦弱多病的他，为了将来成就一番事业，积极锻炼身体，读书之余，请拳师教授刀枪剑术，有时纵马郊外，登山涉水。听闻戊戌政变的消息，他拍案痛骂"那拉后这老妇该杀！"此后，他付诸行动，着力于联络同志、筹备经费。他就读于广州格致书院，学到不少科学知识，结识了一些同志，深感"我道不孤，吾志可行了"。为便于行动，他与兄妹劝说母亲迁居澳门，同时变卖了部分家产，用于联络珠江、长江一带的会党首领。不出数月，与各会党首领莫不相识。

史坚如对孙中山及其领导的兴中会有着敬仰之情。经日本友人介绍，1899年史坚如在香港见到陈少白，由陈少白介绍加入兴中会。此后他奉陈少白之命，同日本友人宫崎寅藏一道赴上海、武汉等地考察、联络当地哥老会，结交豪士。随后他东渡日本，在东京会见孙中山。一番倾谈，孙中山认为史坚如是"命世之英才"。返回国内后，他先在长江联络会党，后又回到广东联络"三合会"及本省军队。

1900年，孙中山至香港策划武装起义，派郑士良入惠州发动起义，命史坚如在广州策应。史坚如和他哥哥史古愚在很短时间内完成策动清军中的汉旗和北江、西江、东江的会党首领响应惠州义军之事，唯独缺少经费和军火。他决定变卖家产，却因为局势动荡不定迟迟卖不出去。这令他倍感心力交瘁，形神锐减。此时，郑士良已在惠州三洲田举义，清朝调集二万清军围攻义师。史坚如焦急万分却又无力为援，毅然决定改变原计划，以暗杀手段转移清军力量。此举如能成功，既为惠州解围，又能打乱清军指挥中枢，乘机发动三江起义，不失为良策。

史坚如选定暗杀目标为镇压起义的广东巡抚德寿。惠州起义已使德寿如惊弓之鸟，深居简出，森严防卫。史坚如以低价出卖了家产，租下德寿后花园附近一间私宅，并从澳门买来三百磅德国甘油、炸药。九月初四晚，他和苏焯南、练达成、温玉山等人通宵苦干，挖通了从住宅到抚署的地道，进而将炸药装入铁桶，送入地道。次日凌晨，点燃了连接导火线的土香，众人匆忙撤离现场，齐集开往澳门的"江通"轮，静等一声巨响把德寿送上西天。然而，到了码头仍未听到爆炸声，大家心觉跷蹊，又不知哪里出了意外。史坚如独自回到宅所检查一番，发现土香只燃到一半，未燃及导火线。此时已近中午，进出不便，他干脆留在屋里，等到明晨点燃引线再走。忍饥挨饿一昼夜，第二天清晨，史坚如再次点燃土香，自觉万无一失才离开房子。这回也不走远，到了西关长老支会礼拜堂，在传教士毛文明家中坐等消息。几日来劳累过度，他不禁蒙眬入睡。不久，一声巨响把他震醒，他以为大功告成，十分高兴，但听到教堂仆役从外面进来说，抚署后墙炸塌数丈，六死五伤，德寿只是从床上抛到地下，没有丧命。他颇觉纳闷，二百磅的炸药，为何没有炸死德寿？为弄清真相，他冒险乘轿到现场察看，终于搞清楚，此番失手是因为不谙炸药知识,雷管过小,致使炸药未能全部引爆。他深感遗憾,却并不气馁,决心再举。此时城中已被清军严密封锁,到处搜掠案犯,史坚如还一心准备再搞一次暗杀。经师友苦劝,才答应暂时离开广州避避风头。九月初八,他拟搭乘轮船往香港,因奸人告密,在去码头途中被清兵拘捕。清军从他身上搜出配制炸药的德文配方,立即将他押往南海县衙门。

南海知县裴景福看史坚如此年轻,又是出身于仕宦家庭,想以软化手段诱惑他供出同伙。史坚如对谋炸德寿一事,一口咬定自己是主谋,并不言及其他。裴景福见软的不行,改用严刑拷打,讯问史坚如有多少同党,首领是谁。史坚如应以"同党有四万万,首领就是我"。裴景福丢下一份名单让他招认同党,他摇首否认。他被施以种种酷刑,用烧红的铜钱烙背,拔去手足指甲,仍坚贞不屈。计穷技尽的清政府只好对他判以斩首极刑。

临刑前,史坚如给妹妹史憬然写了绝命书,他不为自己将赴刑场后悔,只恨"一击不足,遗恨千古",还鼓舞妹妹"只要我们努力,革命就会成功!"信未写完,就被押往天字码头杀害,就义时年仅21岁。

11年后,辛亥革命终于推翻了延续2000多年的封建帝制。孙中山称誉史坚如是继陆皓东之后"为共和殉难之第二健将","死节之烈,浩气英风,实足为后死者之模范",并追赠史坚如为上将军,为他建立专祠。后来孙中山亲自募捐,在广州东沙马路东明寺附近为史坚如立了一座石像。1924年,胡汉民在广州巡抚衙门遗址立"史坚如烈士纪念碑"。1928年岭南大学捐建"惺亭",以纪念包括史坚如在内的三名死难烈士。1978年,史坚如祠及石像迁至黄花岗烈士陵园内。

第二节　撰小说唤醒民众的黄世仲

无论从哪个角度说,黄世仲绝对是近代著名的小说家。李小松将他与陈天华并举:"晚清,以稗官野史之言,艺术的形象从事唤起民众,宣传民主革命的,有两位著名的小说家。一是湖南新化的陈天华,一是广东番禺的黄小配(黄世仲字小配)。"陈永正主编的《岭南文学史》说:"近代岭南小说作者，称得上名家的只有吴沃尧和黄世仲。"吴沃尧自号"我佛山人"，其创作活动主要在汉口、上海，而黄世仲则于穗港一带。就此而言，只有黄世仲才称得上名副其实的岭南小说名家。

黄世仲(1872—1912)，番禺大桥乡(今属广州市荔湾区)人，曾用笔名禺山次郎、黄帝嫡裔、世界一个人。小时曾就学于佛山书院，与梁启超为同学。早年到南洋谋生，文笔渐露才华，后为新加坡《天南新报》记者。清廷与西方列强签订《辛丑条约》后，黄世仲心中愤懑。此时，孙中山的好友尤列到南洋组织中和堂，作为兴中会在南洋联系侨胞的革命组织。黄世仲加入中和堂，翌年回到香港，在陈少白创办的《中国日报》当记者。其后，与郑贯公办《世界公益报》《广东日报》，这两份报纸与《中国日报》合称三大革命报刊。黄世仲发表文章对康有为的《政见书》予以严词驳斥，见解精辟，言辞尖锐，为人所瞩目，一时文名大振。他主编的《有所谓报》(又名《唯一趣报》)、《少年报》，图文并茂，庄谐并见，深为读者所喜爱。

黄世仲最为拿手的是小说，这也成为他与清朝统治作斗争的锐利武器。他在香港创办了《中外小说林》杂志，自己创作了十几部中、长篇章回体小说，揭露晚清的政治腐败、社会黑暗、官场堕落、豪绅糜烂，并开展与保皇派的斗争。光绪三十四年(1908)由日本三光堂出版的16回本《大马扁》，主题是批判保皇党主将康有为。小说把这位"南海圣人"写成一个不学无术、虚伪狡诈的大骗子，揭露他"保国保皇原是假，为贤为圣总相欺"。小说紧密结合现实斗争，有强烈的政治倾向性。黄世仲是在革命党人与保皇派交火的背景下来攻击康有为的，难免采用一些诋毁谩骂的手法，对康有为的变法也一概否定，这在今天看来不无偏颇，但在当时，对于揭穿改良派堕落面目及认识其消极作用是有一定帮助的。

黄世仲所写的小说中，富于革命思想、影响最大的当属以太平天国为题材的《洪秀全演义》。这部演义从光绪三十二年(1906)开始连载于《有所谓报》，后因该报停刊，移载于《少年报》上，至光绪三十四年(1908)完成54回。据黄世仲自序所说，他从小就听到长辈谈论太平天国之事，长大后，在广州又遇上一位在太平天国侍王幕府的旧人，知道更多"天朝"的事。他将收集到的旧闻，积三年写成是书。在清朝统治之下，洪秀全被称为"逆""匪",而黄世仲却在公开出版物上尊称其为"洪王"。他的目的不在于叙述历史,而是用以寄托自己的思想,直接为武装反清的民主革命摇旗呐喊,甚至将太平天国运动描绘成一场资产阶级民主革命。例如,书中借游金陵的美国人赞美太平天国,说"金陵政治与外国立宪制相似"。尽管在现代人看来,这本书在政治、艺术上都有不少缺点,但在宣传推翻君主专制制度、鼓吹资产阶级民主共和观念、促进人民觉醒、推进资产阶级民主革命上,有不可低估的进步作用。一向傲岸自高、不屑留意于戏曲小说的章炳麟,阅看《洪秀全演义》稿本之后,也欣然为之作序,说是"洪王朽矣,亦思复有洪王作也!"寄希望于以重塑洪秀全的艺术形象唤起民众革命。《洪秀全演义》由《中国日报》印成单行本问世后,风行省港澳,成为当时的议论热题。另一本小说《陈开演义》,以在广东轰轰烈烈的洪兵起义为题材,与《洪秀全演义》有异曲同工之妙。1909年,黄世仲在香港出版的历史章回小说——23回本的《宦海升沉录》,又成为一时畅销之书。此书的中心人物是袁世凯,他从李鸿章的一个幕僚,一个小小的道员,爬到直隶总督、北洋大臣的高位。小说以此为主线,反映了从甲午战争到慈禧病死的十多年间中国政治演变的情况,宣传了反清的革命观点。张正吾认为此书较同一时期的近代著名谴责小说《官场现形记》《二十年目睹之怪现状》《老残游记》等,"可为独树一帜,并在思想深度方面,远远超过了上述小说"。

黄世仲是个身体力行的革命小说家。他加入同盟会,负责香港分会的交际和庶务工作,行动十分活跃。他亲自参加了1911年"三二九"广州起义。起义失败后,他在广州的《南越报》上发表了以起义前后五天的事实为题材的连载时事小说《五月风声》。由于他是起义的亲身参加者,《五月风声》对起义始末有生动具体的记述,具备新闻性、文学性和政论性,被认为是中国最早的报告文学。武昌起义后,他在《世界公益报》上以《指看京陷帝崩,武昌起义成功》为标题,翔实报道武昌起义及各地革命斗争的消息,轰动中外。在广东的清吏看到报纸大为震惊,以为北京已被革命军所占,宣统业已驾崩,遂于1911年11月9日宣布广东独立。

黄世仲还长于戏剧创作,曾与香港记者多人到澳门组织"优天影粤剧团",所演多为新编时装粤剧,常寓革命宣传于戏中,时人称为"志士班"。

剧团演出的《火烧大沙头》，以秋瑾反清起义一事为导线，结合时事，鼓吹革命。这出戏在澳门演出时，座无虚席，轰动一时。

广东军政府成立后，黄世仲任枢密部参议，后兼任民团总局局长。广东独立过程中，为数16万的各地民军参与有功。黄世仲接任民团总局局长之后，陈炯明代理广东都督，拟裁编民军，裁撤民团局。黄世仲偏在此时还到都督府去索领民军饷银，触怒陈炯明。陈认定其"串通民军统领，冒领军饷，私图分肥"，下令将其拘捕。1912年5月1日，黄世仲被接任的广东都督胡汉民下令枪决于广州观音山五层楼下，酿成这位革命小说家的悲剧结局，终年仅41岁。

第三节　能文能武朱执信

1911年，同盟会在广东领导的武装起义一再受挫却接连不断，参加起义的志士是抱着必死的决心投入战斗的。一位26岁的青年人，在行动前心潮澎湃，写下决绝词，结尾写道："水流还朝宗，叶落还肥根；来岁当三月，坐看万木繁。人生世上亦如此，此身何惜秋前萎！"写下此词的青年是朱执信。他才气横溢，更是文武双全。"三二九"起义，他是黄兴在统帅部的得力助手，又是负责围攻两广总督衙门的"选锋队"（敢死队）领导成员。他本来不是选锋队成员，当日下午，他匆匆赶到小东营五号，自动加入选锋队。一时没有短装，穿着长衫行动不便，他索性剪去长衫下半截，拿起两枚炸弹，同黄兴等人一道扑向两广总督衙署。进攻中，炸弹用尽，又从牺牲的同志身上捡起短枪，与敌巷战，负伤仍继续战斗，直至弹尽援绝，才不得不撤退，乘船离穗赴港。此后，他又多次参加革命武装行动，每次临行之前都给家人留绝命书，以示义无反顾的决心。

朱执信（1885—1920），原名大符，执信为字，出生于今广州市区豪贤路。朱家为世代名儒，家有藏书万卷，使他得以博览群书。在教忠学堂读书时，朱执信开始接触西方文化和自然科学。1904年，他参加在广州举办的官费赴日留学考试，在200多名应试学生中名列第一。留学日本东京法政

大学期间,他成为同盟会第一批会员,被选为评议部议员兼书记,并担任同盟会机关报《民报》编辑和主要撰稿人。1905—1908年间,朱执信在《民报》上接连发表十余篇文章,揭露康有为、梁启超保皇立宪、反对社会革命的本质。特别要指出的是,其中的《德意志社会革命家列传》《论社会革命当与政治革命并行》等文章,介绍了马克思、恩格斯的革命活动,翻译了《共产党宣言》十大纲领和《资本论》的有关内容,提出:"自马尔克(马克思)以来,学说皆变,渐趋实行,世称科学社会主义。"他是中国介绍马克思主义的先驱者。

朱执信不仅是杰出的理论宣传家,而且是在反清政治、军事斗争中的勇猛战士。他受孙中山派遣回国,执教广东高等学堂、法政学堂和方言学堂,进而以此为掩护,发展革命组织。法政学堂的陈炯明、邹鲁等学生受其影响走上革命道路。与此同时,他经常深入各地,策划武装起义,注重在新军、民军、会党和绿林中开展活动。至辛亥年间广东光复,朱执信联络的民军在10万人以上,仅广州新军加盟反清的就有3000人,占广州新军一半,成为同盟会发动起义的一支主力队伍。同盟会在广州的每次起义,他都参与策划和领导,并亲自冲锋陷阵。

1911年广州"三二九"起义后,朱执信致函广东水师提督李准,劝其反正。武昌起义后,李准反正,胁迫粤督张鸣岐反正。张鸣岐逃往香港,李准下令各舰升民国旗。广州士绅集会于咨议局,推举胡汉民为都督、朱执信任都督府总参议。广州和平光复不久,广东全省和平光复。在整个过程中,朱执信起了举足轻重的作用。

南北"和议"后,朱执信先后任广阳绥靖处督办、广东核计院院长、军法处处长等职。在都署他每日经常只睡一二小时,有时数夕衣不解带,只在楼上稍微休息,便继续治事。他在都督府里只住一间简陋的小房子,很少回家。他每月薪金近500元,其中用于家用的不超过100元,大多数拿来资助他人。孙中山用"革命之圣人"来评价他。1912年,在广东都督更迭的风波中,很多人推举孙中山胞兄孙眉担任。朱执信致电孙中山,认为孙眉不适宜做广东都督,孙中山完全同意其意见。他们反对任人唯亲,在当时和以后都成为佳话。

1913年,袁世凯指派龙济光部占领广州,龙济光悬赏两万元捉拿朱执信和邓仲元。孙中山邀请朱执信赴日本商讨反袁斗争,委任他为中华革命军广东司令长官。后朱执信返回澳门,继续领导广东讨袁斗争。在护法运动中,朱执信始终是孙中山的主要助手。他从1917年起担任孙中山大元帅府的军事联络及掌管机要文书的职务,以秘书身份领导上海中华革命党事务所,协助孙中山在广东编练新军,同时做了大量的理论与宣传工作。他在上海创办《民国日报》副刊、《星期评论》和《建设》杂志,发表了《革命党应该如何》《兵的改造与其心理》等文章,并协助孙中山撰写《建国方略》。

1920年9月,朱执信奉孙中山之命回到广东,联络策动反对桂系军阀的军事行动。在朱执信劝说下,桂军第三旅旅长、虎门要塞司令丘渭南脱离桂军,宣布独立。此时,由邓钧率领的东江民军,在邹鲁的策动下也攻入虎门,收缴桂系军阀冯德辉降军枪杆。一时降军与民军势同水火,朱执信不顾个人安危前往调解矛盾。邓钧表示愿意交还降军枪械,接受指挥。就在朱执信准备离开时,冯德辉所部忽然反攻,包围民军。枪林弹雨中,朱执信不幸被乱枪击中多处而遇难,年仅35岁。朱执信灵柩归葬于广州驷马岗(今先烈东路127号),碑文、墓表分别为孙中山、汪精卫题书。遗骸后迁往执信中学校内墓园,驷马岗墓成为衣冠冢。

朱执信殂折,令海内外人士震悼。孙中山说:执信牺牲,"我如失去左右手","我党失此长城"。此后他多次称赞朱执信"乃革命中之圣人""中国有数人才""最好的同志"。为继承朱执信革命精神,孙中山倡议兴建朱执信图书馆,廖仲恺等筹资建立执信学校(今执信中学)。1923年,朱执信殉难地——东莞虎门镇太平街也立碑纪念,现被扩建为执信公园。

第四节　黄花岗葬义士的潘达微

民国初年,在广州涌现出一批新创办的报刊,其中有一份称为《乞儿呼天报》,以乞丐为主要报道对象。可想而知,这样一份报纸维持不了多长时间,却在我国报刊史上留下了一段佳话。创办此报的是潘达微,他和几个文友创办了一个"琳琅幻影新剧团",亲自将托尔斯泰的小说改编为剧本《声声泪》。为了把剧中的乞丐演得逼真,他化装成叫花子,在广州、佛山等地露宿流浪了两个月,体验生活。后来排出的新剧果然效果甚好,轰动全城。警察厅长陈景华观看后题写了"天地不仁"四字赠给潘达微,署款"世界罪人陈景华",表示了愤世嫉俗、视改造社会为己任的决心。此后,潘达微为体察乞丐实况,创立"乞儿救济会",创办《乞儿呼天报》,为生活在社会下层的乞儿疾呼。

潘达微此举的可贵之处,在于他本出身于不愁衣食的官绅人家,父亲是广州广仁善堂创始人之一。潘达微1881年1月15日出生于今广州沙河东圃镇,名允忠,号达微。少时勤奋读书,曾师从居廉,长于国画,能诗文。他自幼多病,后来被在广州开设诊所的孙中山所治好。在孙中山影响下,他立志救国,提倡社会改革,而父亲的社会地位及与官方人士的关系,则为他和革命派人士密切联系提供了极好的掩护。不久,他与史坚如一起参加兴中会。史坚如壮烈牺牲,使他更坚定革命意志,广泛团结志士,陈树人就是在他的影响下走上革命道路的。同盟会成立以后,他更成为孙中山得力助手。他以赞育善社的名义,筹款与陈垣、高剑父、陈树人等创办《时事画报》,明确提出"以革命思想入画",在中国美术史上是一件破天荒的大事。此报出版约一年就被清政府查禁。此后,他在学堂担任图画教员,暗中进行革命宣传活动。他创作的儿歌《月光光》很快在广州一带流传开来:

> 月光光,照地塘,塘中有只大豺狼。豺狼真恶毒,专门食人肉。先食阿爹,后食阿叔,阿妈叫我走,冤进豺狼口。返归练拳头,他日同阿爹阿叔来报仇。

潘达微以侠义著称,发展同盟会会员颇有成绩,为起义筹饷尽心尽力,成为同盟会香港分会主要人物。封建大家庭反对他参与革命活动,他就与家庭决裂,和夫人陈伟庄一起搬出大家庭,迁往"河南"龙导尾一间狭小的房子居住。同盟会广州支会成立,高剑父与他分别担任正、副会长。他们与陈树人创办陶瓷工厂,改良陶瓷工艺。革命党人经常在厂里和他家中秘密开会,并利用瓷窑掩护试制炸弹。广州河南的"阿巨裱画店"也曾留下他们的身影,二楼的"守真阁",成为策动1910年广州庚戌起义的机关之一。起义失败后,守真阁被查封。翌年,潘达微与陈树人等在广州创办《平民报》,这是同盟会在广州办的唯一一份机关报。他还兼任《七十二行商报》笔政,经常撰文抨击时弊。

1911年,同盟会计划在广州发动起义,潘达微、高剑父等人利用河南岐兴里培淑女校作为转运、储存武器弹药的机关。"三二九"起义失败,从越秀山麓至双门底各街道上,殉难烈士遗骸枕藉,暴尸街头。到四月三日,广州城门仍严加盘查出入。潘达微关心死难烈士情况,以《平民报》访员身份一早从南门入广州,了解到广州各善堂已派出仵工把烈士遗体陆续运送到东门外咨议局前旷地。他又出南门,折往东郊咨议局前,只见尸体叠成几堆,折臂断头,血肉模糊,惨不忍睹。他急忙设法谋求营葬烈士,并向同盟会负责人做了汇报。同盟会领导考虑到他身份尚未暴露,和各善堂多有世交关系,决定由他出面设法收葬。潘达微乃冒险奔走洽商葬事,各善堂怕惹事上身,不敢应允。他便请求广州名绅、清乡督办江孔殷疏通清政府,准许妥善营葬。经江孔殷出面说情,又经潘达微声泪俱下向广仁善堂善董徐树棠陈以大义,徐大受感动,答应将坐落在沙河马路旁的义地红花岗拨为葬地。潘达微马上亲到实地勘察地形。翌日,仵工尚未到来,他已起早到尸场。因连日下雨,加上尸体由铁线捆成二三人一束,有些已霉烂腐肿,秽气熏鼻,部分甚至脑壳缝中有小虫蠕动。潘达微用药丸塞住鼻孔,再三恳求仵工解去铁线,逐一除去枷锁,洗去血迹。对殓葬之事,他本不想张扬,但保皇派的《国事报》别有用心地登载了消息。潘达微只好索性将营葬经过在《平民报》与《七十二行商报》上发布,标题是《咨议局前新鬼录,黄花岗上党人碑》,从此黄花岗名传天下。文章发表后,清廷查封了《平民报》,潘达微逃到香港,转到上海,化名在龙华徐家当园丁。有天园主徐某发现他闭门绘画,异常惊愕。盘问之下,方知是潘达微,立即改称他为"志士",待以宾礼。

武昌起义之后,潘达微返回广州。广东总督胡汉民一再邀请他出任重要行政职务,他却表示功成身退,不愿做官,只愿做些社会教育和福利事业的工作。他接受警察厅长陈景华的邀请,在花地创办孤儿教育院并出任院长。

为解决孤儿院经费，他甚至变卖母亲房产。这所孤儿院先后办了50多班，在此毕业的孤儿达千余人。他创办了一所广东女子教育院，专门收容贫苦妇女。他还在河南岐兴南约创办了一间缤华女子学堂。

1913年，袁世凯在粤爪牙诱杀了陈景华，并下令缉捕潘氏。潘达微化装逃往香港，寄居九龙。在港期间，除与高剑父等人密切联系，策划反袁活动，还出任南洋兄弟烟草公司广告美术设计主任。在他的策划、经营下，公司业务大振，不久即升任厂长。他把公司每年利润提成用于社会福利救济事业及赈灾。大革命时期，他一度出任广州市公益局长，因个性不喜从事行政工作，不久便辞职，专心于艺术工作，以诵经、摄影、写画度日。潘达微画得一手好国画，尤喜画菊。1925年，他和黄般若等人成立广州国画研究会香港分会。同年，与李崧、刘体志等人组成广州第一个业余摄影团体——景社。他拍摄的一幅黄包车夫照片曾获国际摄影沙龙奖。他还是目前所知的中国第一个尝试人体艺术摄影的人，他的模特，就是自己的女儿。1929年，潘达微因肺结核病逝于香港，终年49岁。柳亚子为他题诗一首，可谓盖棺定论：

画师骑鹤出红尘，画笔长留太古春。
莫话黄花岗上事，几人能保岁寒身？

第五节　书生革命家胡汉民

胡汉民是国民党元老，其死因竟在于下一盘棋上。事情发生于1936年5月9日的广州，他在妻兄陈融家吃晚饭，饭后与陈家教书先生下棋，说不清是下象棋还是围棋，无疑只是饭余消遣，决非国际比赛，胡汉民偏把输赢看得极重。他有高血压症，本不宜过度用脑，棋处劣势，想不出取胜之道，又不肯罢休，竟急得血涌入脑，以至从椅子上翻落在地。众人忙将他扶入屋内，连忙找来在广州的中外名医诊治，诊断为右侧脑溢血，终于抢救无效，三天后停止呼吸。

为了一盘无关紧要的棋局发病致死,在别人看来总有些不可思议,却很符合胡汉民争强好胜、固执认真的个性。

　　胡汉民,字展堂,1879年出生于番禺。他在七兄妹中排行第四。1891年秋父病殁,1893年母亲去世,而后一兄一姐两弟因无钱治病过早夭折。这一连串变故使他身心受到严重打击,也磨炼了他逆境奋争的好强性格。从16岁开始,为糊口和照顾小妹妹,他和长兄开始当塾师,边教书边自修,后考取学海堂、菊坡书院,学业大有长进,还结交了史坚如等一批有志之士。1898年,他担任《岭海报》记者,此后相继发生了戊戌变法、义和团运动、兴中会惠州起义以及好友史坚如壮烈就义等数件震撼人心的事件,促使他走上救国道路。那时,日本东京是革命党人在海外的活动中心。为筹款赴日,他准备为人"捉刀"以获取酬金,于是参加了自己原来摒弃的科考。中举后果然有人出资请他代考。在获得6000元酬金后,他告别新婚妻子陈淑子,赴日留学。两个多月后,为抗议清驻日公使勾结日本政府迫害留学生,他又毅然退学回国。回国后,他应聘出任梧州中学总教习兼师范讲习所所长,因向学生宣传革命被告发,被迫离开梧州。那些学生其后多半走上革命道路。随后胡汉民在香山县(今中山市)任隆都私立中学校长,仅半年便辞职。他决心改为研习"政治学识",于是再次东渡日本留学。1905年秋,胡汉民在东京首次与孙中山会面,并由孙中山主持仪式,与此时也到了日本的陈淑子一同加入同盟会。孙中山十分赏识胡汉民的思维敏捷、词锋锐利,便着意培养,让他担任评议部评议员、本部秘书;又委派他主持同盟会机关报《民报》的编辑工作。

　　斗争的需要,把一介书生胡汉民推上武装斗争前沿。他偕同孙中山到南洋一带,创办党报《中兴日报》,建立领导南方发动反清武装起义的机关,接受的第一个任务是策应惠州起义。此后,偕孙中山、黄兴等人赶赴镇南关起义前线指挥作战。事后,孙中山问胡汉民,为何体弱有病仍能奋力前进,他答以"知死必勇"。孙中山被法国殖民当局驱逐出河内,将领导军事重任交给黄兴、胡汉民。河口起义失败后,他吸取教训,加强宣传工作,担任《中兴日报》主编,与保皇派展开论战,使各地华侨趋向革命。他被委任为同盟会南洋支部、南方支部负责人,相继参与和领导了1908年广州新军起

义和1911年"三二九"起义。抱着必死的信念,胡汉民、陈淑子将独生女托人照料,只将夫妇名字、籍贯缝在女儿衣服上。

武昌起义之后,胡汉民从西贡率领一批华侨青年返回国内。他致函策动掌握实力的清军水师提督李准反正,促使广东和平光复。1911年11月9日,广东宣告独立,胡汉民被推举为广东都督。胡汉民等人迅速转入巩固新政权的工作,着手解决财政困难、整顿军队。民国成立后,胡汉民应孙中山要求,辞去广东都督之职,随其北上协助组织临时政府,任临时政府秘书长。用章太炎的话说,由于此时内阁不设总理,总统府秘书长就是"宰相"。胡汉民号召革命党人确立公仆观念,奉行廉洁办公,从秘书长到录事,一律月薪30元,一扫官场等级习气。他致力于建立亚洲第一个民主共和国,订立各项典章制度。孙中山让位袁世凯后,胡汉民复任广东都督。他决心按孙中山指示,将广东建成模范省,为此发布了一系列措施。袁世凯岂能让广东有所作为,将胡汉民调任西藏宣抚使,胡汉民表示退出政界。"二次革命"失败后,他随孙中山流亡日本,任中华革命党政治部长、党刊《民国》主编。在护法斗争中,他先后任护法军政府交通部总长、总参议兼文官长,桂林大本营文官长及政务处长,陆海军大元帅大本营总参议,主持大元帅府日常工作。五四运动后,胡汉民和廖仲恺、朱执信、戴季陶等在上海创办《星期评论》和《建设》杂志。

1924年国民党"一大"上,胡汉民当选为中央执行委员会执行委员。此后,孙中山赴韶关准备北伐,胡汉民留守广州,代理大元帅,兼任广东省长。1925年,孙中山北上决定国是,他留守广东主持后方。广州国民政府成立,他任常务委员兼外交部长,代理中央政治会议主席。廖仲恺被暗杀,他因涉嫌廖案而以"出使苏俄"为名前往莫斯科考察。1926年4月,胡汉民从苏联返回广州,竭力主张"分共"政策,断绝与苏俄的关系。南京国民政府成立后,胡汉民被推为国民政府委员会主席,但并无实权。此时蒋介石根基未稳,亟需借助胡汉民在党内的地位,增强他排斥异己的政治筹码,由此开始了蒋胡合作的新局面。这一期间,胡汉民出任立法院院长,主持制定了民法、刑法、土地法等十六种法典,并提出《训政大纲》《国民政府组织法》,奠定了国民政府的法律基础。

国民党三届五中全会上，蒋介石以国民政府主席兼任行政院长，从此大权独揽。以制定约法为导火线，蒋胡之间矛盾日益尖锐，直至1931年蒋介石将胡汉民软禁在南京。此后亲胡反蒋的国民党人士和两广军阀在广州另组国民党中执委非常会议，成立国民政府，造成宁粤对峙。"九一八"事变后，胡汉民获释，此后他与两广军阀势力联合，以广州国民政府为中心，与蒋介石南京政府形成对立局面，并提出抗日、剿共、反蒋三大政治主张。1933年，胡汉民在香港创办《三民主义月刊》，所著《三民主义的连环性》等成为国民党理论家阐释三民主义的代表作。1935年6月，胡汉民赴欧洲考察，并于12月被国民党五届一中全会选为中央常务委员会主席。1936年1月，胡汉民乘邮轮经香港抵广州，受到国民党要人云集欢迎。2月21日，日本松井大将到广州，与胡畅谈"中日亲善问题"。胡汉民提醒松井"余为一抗日主张者，……甚愿松井先生能矫正过去之错误"。5月12日，胡汉民在广州突发脑溢血病逝。临终前，口述留下"确信三民主义为唯一救国主义"的遗嘱。

第六节　民国开国元勋徐绍桢

近年，南京中山陵附近灵谷寺内，兴建了一座纪念历史名人的蜡像馆。其中民国第一馆里立着五尊蜡像：孙中山居中，左侧为胡汉民、蔡元培，右侧为林森、徐绍桢。由此可见徐绍桢在孙中山领导的民主革命中的重要地位。国民党元老陈立夫撰文怀念徐绍桢说道："辛亥武昌首义，徐先生绍桢亲率新军在南京响应革命，上海都督陈其美先生等公推徐先生为江浙联军总司令……江浙联军如不能及时光复南京，则辛亥革命能否顺利成功，殊难预料。所以当时评论南京光复之历史意义为'挽武汉垂危之局，开南北统一之基'。此一关键，关系革命成败。国父在自传中曾说：'汉阳一失，吾得南京以抵之。革命大局，因以一振。'并誉徐先生为'中华民国开国元勋'。嗣后徐先生追随国父参加岭南护法诸役，成为国父主持革命之核心人物。功在党国，举世同钦。"可证徐绍桢对辛亥革命之举足轻重。

徐绍桢(1861—1936),字固卿,原籍浙江钱塘,出生于琶洲村(今属海珠区)。从小刻苦读书,广泛涉猎中西学,尤好军事。光绪二十年(1894)中举,后任广西藩署幕僚、江西常备军统领、福建武备学堂总办。光绪二十八年(1902)奉派赴日本考察军事。两年后,任两江总督衙门兵备处总办,负责编练新军。新军第九镇成立,任该镇统制,驻军江宁城关。统制相当于师长,是二品官。从此,徐绍桢由文官变武将。光绪三十四年(1908),简授江南苏松镇总兵,署江北提督,仍兼第九镇统制。徐绍桢不是革命党人,但他对革命者抱有同情的态度。大量革命党人借此源源不断潜入第九镇,建立秘密革命组织,伺机开展秘密活动。徐绍桢对此有所察觉,并未严加限制,反而提拔、重用、保护有才干的革命党人如赵声、柏文蔚、林述庆、陶逊、冷遹等。徐绍桢多次到日本观看阅兵,目睹日本对朝鲜人的欺压,危机感非常强烈。与袁世凯的北洋新军注重个人效忠大不相同,他允许手下兵士读书看报,讨论国家大事,培养爱国情操,曾赋诗道:"八千子弟知忧国,岁岁相从习野操"。第九镇士兵的文化素养、文明程度因此而居全国陆军之冠。

1911年,徐绍桢加陆军副都统衔。时任两江总督端方对徐绍桢和新军第九镇多有疑忌;接任的张人骏更变本加厉,新军士兵每人只发给5颗子弹,又调集旧军群集南京,不断向新军发起挑衅。徐绍桢只好借秋操为名,率第九镇出防距南京65公里的秣陵关,为旧军炮口所对。武昌起义爆发后,南京仍被清廷牢牢控制。11月4日,两名满族军官求见徐绍桢,怀枪企图行刺。徐绍桢忍无可忍,决心反正。8日黎明,他率第九镇新军誓师起义,分兵三路进攻南京,激战到夜未能获胜,只好乘雾撤往镇江。徐绍桢亲赴苏州、上海请援,与民军及各革命团体接洽,集议进攻南京。他与上海、江苏、浙江都督组织联军万余人,被公推为联军总指挥。徐绍桢两次召开各军将校会议,决定分兵四路攻打南京。此时,汉口、汉阳被袁世凯的北洋军攻占,革命形势一度动荡。能否击溃南京城内2万清军,占领南京,不仅关系着江苏战局发展,而且关系着革命形势整体走向。11月22日,联军进攻南京,徐绍桢亲往前线督战,一举攻克天堡城,控制了战局。12月2日,他率联军司令部由太平门入城,进驻总督署。此后各路部队陆续入城,南京光复,扭转了不利情势,南京更成为新的革命中心,南北对峙之局也因此形成。此役之后，其他各省相继宣布独立，脱离清朝统治。孙中山因此盛赞徐绍桢是中华民国开国元勋之一。南京光复后，城内治安混乱，徐绍桢设立卫戍司令部以维持秩序，并与黄兴等人发起成立陆军将校联合会，共济时艰。

1912年中华民国成立，在孙中山就职临时大总统典礼上，徐绍桢受各省代表委托，传达民意，致颂词。他被任命为南京卫戍总督。孙中山以100万元巨款奖励徐绍桢。他以1万元作为女子北伐结束费、1.4万元为《民立报》补助费，其余一概交公，还将在南京的住宅献给国家，以清廉自勉。

袁世凯组成北洋政府后，委任徐绍桢为参谋总长，他坚辞不就。袁两次电请他任仓场总督，再电催请任东南镇抚使，授以军政、盐政、税务、外交四权，均被拒绝。陆军总长段祺瑞以其"光复金陵策勋第一"，请袁世凯授予上将勋位，他亦固辞不受。后来因不满袁世凯筹谋称帝，他愤而离京赴沪，深为袁世凯忌恨。袁密派凶手行刺，他设法流亡日本，至袁死后始返国。1917年，孙中山在广州成立护法军政府，徐绍桢应邀任军政府代卫戍总司令、广州卫戍总司令，后兼陆军部练兵处督办。1920年，他任两广各路招讨军总司令，率千余"救国军"由江门出发收复桂系军阀盘踞的广州。1921年，孙中山就任非常大总统，徐绍桢为总统府参军长。陈炯明叛乱后，孙中山任徐绍桢为广东省长。由于在行政、用人诸方面受到国民党内元老派和激进派诸多掣肘，徐向孙提出辞职。1923年5月，徐绍桢调任大本营内政部长。孙中山主张改良吏治，通过考试选拔官吏。徐绍桢奉命筹划，成立编订法制委员会，起草官吏考试和地方自治等法案。

1924年11月，孙中山北上时不幸病倒。广州国民党中央推选徐绍桢等四人为北上探病代表。徐绍桢不顾自己年迈多病，中风未愈，坚持北上侍疾。孙中山逝世后，徐绍桢因病隐居上海，再不问政事。1932年经孙科提名，挂名国民政府委员。1936年9月13日病逝于上海，终年75岁。国民政府为他颁发褒扬令，蒋介石、林森、于右任、孙科等亲自致祭并送挽联。

徐绍桢一生从戎，也好藏书。晚年著有《共和论》《四书质疑》《勾股通义》《道德经述义》《学寿堂奏议》《后汉书朔闰考》《三国志质疑》《学寿堂日记》《学寿堂题跋》。

第十四章 巾帼先驱数岭南

第一节 中国第一位南丁格尔张竹君

晚清时期，封建思想紧紧束缚着中国妇女。此时的广州街头，却时见一位西装打扮的年轻女子，手拄文明棍，脚穿皮鞋，乘坐四人肩扛的西式藤制肩舆出入城区。当时世俗对初传入中国的西医有偏见，这位女子竟在城西办了一家西医院，在"河南"办了一家西医诊所。她医术高超、医德高尚，为人所敬重。这位奇女子就是自号"岭南羽衣女士"的张竹君。

张竹君，番禺沙湾龙岐村大巷人。其父张季霞是国学生，博览古今书史，精于金石篆隶，又擅词画，精算数，著有《弧三角法》《测量备要》。张竹君在16岁时患严重脑病，半身瘫痪，中医名医均束手无策。家人抱着病急乱投医的心态把她送到博济医院（孙逸仙纪念医院前身），经长期治疗竟然痊愈。她从此立志要做一名出色的女医师，为大众服务。张竹君是首位在博济医学校（博济医院附属学校，孙中山曾在此学医）求学的女生，博济医学校因此成为中国第一所男女共学的学校。孙逸仙纪念医院至今还保留着张竹君的求学记录，显示她于光绪二十三年（1897）入学。1899年博济医院女医生富马利在西关创办中国第一间女医校——夏葛女医学堂，张竹君后来也转入此校，三年后以优等生的成绩毕业，成为中国第一位女西医。

张竹君在行医的同时，积极筹措资金兴办医院。在黄兴夫人徐宗汉资助下，1901年张竹君在荔枝湾畔办起提福医院，在"河南"办起南福诊所，亲任院长。为了提高女子觉悟，她经常利用耶稣教星期天开堂宣讲的机会，上台演讲,批评时政,鼓吹维新思想,呼吁男女平等。她说,"女子不可等候男子让权,须用学问来争权。争权之术,不外求学",求学则要奋力研究西方发明极新之学。她讲演很有鼓动性,总是听众满堂。翌年,她毅然把南福诊所改为育贤女学,招收女学生十余人。这是广东最早由中国人办的女子学校。她既当校长,又当教师;既教授医学,还传授一些浅近的西方科学知识,终日忙碌不停。她母亲是一位开明而有文化的妇女,也被请到学校任教。母女同心办校,一时传为佳话。张竹君与东莞富绅卢少岐相谈时事,过从甚密,一度协议订婚。后来张竹君与卢府因事发生矛盾,二人日渐疏远,婚约于无形中解除。此后,她持独身主义,她常说,"当舍此身,担负国家的义务,若嫁了人,儿女牵累,一切不能自由"。此后她果然终生未嫁。她性格泼辣爽朗,精通英文,很有人缘。粤中名士俞伯扬、周自齐、胡汉民,以及从广西到广东攻读法语的马君武等人都奔走其门。夏秋两季,她雇一花舫避暑纳凉,这些名士常到舫中叙谈。马君武为她作传,题诗赞曰:"女权波浪兼天涌,独立神州树一军"。此诗为广州、天津等地报纸所载,张竹君声誉远播,被誉为"广东女界的梁启超"。

1902年,她应侨居新加坡的姐姐邀请,前往新加坡考察,并受聘任新加坡中国医院院长助理,后又赴英国考察医疗卫生。1904年,她创办了广州女子工艺学校,招收的120名女学生多为家境贫寒的女青年。她特地聘请专业人士传授技艺,让她们掌握一技之长以立足社会。她创作小说《东欧女豪杰》,发表在《女子世界》上,激励妇女为自身解放而斗争。这年,广州霍乱肆虐,她应邀参与九大善堂董事会同官绅各界的会议,提出亟须劝止市民汲食污染的河水、井水,建议当局从郊区石门用船运水供市民饮用,并向病人家属宣传将吐泻秽物焚毁而不要倾倒入江河,禁止贩卖腐烂瓜果。她的建议为官府所采纳,两广总督派出4艘退役兵舰,拖载40条水船运水供市民饮用,数周内有效控制了霍乱,在我国预防医学史上写下光辉一页。

1904年,广州万国红十字会组织医疗救护队北上救护日俄战争中受害的中国人,张竹君随从前往。完成任务后返途经上海,上海绅士久慕其名,挽留她留下来共商上海公益事宜。她因此寓居上海,在派克路开设诊所,撰写主张妇女解放的《妇女的十一危难事》一文，载于《中国新女界杂志》。她创办女子兴学保险会，协力救济入会女士中孤寡贫病无依者。她开办卫生讲习会，反对女子缠足、涂脂抹粉。她激昂的演讲，颇受听者欢迎。她创立手工传习所，设置手工编制、机械缝衣、机械打扣三门课程。1905年，她创办女子中西医养病院，亲任院长。养病院附设专为接生的女病院。翌年，她与富商李平书共同创办了上海女子中西医学校，为上海最早的女医学校。

早在广州时，深受西方民主思想影响的张竹君就秘密加入革命团体，在妇女中鼓吹革命。徐宗汉就是在她影响下走上民主革命道路的。武昌起义爆发后，张竹君在上海发起组织"中国赤十字会"，亲任会长，很快召集到123人的救护队，准备开赴武汉支持起义。此时在广州"三二九"起义中负伤的黄兴，由徐宗汉护理，从香港辗转上海，准备到武汉领导革命。张竹君设法将黄兴夫妇乔装成救护队员，从而避过清兵追捕。到达武昌，她未及安妥行李即投入前线救护伤员，因此被誉为"中国第一个南丁格尔"。此后，她又参加救护队前往山东赈灾。1924年，她乘轮船去香港，途遇海盗登船洗劫财物，海盗在文件中发现她是张竹君，忙将财物退还，并叩头赔礼。1926年，上海霍乱暴发，她采取措施控制了疫情，为上海租界工部局卫生处官员所赞许。"一·二八"事变中，上海闸北的广肇医院被日军炮弹击中，张竹君亲自带领数名助手，深夜偷越法租界，雇大卡车数辆，冒险前往救护受伤军民，运送病人到伤兵医院。

张竹君救国医人的品行受到官民推崇和赞誉。武昌起义后回到上海的时候，起义军授予张竹君"巾帼伟人"的匾额。民国成立后，又授予她"立国纪念勋章""赤金红十字军功勋章"及"中华民国忠裔纪念章"，以表彰其功德。她从医赠药数十年如一日，还将不少义子义女培育成才。1946年，她以88岁的高龄，在上海病故。

第二节　圣洁典型许广平

1931年，鲁迅的五位青年朋友殷夫、柔石等被杀害了，他也被暗中搜捕，不得不避于一间叫"花园庄"的日本旅店。他春夜不眠，提笔写诗，其中有"惯于长夜过春时，挈妇将雏鬓有丝"。诗中的"妇"就是与他患难与共的许广平，"雏"即他们的儿子周海婴。

许广平(1898—1968)，1898年出生于广州城中赫赫有名的许地。因仰慕母亲宋氏的才智，后自号"景宋"。她出生后第三天，父亲"碰杯为婚"，将她许给姓马的劣绅家。辛亥革命后，大哥经常向她宣传民主革命思想，许广平深受影响，坚持不裹脚，还争取与兄弟们一起读书、学官话、上学堂，更坚决反对父亲给自己包办的婚姻。在三位哥哥支持下，经过一番周折，许家总算退掉这门亲事。

1917年，许广平考入位于天津的直隶第一女子师范学校预科，结识了在北京大学就读的广东青年李小辉。他们原有表亲关系，在异地他乡从相互关心到往来密切，逐渐产生感情。许广平的好友常瑞麟在北京医学专门学校学习。1923年春节前几天，许广平因照料常瑞麟两个患病的妹妹，自己也被传染患病，校医室诊断为扁桃腺炎。校医室没有病房，许广平就住到瑞麟家里。不料高烧不断，喉痛加剧。李小辉焦虑地一连前来探望了三次。患病第六天，许广平进入弥留状态。常瑞麟父亲请来外国医生，诊断为猩红热。医生一面给她吃药，一面为她粗胀的颈部开刀，挤出大量脓液，病情才有好转。等到她康复，才得知李小辉也染上猩红热，在正月初七夜去世。

许广平考入直隶女师不久，担任天津爱国同志会会刊《醒世周刊》编辑，发表了许多关于妇女问题的意见。1919年毕业后，任小学教师，参加了五四运动。1922年考入北京女子高等师范学校(1924年改称"国立北京女子师范大学")国文系。读二年级时，鲁迅到校讲授"中国小说史略"。鲁迅深邃的文学造诣、生动的教学方法、热爱青年的激情，得到女学生的爱戴,许广平更心生倾慕之情。1925年3月11日,她以"受教的一个小学生"的身份,第一次给鲁迅写信。鲁迅当天就热情地回信。从此,她经常给鲁迅写信,有时还登门求教。1926年,在女师大反对校长杨荫榆的学潮中,鲁迅挺身而出,给予许广平支持。8月,鲁迅赴厦门大学任教。毕业不久的她同车南下,到广州的广东省立女子师范学校任训育主任。两人约好用两年时间解决经济上的问题。但半年之后,鲁迅也应聘到了广州,担任中山大学教务主任兼文学系主任。这与他不满厦门的气氛有关,更重要的还是被爱情吸引。在厦门,陷入热恋的鲁迅晚上写完给许广平的情书,常常等不及第二天早上而在深夜越过铁栅栏去寄信。在广州,两人的恋情基本公开。初时鲁迅与好友许寿裳同住大钟楼,后共租白云楼二楼,许广平也搬过去同居。鲁迅鼓励许广平到中大给他当助教。鲁迅生活简朴,许广平不时买些食物给他补充营养。鲁迅感到为难,她却说:"这不要紧,我家的钱,原取之于浙江,现又用之于浙江人好了。""四一五"政变后,鲁迅愤而辞去中山大学的职务。10月,鲁迅和许广平终于在上海正式同居。许广平后来说:"我们以为两性生活,是除了当事人之外,没有任何方面可以束缚,而彼此间在情投意合,以同志一样相待,相亲相敬,互相信任,就不必要有任何的俗套。"美国作家史沫特莱说:"他的夫人决不是他卧室里的一件安适的家具,她乃是他的共同工作者。在某些地方还是他的右手。离开她,他的生活便不可想象。"1929年,许广平生下周海婴。1930年,鲁迅因发起中国自由运动大同盟和参加左翼作家联盟成立大会,被当局通缉,许广平多次陪同他外出避难。两人共同生活的十年里,鲁迅的作品数量超过前20年总和。

1936年鲁迅逝世后,许广平决心完成鲁迅未竟之业。1937年,她将鲁迅1934—1936年间的杂文13篇编成《夜记》出版,又以三闲书屋名义自费出版《且介亭杂文末编》等书。上海沦陷后,为了保护鲁迅全部遗稿及其他遗物,许广平选择留在上海。1938年编成《集外集拾遗》。同年,由胡愈之发起,许广平、郑振铎等20人组成"复社",以"鲁迅纪念委员会"的名义,在中共领导和资助下,编辑出版了600万字的《鲁迅全集》20卷本。她在上海的报纸杂志上发表了大量纪念鲁迅的文章,同时积极为抗日将士募捐日用品、药物和其他慰劳品。1941年12月，日军开进上海租界，许广平在寓所被捕，关押在日本宪兵司令部，虽备受折磨，犹宁死不屈。关押了76天之后，内山书店保释她出狱。郑振铎称颂她为"中华儿女们最圣洁的典型"。遭此迫害，她双腿已不良于行，头发白了许多。1945年12月，许广平与马叙伦等发起成立中国民主促进会，任常务理事。翌年，被推选为上海人民团体联合会常务理事。1946年秋，许广平将征集到的鲁迅书信手稿和抄件整理出版(即《鲁迅书简》)；接着她秘密北上，整理鲁迅北平故居的手稿和藏书，并会见中共驻北平办事处的叶剑英等人。1947年，许广平任上海妇女联谊会主席，与上海学联的中共地下组织保持密切接触，对学生运动表示道义上的声援，并多次慨然捐款。1948年10月，许广平在中共地下组织安排下，经香港转入解放区。

1949年后，她历任全国政协委员、政务院副秘书长、全国人大常委会委员、全国妇联副主席、中国民主促进会副主席等职务。她把鲁迅著作的出版权上交给国家，将鲁迅全部书籍、手稿及其他遗物捐给国家有关部门。1959年，她完成《鲁迅回忆录》。1960年加入中国共产党。"文革"开始后，文化部某些人将北京鲁迅博物馆保存的鲁迅书信手稿一齐调存入文化部，后戚本禹把这批书信手稿悉数搬走。许广平闻讯极为愤怒，让秘书笔录了她口授给党中央要求查明书信手稿下落的信后，翌日因心脏病突发病逝，终年70岁。

第三节 "送子观音"梁毅文

"文革"时，广州市第二人民医院内，一位孕妇跟别人讨论起自己的症状，说医生难以判断病症。说话间，一位在院里扫地的老妇人向她扔过来一团小纸条。打开一看，信上告诉她这是葡萄胎，并让她去找叶医生看病。那位妇女立即按其指引去找叶医生，经检验确诊并得到及时治疗。扔纸条的老妇人年过花甲，原来是这家医院的院长梁毅文，她被扣上"特务"嫌疑的帽

子，被造反派剃头、抄家，强迫打赤脚挂着招牌游街。长达一年的时间里，她被勒令在院子里扫地、洗厕所、倒痰盂。她在无意中听见患者的话，立即判断是葡萄胎，又不便上前搭腔，急中生智扔纸条，在逆境中使患者得到救治。叶医生是夏葛医学堂最后一届女学员，就读期间，梁毅文是教务长，两人有师生之谊。在那泯灭人性的年代里，她们坚持了治病救人的底线。

梁毅文(1903—1991)，祖籍番禺，出生于香港。1917年起在广州夏葛女医学校学习，1923年毕业后任上海妇孺医院医师，1925年返回夏葛医学校附属柔济医院(广州医学院第三附属医院前身)、岭南大学孙逸仙纪念医院工作。她曾在北京协和医学院进修妇儿科，奥地利维也纳医学中心进修妇产科、解剖学及病理学。1931年，她获美国费城女子医学院医学博士学位，年底回广州柔济医院工作，仍任妇产科主任兼孙逸仙纪念医院教授；1949年再赴美国纽约医学研究中心深入研究解剖学、病理学。新中国成立后，她报国心切，于1950年返广州柔济医院，仍任妇产科主任。1954年，医院改名广州市第二人民医院，梁毅文任副院长兼妇产科主任，后兼任华南医学院和广州医学院教授。1980年任广州市第二人民医院院长。1984年任名誉院长，兼任中华医学会广东分会副主任委员、广州分会会长。

梁毅文从事妇产科专业研究67年，早在20世纪30年代就享有盛名。1934年的一天，一辆急救车将一位孕妇送到柔济医院。孕妇因宫外孕破裂而大出血，生命垂危，梁毅文马上指令工作人员将孕妇送到手术室去。可是，血液储存不足以给患者输血抢救。梁毅文再次发出指令，"马上实行自体输血！"从患者身上流出来的鲜血，经过收集、过滤、防凝等处理，回输到患者血管中。手术后，这名孕妇得救了。梁毅文因此成为华南地区采用自体腹腔血液回输法第一人。在柔济医院工作时，她就已经能够开展子宫全切术、巨大卵巢囊肿切除术、人工阴道手术、子宫脱垂手术、输卵管结扎等，每年做的巨大卵巢囊肿切除手术多达十几例。20世纪30年代，妇女生小孩还是一件非常危险的事情，梁毅文就开始推广产前检查，积极预防妊娠并发症，并能开展一系列难产手术。由于她的努力，入院孕产妇死亡率从1933年的2.7%下降到1948年的1%，新生儿死亡率从1938年的14.6%下降至

1948年的3.4%。她完成了难度较大的妇产科手术,研究出一套治疗不孕的方法,撰有《子宫外孕的论断和鉴别论断》《不孕症的分析和处理》等论文。她领导开展了妇产科有关细胞学、内分泌学、优生学、围产期医学新科学等研究工作,在长期的医学实践中,积累了丰富经验,撰写了不少学术论著,还编译妇产科教材,编写妇产科治疗常规规程。在华南医学院、广州医学院任教期间,她认真讲授临床知识,培养的医学要才遍及国内外。梁毅文在妇产科中享誉全国,有"南梁(毅文)北林(巧稚)"之称。她虽然终生未嫁,但在半个多世纪里,经她治愈的病人难以胜数,亲手接生的婴儿逾万名。她是无数人心目中的"送子观音"。不少曾经患不孕症的女性,为表示对她的感谢,给孩子取名特意嵌上个"毅"字。直到晚年,每逢春节或她的生日,许多她医治过的人都会带着孩子前来向"梁奶奶"祝贺。有人说,如果把她接生的孩子的哭声全部录下来,一定是一首最激越的交响乐。

她恪尽职守,医德感人。还是在柔济医院工作时,一位衣衫褴褛、满面病容的农妇来到她家里求诊。梁毅文二话没说,赶紧把农妇让进里屋,让农妇躺在她自己的床上。她在床前跪了下来,给农妇仔细检查,衣服全被汗水浸湿。1937年日军轰炸广州,市区内伤亡甚多,梁毅文出生入死,尽量救助伤者。广州沦陷期间,她与9位员工坚守岗位,为市民提供医疗服务。新中国建立后,梁毅文在下乡巡回医疗期间,认识了一些农村患者。她说:"这些农村妇女很穷,如果我给她们看,就可以让她们省下挂号费,又可以尽量开一些便宜又有效的药。"梁毅文每晚都会将一套手术服整齐地放在床头,以备出急诊时用。有一次,她深夜从家中赶到医院救治难产孕妇,途中不慎从楼梯上跌落,她顾不上自己的伤情,仍坚持完成两台手术。手术结束时,左臂肿胀,连衣服都脱不下来,只好剪开,等拍了X光片才知道,左臂已经骨折。梁毅文生活相当简朴,房间中几乎没有什么摆设,在家里她常坐的就是一张大的藤椅,几张木椅子已经很旧了还不舍得丢掉。但这并不影响她优雅的生活态度,晚年的她经常穿大襟衫,虽是棉布所制,却整洁笔挺,举止仍保留着大家闺秀的风范。八十高龄的她有时候要参加一些会议,照顾她饮食起居的干女儿会陪同她参加,如果会议安排午餐,梁毅文总要嘱

咐会务组说：我们俩有一份就够了。1981年，她把省吃俭用余下来的5000元捐给广州市儿童福利会，后来又把落实政策补发的钱和存款20000元献给广州市第二人民医院作为医学基金。

1991年3月30日，梁毅文病逝于广州，邓颖超从北京发来唁电。广州市政府在广州市第二人民医院内为她树立一座汉白玉雕像，以纪念她对医学的贡献。1986年7月18日，原广州市委书记许士杰曾撰诗评价梁毅文一生成就：

> 为群独处谋昭苏，六十年来沫与濡。
> 两渡重洋两博士，一生爱国一大夫。
> 呕心沥血栽桃李，废寝忘飧拯妇孺。
> 奉献丹心求济世，倾城钦佩老英模。

第十五章　斯人实迹留青史

第一节　天文学家、地图学家道士李明澈

道光六年(1826)，南方出现彗星，此天象被人视为不祥之兆，广州城内顿时流言四起。两广总督阮元怀疑此象预示广东将有战争，向道士李明澈请教。李明澈根据他对气象的观察分析，说此乃预示旱象。阮元想请他设坛打醮、祈雨禳旱，李明澈却直截了当地说，祈祷没有用，应及早为防旱做准备。李明澈向阮元进言，洋米比当地米便宜一半，不如进口洋米。但是洋人却以中国税重为由拒绝了。阮元于是上书奏请免除洋米进口之税。是秋果然大旱，因为李明澈的建议，政府大量进口洋米，米价平稳，没有造成社会动荡。作为一个道士，不倚重于祈祷禳雨，而是以科学的态度和正直的良心去面对现实，体现出李明澈的高尚人品。后人陈伯陶称赞李明澈是"有道之士"，所言是"仁者之言"。

李明澈(1751—1832)，字大纲，又字飞云，号青来。祖籍江苏松江(今属上海)，先世入粤，系籍番禺。他出生于清乾隆十六年(1751)，自小家境贫困，勤奋好学，且天资聪颖，过目成诵，却不热衷功名，立志寻仙访道。乾隆二十八年(1763)，李明澈征得父母同意，出家当了道士，前往罗浮山、江西等地访道，始终未遇到异人，倒是开了眼界、长了见识。回到广州后，他潜心学习道法，研究天文，还攻读了先秦诸子百家学说。同时，开始饶有兴趣地研究"西学"，曾赴澳门向外国传教士学习观察天象、地理测绘法和三角几何学，与天文学结下不解之缘。

李明澈精通天文、地理，还擅长绘画。除国画之外，他对鲜为人知的油画也很在行。他常将洋画出售以糊口，渐渐小有名气。两广总督打算以洋画进贡朝廷，李明澈携油画随贡船赴京，得有机会拜名道石和阳为师，拜访主管天文历数的最高机关钦天监，观摩各种天文仪器，当面请教学识渊博的钦天监官员，由此学问大进。回到广东后，李明澈又来到澳门与欧洲人研习天文、地理。后来，他根据长期的观测、收集和研究所积累的资料，执笔写成《圜天图说》三卷、续编两卷。全书涉及太阳系星球位置及运行，日食、月食成因，地球昼夜节气变化的测定之法，并对自然现象做了探讨，收入有关地球、日月、星辰、雷雨、地震、潮汐等方面的论文81篇，详尽记载京都等16府的日出、日入、二十四节气时刻的测定记录。《圜天图说》是广东地区最早撰成的关于天文学的著作，糅合了中西方天文学的精粹，资料翔实、论述精确，被公认为中国近代天文学有较大影响的著作。

　　李明澈初寓白云山，为生活所困，又到观音山（今越秀山）龙王庙任司祝。某日，广东督粮道卢元伟的表亲江西贡生黄一桂寄居龙王庙。月夜，黄一桂坐在殿廊下乘凉，指着天上的星星谈论，众人都很叹服，只有李明澈不说话。黄一桂来到李明澈居室，见他桌上别无他物，只有《几何篇》一册。二人谈天论地，夜深不停。得知李明澈知识渊博，黄一桂非常震惊，后来他把《圜天图说》推荐给了卢元伟。两广总督阮元正主持编写《广东通志》，未有合适的绘图人选。卢元伟便把《圜天图说》进呈给阮元。阮元看完后，认为李明澈是六朝张宝、傅仁均之后唯一一位懂天文的出家人。他打破今人著作不入著录的方志编纂传统，将《圜天图说》破格收入《广东通志·艺文略》，并请李明澈主持纂成《广东通志·舆地略》。他还亲自为《圜天图说》作序题签，使之刊行于世。

　　如果说李明澈的天文学理论是中西方文化妥协的产物，那么他的地图学成就已处于当时中国的先进水平，真正摆脱了传统思想的束缚。他所绘地图，分布在《圜天图说》《广东通志》中。《圜天图说》有地图21幅，包括地球正背两面全图、大清一统全图及全国18省地图。经分析确定，其中地球正背两面全图，也就是东、西两半球图，采用Lambert投影。Lambert投影是一种常用的等角圆锥投影，目前我国大部分省区图多采用此投影法。

直至今天，仍有采用此法绘制东西半球图的。总图及各府、州、县地图的绘制，将近代西方制图术中的经纬线网与古代绘图的计里画方并用，各地面积之大小、距离之远近皆可按比例计算。采用梯形投影绘制中国分省图，在当时绘制理论上是非常先进的。在《广东通志》中，他共绘制疆域图 106 幅，根据具体情况选择不同比例尺。另有《海防图》一幅，精详地绘出沿海地形、岛屿、炮台等，在当时具有极高的军事实用价值，至今仍是了解鸦片战争前夕广东海防的重要史料。"海防略"后附有《澳门图》一幅，比雍正版《广东通志》中的《澳门图》更为精确。道光《广东通志》为学术界所推崇，志中的地图更被称为前志皆不及的善本，阮元本人尤以绘图为豪。李明澈在《广东通志》中的地图有其显著特点：其一，以经纬网绘图，为当时少见；其二，以往地方志未绘制县级地图，《通志》则一县一州为一图，又有海防长图；其三，注重实地考察，漱珠岗（位于今海珠区五凤村）之胜就是李明澈在实地考察中发现的。

嘉庆二十四年 (1819)，李明澈结茅漱珠岗。此处近览珠江，远眺云山，景色迷人，杨孚、崔与之等历史名人都曾在此设帐讲学。在纂修《广东通志》过程中，李明澈决定在此修建道观，却苦于资金不足。阮元闻讯后，亲自为之发起募捐，得到商绅热心资助白银数万两。道观（即纯阳观）完工后，阮元亲自为此观题字。观内建朝斗台，是李明澈夜观天象之处，为广州地区现存最古老的观象台。

《南海百咏续编》记载有一件轶事：纯阳观破土动工时，发现几棵百年茯苓，李明澈服用后，年逾八十而神气不衰。这只是传说而已，他毕竟年事已高。就在纯阳观修成后第三年，即道光十二年 (1832)，李明澈逝世，享年 81 岁。

第二节　一生大转折的汪精卫

日本侵华，国民党要人汪精卫成了投敌求和、落得千古骂名的大汉奸。以往的历史事件里，人们印象中的"叛变者"，或因苟且偷生，或因经不起

利诱。纵观汪精卫的经历，人们却不难发现——无论是他本人，还是他的夫人陈璧君，都不属这种情况。当年汪精卫刺杀清朝摄政王载沣事败被捕，关押期间，作诗明志，留下了"引刀成一快，不负少年头"的经典名句，表现出大义凛然的无畏气节；陈璧君在营救汪精卫的行动中，也表现得大智大勇。这对"革命恋人"，民国初年曾受到成千上万青年革命者的崇拜敬仰。谁也未曾料到，其后竟产生如此巨大的转变！当往事成为历史，不能不引发人们对此做深刻探究。

汪精卫，光绪九年（1883）出生于三水，名兆铭，号精卫，多以号称呼。汪氏祖籍浙江，其父寄籍番禺，先后在三水、曲江、英德做过幕僚。汪精卫十三四岁时，父母相继病故，他和兄长汪兆镛客居乐昌。他自幼接受传统文化教育，19岁参加广州府试获第一名，人称"其文气磅礴纵横，许为旋转乾坤之伟器"。光绪十九年，汪精卫赴日本留学。在日本，他见到了孙中山，参与成立同盟会并任评议部部长，同时也是同盟会机关报《民报》主要撰稿人。与保皇党论战时，他文笔犀利，深得孙中山器重。1906年，汪精卫从日本法政大学毕业后，随孙中山赴南洋各地宣传反清革命，筹设同盟会分会。眼见同盟会数次起义遭到失败，他主张以激烈行动使灰心者复归信心，不顾孙中山等人的劝阻，写下"弟虽流血于菜市街头，张目以望革命军之入都门"等遗句。1910年汪精卫抵北京，策划刺杀摄政王载沣。事败被捕入狱，汪决心以死报国，并写下脍炙人口的"引刀成一快，不负少年头"。此后受肃亲王软化，汪之意境一变。武昌起义后，他被释放出狱，任南方民军议和总代表伍廷芳的参赞。他寄希望于袁世凯身上，与杨度等组织国事共济会，鼓吹革命、立宪两派联合拥袁，实现南北统一。1911年12月，与李石曾等组设同盟会京津保支部，任支部长，阻拦北方革命党人发动起义。

南北和议结束，汪精卫提出"不做官、不做议员、不嫖、不赌、不纳妾、不吸鸦片"的"六不主义"，携陈璧君赴法留学，超然于政治之外。"二次革命"开始后，他被孙中山急召回国，失败后又亡命法国。1917年应孙中山之召归国参加护法运动。1918年底，广州军政府推举汪精卫为出席巴黎和会的南方政府代表，汪氏虽未接受任命，但仍赴巴黎实地观察，并积极参加了欧洲华侨与留学生举行的拒签对德和约的斗争。1919年8月，汪精卫在上海《建设》杂志上发表《巴黎和会与中日关系》等论文，痛斥日本"为中国腹心之患者"，指出巴黎和会中国外交失败源于日本对中国野心勃勃的侵略、英、美、法等国对日本的袒护和列强对中国的联合宰割，中国虽是一次大战的战胜国，但"所受损失，乃甚于战败国之牺牲"。

1923年起，孙中山推行国民党改组，汪精卫成为孙中山的积极追随者和支持者，曾任国民党中央改组委员和国民党"一大"五人主席团成员之一。1925年3月，汪氏加入孙中山北上行列，成为著名的孙中山遗嘱的起草人和见证者，遗嘱强调"国民会议及废除不平等条约运动，尤须于最短期间促其实现"。随后，汪先后当选为广州国民政府主席兼军事委员会主席、国民党第二届中央执行委员会主席，成为中国国民党的最高领导人。中山舰事件发生后，汪精卫辞职赴法。1927年，蒋介石发动"四一二"政变，汪不久汪精卫也在武汉主持发动"七一五"政变。此后，汪蒋几度离合。

"一·二八"抗战期间，汪精卫认为中国在物质上落后，组织上亦不完善，一开始便被恐日情绪所围困。1935年，他批准了《秦土协定》，把华北主权拱手让给日本，社会舆论哗然。同年11月，汪精卫在南京中央党部被王亚樵派遣的义士孙凤鸣刺成重伤，行政院长一职遂为蒋介石取代。翌年，汪到德国就医。西安事变发生后，他应何应钦之邀兼程回国，以为国民党领袖非他莫属，而蒋介石已先于他回到南京。

卢沟桥事变之后，汪精卫担任国防最高会议副主席、国民党副总裁兼国民参议会议长。他对屈居蒋下深感压抑，对抗战前途悲观失望，暗派人与日本密谈达成密约。在陈璧君、周佛海、梅思平、陶希圣等人的反复劝诱、推波助澜下，"降船"启程了。1938年12月，汪精卫经昆明到达越南河内，发表"艳电"，公开表示"与日本政府交换诚意，以期恢复和平"，提出："抗战年余，创巨痛深，倘犹能以合于正义之和平而结束战事，则国家之生存独立可保，即抗战之目的已达。"此后他大力宣扬和推行源自日本的"东亚联盟"理论，以所谓"政治独立、军事同盟、经济合作、文化沟通"四大纲领，粉饰其投敌行径。

　　1939年元旦，国民党中央紧急会议决定永远开除汪精卫党籍，撤销其一切职务。蒋介石派军统特务到河内暗杀汪，结果误刺汪之秘书曾仲鸣。1939年8月，汪精卫在上海召开国民党"六大"，提出"和平反共救国"政治纲领。1940年，汪伪"国民政府"在南京成立，汪精卫自任主席，并与日本签订了《中日基本关系条约》《中日满共同宣言》。为配合日本侵华，汪伪政府组织伪军和特务，在沦陷区实行"清乡"，开展"新国民运动"，灌输反共思想，推行奴化教育和法西斯党化教育。

　　1943年8月，汪精卫当年被刺时的枪伤复发。是年冬天，手下集于汪公馆为其60岁生日祝寿。伪首都警察所长苏德成特制一尊他的石膏像进献，不料失手跌碎。汪精卫脸色登时大变，嚎啕："完了，完了，我一切都完了，身名俱裂了！"不祥之兆加重了他的心病。12月手术后，病情恶化。翌年赴日医治，死于东京。

第三节　南华寺住持惟因

　　1990年酷夏，南华寺方丈惟因病重到了弥留之际。"文革"结束后担任方丈这十余年间，他一直蜗居在一间卧室书房两用且面积不到10平方米的小屋里。有人提出要给他换间住房或专设一间书房，老和尚不同意，笑笑说："书房和住房在一起好，更方便。"南华寺中无尽庵落成，比丘尼们提出要给老和尚安排一间较宽敞的房间，打算在地面铺上塑料胶以御风寒与防滑。惟因得知，当即表示"不搬"。就在1990年这年，南华寺一些旧僧寮改建完工，执事们商议将其中一套住房安排给老和尚，他还是让给别的法师住了。病情加重，屋里更加闷热，弟子们搬来一台电风扇，可这哪里挡得住热浪？想暗中给师父的房间安上空调，弟子们素知他心性，没人敢上前提议。实在没有办法，他们建议从韶关搬来冰块放置于床下及周围以降温，惟因仍不同意，就在这样的环境中圆寂。

　　惟因（1914—1990），字知果，俗姓黎，名志成。1914年出生于番禺沙湾一贫苦家庭。小时聪敏过人，虽因家境清寒辍学，仍勤奋自学。1934—1938年，先后通过考试，进入广东省财政厅主办的地税人员培训班学习，结业后在博罗、中山等县充任土地评价委员，后被派往东莞、南海等县任地税督征一等助理员。1939年，志成父母先后去世，他悲痛欲绝，感人生无常，于是赴南华寺礼灵妙法师为师，并剃度出家，得法号"惟因"。次年，在虚云老和尚座下受具足戒，实学苦参。他深得虚云器重，不久就晋为侍者。1942年，国民政府主席林森请虚云往重庆主持护国息灾法会。法会圆满后，虚云应邀赴国民党中央各大员斋供开示佛法。惟因随侍左右，笔录虚云上堂说法及与各大员问答，整理成《虚云和尚法汇》等书。1943年回南华寺任知客。1944年，虚云移锡云门山大觉禅寺后不久，韶关沦陷，惟因身兼南华寺当家、知客，苦心守护，直至次年日寇投降。1945年秋，随侍虚云赴广州六榕寺启建水陆大法会；1946年，先后至香港、澳门、潮汕等地参加水陆法会。1949年春，虚云在南华传戒，惟因职司陪堂。

1949年秋，解放军先头部队进入南雄，南华寺有几位僧人约惟因一起避往广州、香港。行至马坝，惟因念及护寺，毅然返回南华寺，并动员寺僧看护财物，迎接解放。此后，惟因积极协助新政府，带领僧尼恢复正常宗教活动，发展生产。1953年，他往江西云居山拜见虚云，得赐洞云宗法卷，成为洞云宗第五十世祖；接着又到九江能仁寺、武汉归元寺等处参学。1956年起，他在北京中国佛学院学习两年，学成回南华寺参加禅修。禅修之余，他在寺中种菜栽花。1961年，他选送数盆菊花参加韶关市公园展览，获得一等奖。1962年，他赴北京参加中国佛教协会第三届全国代表会议。

"文革"期间，作为南华寺主要负责人的惟因被打成"牛鬼蛇神"，被强令参加劳动，时时拉去挨批挨斗，甚至强迫破素食荤。他惨遭脚踢鞭打之苦，曾被吊在大樟树上一天一夜，还被拉去刑场陪同枪决。面对迫害，他不改信仰，坚持暗中修行，遭批斗时便默诵《金刚经》以抵抗之。在最困难的时候，他鼓励同参们坚定信心，坚信世障必去，佛法当兴。虽身困于腰伤背痛，胃病严重，犹独负种菜及养护全寺花木之职，每日至少要劳作七八个小时。寺中花木长得好，菜蔬四时不缺，不但满足了寺中20多人的需要，有

时还能有剩余以馈赠四邻乡亲。由于年纪增大,风湿病、关节炎日渐严重,他常因脚肿而无法上下楼。饶是如此,他仍扶着墙壁挪动下楼种菜、种花。

中共十一届三中全会后,惟因得到平反,即司首座之职。1979年,他被评为曲江县先进生产者,出席县政府召开的表彰大会。1980年,得香港意昭法师及居士相助,惟因奋力操持,陆续完成重修禅堂、新建海会塔等事项。诸殿堂、僧寮及时修缮,六祖殿、禅堂、方丈寮、伏虎亭、中山亭等殿堂及名胜先后得到重建。他又资助重建无尽庵,浚疏放生池。为纪念虚云,他前往江西云居山请回虚云舍利子3粒,在寺侧建虚云舍利塔。1980年,他当选为广东省佛教协会副会长兼秘书长、中国佛教协会理事。1983年,任广东省政协委员。1985年,当选为韶关市佛教协会会长。

"文革"刚刚结束,惟因依然在种菜、种花时,已注意到佛教人才培养的紧迫性。当时广东没有启坛授戒的寺院,青年沙弥受戒要到福建甚至五台山。1983年,惟因向省、市领导提出在南华寺举办僧伽培训班,启坛传授三坛大戒的请求。得到批准后,受广东省佛教协会委托,南华寺举办全省首届僧伽培训班。惟因担任班主任,并任佛学教师,登台执教,启坛传授三坛大戒。他制定了一些管理规约,使活动走上正轨,早晚功课、三坛大戒、水陆法会等正常开展。1989年秋,在南华寺增设禅学研究班,自任讲师,主讲《六祖坛经》及宗门主要经论。此时,他已患喉癌,每天只能喝点稀薄的芝麻糊,常因喉疾疼痛要休息几次才能讲完一堂课。南华寺每年向各个佛学院输送僧才,苏州、南京、厦门、莆田等地佛学院皆有南华寺学僧考上,考入中国佛学院深造的也不在少数。惟因主持南华寺之后,日本、韩国、香港有多批佛教徒到南华寺礼佛拜祖。1982年,曾在民国时期任广东省政府主席的李汉魂以80多岁高龄率妻儿回国探亲时,专程到南华寺礼佛。一行受到惟因以佛门礼仪隆重接待。五年后,李汉魂逝世,亲属遵其遗嘱,将其骨灰送回安放在南华寺。

惟因严守戒律,生活艰苦朴素,吃穿与大众师父一样。时至1980年,还穿着"文革"期间当"牛鬼蛇神"时的破旧衣服参加劳动,以至专程从福建来访的海灯法师见状感动得失声痛哭。此后,由于身体不好,他仅能以稀饭度日，后来只喝米汤。到了晚年，不少弟子看他身体不好，时常送上供养。这些供奉，惟因总是拿出来供众，弟子送的补药、营养品等则送给年老的师父或是有病需要的僧众。惟因十分注意惜福，严守每日用水不超过7斤之戒律，一盆水先是洗脸，再洗衣服，到后来还要用来浇花。他从不蓄积财物，平时省吃俭用积余的钱，先后捐给南华小学以及唐山地震、河南水灾灾民，所得单资全部用于培训班僧人及附近贫困村民。

惟因以诗文自娱，"文革"前有诗稿一卷，惜被火毁。1990年6月29日，惟因于南华寺圆寂，世寿77岁。7月5日下午3点，南华寺举行荼毗仪式，广东省佛教协会会长本焕和尚说法举火。3天后开窑获赤色和银色舍利多粒。次年，由法嗣兼南华寺代住持传正法师主持建惟因和尚舍利塔于寺侧，供众瞻仰。

第四节　中华医学新体系先行者黄省三

当代岭南，有位老中医开方，往往是每味几钱几分，很少有整数的，因此被有的人视为"怪癖"。其实，他是认为病人年纪有大小，病情有寒热，体质有强弱，时令有变化，甚或伴有其他病症，故而因时因人，对症下药，"增一分则太重，减一分则太轻"。这位老中医，就是行医65年、带头实践中西医结合的名老中医黄省三。

黄省三(1882—1965)，番禺化龙镇人，清光绪八年出生于乡村医生家庭。幼年时父亲上山采药他常随身边，耳濡目染，本可以继承父业，不料12岁那年父亲与世长辞，留下贫寒的家境和几箱古医籍。13岁起，黄省三便在一个乡间当铺打杂以维持生计，每晚当铺关门之后，他便在铺中挑灯研读父亲遗下的一本本线装医书。后来当铺老板怕他夜读惹火灾而加以禁止，他便躲进村里更楼中继续攻读。皇天不负有心人，黄省三终于在17岁那年一鸣惊人。那年适逢瘟疫凶猛蔓延，别无良策的乡里长辈知黄省三每晚攻读医书，试着让他为乡亲治病。当铺老板在当铺侧门摆上一张台，便成了他第

一个医馆。他细心诊察,灵活运用所学医学知识,竟能药到病除,以至方圆几十里乡亲踊跃前来就医。瘟疫得到控制,黄省三声名鹊起,从此踏上职业医师之路。

1897—1910年间,黄省三在家乡做了十余年乡间医生,积累了丰富的经验。1910年,28岁的他步入广州,在南关西横街(今北京南路旁)开设"黄崇本堂"医寓行医。他耐心倾听病人及家属诉说病情,向他们细说病理,复诊时往往对病人病历如数家珍。观察到经济困难的病人,他不但分文诊金不收,还自掏腰包与药店结账。不同于其他医生喜用贵重药物,他善用一味"老桑枝",价廉又具疗效。他的医寓门庭若市。然而,社会混乱,一代名医竟无法立足广州。1924年,黄省三因不堪歹徒"打单"(勒索),连夜逃往香港,在跑马地礼顿道继续设馆行医。当时的香港西医已渐兴起,但市民仍多以中医中药来治疗保健。此时的中医大多都墨守成规,对西医学充耳不闻,大多大夫连"细菌""血清"等都不肯相信。黄省三甫接触外国医学,便敏锐地意识到:中医必须在面对挑战中主动与现代科技结合,寻求新的发展。一直靠自学成名的他,在年届不惑时又开始了全新探索:学习日文,去"啃"日文版西医经典原著,花巨资购买显微镜和实验设备,聘请两位留学德国的西医师协助研究,力行中西结合。这种把两种医学融合并取长补短的试验,令他在心脏病、肾病、肺结核、霍乱、流感、麻疹等许多领域取得了突破性的成就,成为倡导中西结合的中华医学新体系先驱者。黄省三以当时极新的西医科技手段确诊病症,同时运用中药方剂来治病,这使他的医术取得了重大的突破。因为救治了无数病人、治好大量疑难杂症,许多华侨慕名专程从海外回来找他求诊。1925年春,孙中山病重。他接受邀请,正准备登上飞机前往北京,却传来孙中山已不幸逝世的噩耗。

1955年,受共产党和人民政府政策感召,经多方接触联系,73岁的黄省三放弃在香港优越的生活条件,毅然回广州,一时轰动港九各界。从医生涯翻开新的一页,他的心情更加振奋,以至不顾高龄日夜工作。黄省三大半生超然于政治,潜心行医及研究。此后,除继续门诊或到各大医院对一些疑难病症进行会诊外,黄省三积极出任公职,先后任中华全国医学会理事、中华全国医学会广东分会副会长、广东省中医药研究委员会副主任、广东省卫生厅顾问、广州中医学院筹备委员会副主任、广州中山医学院教授等职。他被选为第二、第三、第四届全国政协委员,每次会期半个月左右,他却须在北京逗留一两个月,因为常要给刘少奇、周恩来等中央领导看病。他更分秒必争地总结提炼毕生经验,著作一本本问世,包括《流行性感冒实验新疗法》《白喉病药物新疗法》《肺结核实验新疗法》《麻疹实验新疗法》《急性阑尾炎药物新疗法》等。他在1965年逝世,享年83岁,公祭时周恩来总理送来花圈。

  在中医学探索上,黄省三可谓当时锐意革新的新派人物,甚至被许多老中医同行视为异端。其实在行医为人上,他却是深受儒家传统影响。他事母至孝,每日早上到母亲床前请安,晚间到母亲房中问好;母亲偶有不适,他必亲奉汤药。由于他的悉心侍奉,他母亲活至百岁无疾而终。他出版第一本医学著作时,本人年近古稀,父母双逝,还在扉页印上"谨以此书之成,奉献给先父黄紫轩公、先母卫太夫人",以示不忘养育之恩。他对病人从不分贫富贵贱,都以礼相待,一生中为贫苦患者诊病免收诊金、自掏腰包付药费的事迹不胜枚举;对于学生和后辈,他倾心将一生绝技毫不保留地传授。作为泰斗级的一代名医,他不仅从未接受过学院派的系统教育,也没有机会正式师从名医学艺,甚至幼年受过的私塾教育也极有限,但他渊博的学识却是同辈医学家中罕有的。这既源于他行医65年的岁月中,对数以千万计的病例不倦汲取积累、悉心总结;很大程度上也源于他爱书如命,自幼至80多岁高龄晚年,都博览群书不辍。他一生深居简出,从不赴宴,业余稍有时间便手不释卷,读过的各种书籍已逾万卷。他博学强识,70多岁的他常参加广州各大医院专家会诊,常当场指出病者症候记载于某书第几卷第几页,所述从不差错,令同行钦佩不已。他毕生十分注重搜罗收藏古籍医书,计有上万册,许多都是珍本孤本。他去世后,后人根据他的遗嘱,把这些书全部捐给广东医科院图书馆。

第五节 热心公益的"澳门王"何贤

1966年11月15日,澳门警察以氹仔居民建立工人街坊学校未经报批为由,强行拆毁围墙,殴打工人。事发后,民众反应强烈。12月3日,学生到总督府门前游行,葡警开枪打死8人,打伤212人。大丰银号总经理何贤闻讯,立即停下会议,驱车前往镜湖医院吊死问伤,布置抢救,并发表讲话:"今天中国人之团结是不可辱的,澳葡当局应负起此次事件的全部责任!"12月9日,广东省人民委员会外事处提出澳葡当局必须立即向中国居民赔礼道歉、严惩肇事者等四项条件,并与何贤等13名澳门民众代表就具体方案进行会谈。会谈中,何贤等民众代表据实驳斥了澳葡当局的抵赖、狡辩,澳门当局最后不得不接受全部四项条件和澳门同胞的要求。1967年1月29日,澳门总督嘉乐庇亲自前往澳门中华总商会,在澳门民众代表面前,签署对澳门同胞认罪书。事件之后,澳门同胞称赞何贤是"真正的华人代表"。

何贤,番禺石楼镇岳溪乡应塘村人,光绪三十四年(1908)出生。其父何澄溪早年做小买卖,后移居广州经营航运。父亲待人和蔼,热心社会福利的品德,对何贤影响很深。13岁时,何家家境日蹙,他到广州沙基一家粮油店做学徒。没两年就成为老板的得力助手,被顺德陈村"福源号"粮油店的东家挖去当掌柜。生意日隆,何贤却说他要创业开银号。何澄溪把家中仅存的200银元交给儿子作本钱。何贤奔走于广州的交易所及茶馆酒楼,为做纸币和证券买卖的炒家充当经纪人。由于他对行情把握准确,所获佣金日渐丰厚。1929年,他与好友集资1万元,开办"汇隆"银号,21岁的何贤被推为银号经理。

抗战期间,广州沦陷,何贤转赴香港做货币买卖。1941年12月,日军占领香港前,他随难民撤到澳门。澳门是二战期间东亚唯一未被战火波及的地方,人口由十几万激增至30万,转口贸易也大量移师澳门,刺激了当地各行业发展。富商大贾蜂拥而至，加上战争对人们心理的影响，一贯受到澳门当局支持的赌博业红火异常。在大起大落的金融行情中，何贤很快就在澳门金融界崭露头角。大丰银号总经理马万祺聘他任司理，他同时又受聘于葡萄牙人开办的大西洋银行任华人营业部经理。当时，市面上货币紧缺，而澳币因战争无法由葡萄牙印来。何贤建议大西洋银行董事会向澳门当局争取到增印澳门币的权利，又请江湖朋友冒死从香港偷运回一大批印钞纸。及至新澳门币投入流通，澳门市场稳定，何贤名噪澳门，不久被推选为澳门银行公会理事长，开始出入上流社会。经金融巨子钟子光介绍，何贤结识了澳门经济局局长罗保。何贤、罗保、钟子光合股开了家和安黄金公司，取得经营黄金专利权，主要由何贤经营。黄金公司财源广进，为他的事业发展奠定了雄厚的经济基础。从20世纪40年代中期起，何贤陆续开办了印染厂、纸厂、火柴厂、石粉厂、酒店、地产公司、公共汽车公司、自来水公司、石油公司等，形成颇具规模的企业集团。1971年，大丰银号注册为澳门第一家银行，主要由何贤控股。

澳门人称何贤为"澳门王"，是因为凡是有利于澳门居民的事情，他总是不避劳苦危险，竭力奔走斡旋。1943年春节前夕，日军封锁澳门岛，顿时岛内物价飞涨，贫苦居民衣食无着。澳督派罗保前往交涉无效。何贤同商会的人找到日本陆军特务机关长，斗智斗勇，最终使日军解除了封锁。20世纪50年代初，大丰银号二楼挂牌"澳门华人代表何贤办事处"。"华人代表"是百姓对澳门咨询会华人委员的俗称，由澳门总督委任。何贤认为百姓既认定自己是华人代表，就要真正为华人说话、办事。每日上午9—10点钟，他都在办事处接待居民，认真倾听意见，排忧解难。

何贤热心慈善事业。父亲何澄溪三周年祭时，他广告各界"凡欲送礼者，请致送镜湖慈善礼券"。结果，镜湖医院慈善会收到善款港币22.4万元。1955年1月10日，青州木屋区大火，2000多人无家可归。何贤作为澳门各界救济灾民酬募委员会会长，带头捐了55间铁皮屋，又沿门劝募，不出月灾民们便有吃有住。1962年夏，澳门政府决定拍卖一组租给贫民的房屋，何贤出钱买下这些房子，让居民不致流离失所。只读过三年私塾的

他,却是澳门教育会会长、多家中小学董事长、多家义学和免费夜校的创办人。他捐建澳门八角亭图书馆,提议创立澳门首家大学东亚大学(现澳门大学),并任校董会主席。

对何贤影响最大的当数老共产党员柯麟。柯麟于1935年前后移居澳门,以开办西医诊所为名开展地下工作。柯麟治好马万祺的肺病,两人结成朋友。马万祺又介绍何贤认识了柯麟,常在一起喝茶聊天。看到柯麟对绅士、阔太、渔民、车夫同样悉心诊治,对穷人少收甚至不收诊费药费,每日还花半天时间到镜湖医院义诊,何贤深受感动。他应柯麟之邀担任镜湖医院慈善会值理,义务任副主席、主席达37年。在何贤的努力下,马万祺当选为商会理事,他自己当选为理事长和会长,澳门中华总商会日渐成为他从事社会活动的主要舞台。新中国成立,何贤积极参与庆祝活动,1950年被推举为澳门各界庆祝国庆大会主席团主席。经柯麟介绍,何贤多次应邀回内地观光,并得到毛泽东等领导人的接见。何贤先后有五位夫人,育有六子七女,曾任澳门特别行政区行政长官的何厚铧是其第五子。

何贤一向热心家乡建设,早在1947年就捐款扩建岳溪学校。20世纪五六十年代,他向番禺县和岳溪乡捐赠物资总值约400万人民币。1981年,他向广东省政府建议并支持兴建由珠海到广州公路上的四座大型桥梁。改革开放后,与何添、霍英东等人共同投资兴建番禺宾馆和大石、洛溪大桥。此后他又为石楼镇和岳溪乡兴建多项福利设施,为番禺县人民医院捐资建楼,捐资重修莲花塔,亲自在市桥选址建妇幼保健医院(即今何贤纪念医院)。

1983年12月何贤病逝,全澳门下半旗志哀三天。港澳各界举行盛大公祭仪式,众多的花圈中有一个特别引人注目,没有抬头、落款,只有一个浓墨淋漓的大字:"服"。

附录　番禺十大历史名人

古代：

1. 陈元德(372—？)，东晋建国大将军，晋元兴三年(404)奉命来广东征战，后携妻小避居今番禺白水坑，后迁坑头，堪称番禺开拓第一人，被番禺乃至珠江三角洲众多陈姓族群奉为始祖。

2. 李昴英(1201—1257)，番禺人，广东第一位探花，善诗词，世称"词家射雕手"，官至龙图阁待制、礼部侍郎，封番禺开国男。

3. 王渐逵(1498—1558)，番禺沙湾人，明代著名学者，为"南海士大夫集团"主要成员之一，"越山诗社"创办人之一。

4. 黎遂球(1602—1646)，番禺南村板桥人，著名爱国诗人，被誉为"牡丹状元"，为"南明五忠"之一。

5. 王来任(？—1668)，康熙四年任广东巡抚，曾冒死上疏为沿海边民解除迁界之苦，深受番禺等地人民的尊崇，广东沿海地区均建有纪念他的祠庙。

6. 天然和尚(1608—1685)，俗名曾起莘，法名函昰，番禺县吉迳村人，曾住持番禺海云寺，创立"海云诗派"和"海云书派"，是继惠能后在广东佛教史上有深远影响的一代高僧。

7. 屈大均(1630—1696)，番禺沙亭乡(今新造镇思贤村)人，明末清初著名爱国诗人、学者，"岭南三大家"之首。

8. 陈澧(1810—1882)，番禺捕属人，精于填词，为一代大家，曾主持学海堂、参加同治版《番禺县志》的编纂工作。

9. 何博众(约1820—1881)，番禺沙湾北村人，是沙湾广东音乐的开创者，著名演奏家兼作曲家。

10. 何章，生卒年不详，番禺沙湾北村人，著名粤剧花旦，是清末为粤剧解禁立头功的番禺人。

近现代：

1. 冼星海(1905—1945)，番禺榄核湴湄村人，伟大的人民音乐家，曾创作《黄河大合唱》等数百首歌曲，中国电影音乐的先驱者。

2. 何柳堂(1874—1933)，番禺沙湾北村人，著名的琵琶演奏家和作曲家，广东音乐典雅派的开创者。

3. 高剑父(1879—1951)，番禺南村员岗人，辛亥革命元老，"岭南画派"创始人，曾任南京中央大学和广州中山大学国画教授、广州市立艺术专门学校校长等职。

4. 陈树人(1884—1948)，番禺化龙明经人，"岭南画派"创始人，历任广州国民政府秘书长、国民党中央工人部部长、国民党中央执行委员会委员、南京国民政府侨务委员会委员长等职。

5. 何贤(1908—1983)，番禺石楼岳溪人，知名爱国人士，曾任澳门中华总商会会长、全国人民代表大会常务委员会委员。

6. 霍英东(1923—2006)，番禺人，知名爱国人士，曾任香港中华总商会会长、全国政协副主席。

7. 黄啸侠(1900—1981)，番禺石碁镇莲塘村人，享誉国内外的武术家，被武坛誉为"铁臂鸳鸯手"，为"南国五虎将"之一。

8. 何炳林(1918—2007)，番禺沙湾北村人，中国科学院资深院士，中国第一颗原子弹研发的幕后功臣，中国离子交换树脂工业的开创者，被誉为"离子交换树脂之父"。

9. 黄佐临(1906—1994)，番禺化龙人，近现代影响中国的话剧艺术大师、电影艺术家和杰出导演，曾任上海人民艺术剧院院长，导演话剧、电影百余部。

10. 黄省三(1882—1965)，番禺化龙人，中国倡导中西结合的中华医学新体系的先驱者，历任中山医学院教授、全国政协委员。